THOMAS KETTLER VERLAG

P. MOSER · C. + A. SPERNOL · S. KARPE

SUP GUIDE SALZKAMMERGUT

+ die besten EINKEHR-TIPPS

IMPRESSUM

1. Auflage 2022

 THOMAS KETTLER VERLAG
Von-Hutten-Str. 15
D-22761 Hamburg
Tel +49 (0)40 39 10 99 10
www.thomas-kettler-verlag.de
www.sup-buch.de

Text Philipp Moser, Claudia Steiner-Spernol, Andreas Spernol, Stefan Karpe
Fotos: Philipp Moser, Rainer Schmid (SUP Box), Stefan Karpe (GloryBoards)

Lektorat: Thomas Kettler
Illustrationen Paddeltechnik: Klaus Mumm
Layout Design: Nicole Laka
Layout & Konzept: Carola Hillmann
Satz: Ivonne Leuchs (haptografie.de), Carola Hillmann
Karten: StepMap, Heide Schwinn, Carola Hillmann
Druck & Gesamtherstellung: Drukarnia Beltrani Sp. J., Krakau

Weitere Bildnachweise (o. = oben, m. = mitte, u.= unten, li. = links, re. = rechts):
Seite 87: **©www.traunseehotels.at/ChristofWagner;** Seite 124: **©Pressefoto Salzburg AG;** Seite 145: **©Hotel Fischerwirt Natur.WaldSPA www.fischerwirt.net;** Seite 159: **©Pixabay;** Seite 156-157, 163 u., 165: **©Stand Up Paddle Salzburg / Alex Ebner.**

Bildnachweise ©SalzburgerLand Tourismus:
(o. = oben, m. = mitte, u.= unten, li. = links, re. = rechts):
Seite 26 li., 161 o.; **Michael Groessinger:** 26 re., 46 u., 66 u., 126 u., 129 u., 133 o.; **Christoph Perkles:** Seite 55 u.; **Achim Meurer:** Seite 66 o., 115; **Franz Pritz:** Seite 74: **Sebastian Scheichl:** Seite 120-121; **Markus Berger:** Seite 126 o., 137; **Marco Riebler:** Seite 161 u.; **Markus Greber:** Seite 163 o.

Bildnachweise Wikimedia Commons (o. = oben, m. = mitte, u.= unten):
Seite 28, 31 u., 43 u.: **Arne Müseler / www.arne-mueseler.com;** Seite 45 u.: **Maschinenjunge;** Seite 53 u.: **Thomas Ledl;** Seite 55 o.: **Alissem;** Seite 76 o.: **Furukama;** Seite 89: **Simon Matzinger;** Seite 91 o.: **Piotr Zarobkiewicz;** Seite 91 u.: **Rainer Zenz;** Seite 98: **mcboernie;** 107 o.: **Bernhard Holub;** Seite 113: **Bwag;** Seite133: **Sebastian Wolpers;** Seite 151 u.: **Wolfgang Sauber.**

Bibliografische Information der Deutschen Nationalbibliothek
Die Deutsche Nationalbibliothek verzeichnet diese Publikation in der Deutschen Nationalbibliografie; detaillierte bibliografische Daten sind im Internet über *http://dnb.d-nb.de* abrufbar.

ISBN 978-3-934014-92-3

INHALTSVERZEICHNIS

SUP-TOUREN IM SALZKAMMERGUT

P =ANSPRUCH DER TOUREN 🍺 =EINKEHRMÖGLICHKEITEN

↻ =RUNDTOUR ➔ =ONE-WAY-TOUR ⇄ =HIN & ZURÜCK-TOUR

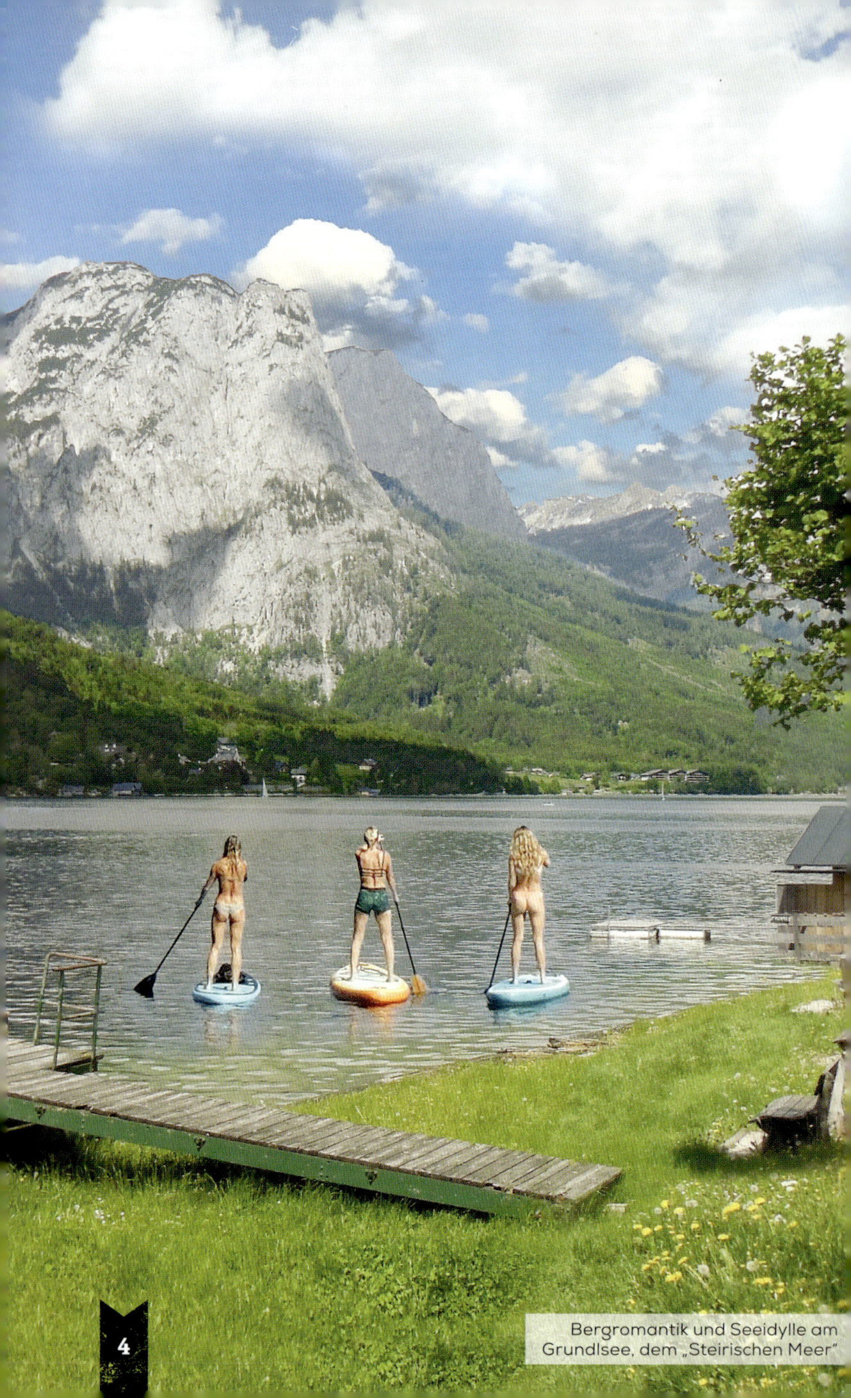

Bergromantik und Seeidylle am Grundlsee, dem „Steirischen Meer"

VORWORT

Willkommen im Salzkammergut! Die Region der Sommerfrische überzeugt durch eine vielfältige Kulturlandschaft, geprägt von eindrucksvollen Berggipfeln, romantischen Seen und sympathischen Ortschaften. Hier, an den nördlichen Ausläufern der österreichischen Alpen, kann man südländisches Flair erleben und sich von angenehmen Winden über die Seen tragen lassen.

Im Salzkammergut findet der SUPer alles, was sein Herz begehrt: wilde Challenges am windigen **Mond- und Attersee,** einsame Buchten am verschlafenen **Fuschlsee** oder auf James Bond's Spuren im **Ausseerland** die Boards durchs Wasser gleiten lassen. Aber auch Geheimtipps wie der naturbelassene **Hintersee** oder die Wasserstraße zwischen dem **Mattsee** und dem **Obertrumer See** bleiben dem Paddler genauso lange in Erinnerung, wie die gemächliche **Fischach** am **Wallersee** nahe der Stadt Salzburg. Belohnt wird man nicht nur mit herrlichen Sonnenuntergängen und tollen SUP-Erlebnissen, sondern auch mit aufgeschlossenen Menschen und einer wunderbaren Gastronomie.

Das **„SUPkammergut"** ist immer eine Reise wert und zählt zu Österreichs romantischsten Regionen. Entlang des westlichen Teils der **Österreichischen Romantikstraße** finden wir ein Eldorado an Möglichkeiten unsere Paddel in See zu stechen und neue Ufer zu erkunden.

Die beschriebenen Touren in diesem SUP-GUIDE umfassen die bekanntesten Reviere der Region und sind für alle Leistungsstufen befahrbar. Achtet vorab stets auf die Sicherheitshinweise und die technischen Daten (Länge, Dauer, Schwierigkeitsgrad) der betreffenden Tour. Dann steht dem Vergnügen nichts mehr im Wege.

Auf gehts!

Philipp, Claudia, Andreas, Stefan

TOURENPLANUNG

VOR DER TOUR

Die im Buch beschriebenen Touren sollen Euch natürlich alle relevanten Infos und Tipps zu den zahlreichen Kultur- und Kulinarik-Highlights geben. Viele der Spots sind mit **öffentlichen Verkehrsmitteln** erreichbar, wir haben Euch immer die Anfahrt von der nächstgrößeren Stadt aus beschrieben.
Einen ausgezeichneten Service bietet die **Salzkammergut Touristik** an, wenn Ihr über sie Eure **Unterkunft** bucht. Günstige **Transfers** ab München, Salzburg, Linz oder Wien direkt in verschiedene Orte in der Region (z. B. Mondsee, Hallstatt, Bad Ischl). Telefonische Buchung aller Transfers erfolgt unter Tel. +43 (0)613 22 40 00-0 und ist bis 24 Stunden vor Abfahrt möglich (www.salzkammergut.co.at/de/service/transferservice.html). Hier finden sich auch Top-Urlaubsangebote vom aktiven Sporturlaub bis zu unterschiedlichen Rundreisen entlang der Österreichischen Romantikstraße.

Bei längeren Aufenthalten macht der Kauf der **SalzburgerLand Card** Sinn, da man damit fast 200 Sehenswürdigkeiten (Mai-Okt) kostenlos besuchen kann. Dazu zählen Museen, Bergwerke, Naturerlebnisse, Klammen, Burgen sowie Bergbahnen, Bademöglichkeiten, Wildparks und Minigolfanlagen. SalzburgerLand Online-Shop: www.salzburgerland.com/de/shop/salzburgerland-card.

Auch lohnend ist die **Salzburg Card,** welche nicht nur den freien Eintritt zu allen Sehenswürdigkeiten der Stadt Salzburg ermöglicht, sondern auch als Ticket für die „Öffis" der Mozartstadt benutzt werden kann. Erhältlich als 24, 48 oder 72 h-Karte bei fast allen Touristen-Infostellen, in Hotels und Unterkünften sowie telefonisch +43 (0)662 88 98 70 oder online (www.salzburg.info).

Alle Seen der Region verfügen über **freie Seezugänge**, welche auf der Homepage der österreichischen Bundesforste schnell zu finden sind (www.bundesforste.at/natur-erleben/naturbadeplaetze.html).

Wir haben stets versucht, unsere Touren von kostenlosen Einstiegen aus zu starten, jedoch bietet es sich bei einigen Touren auch an, den Tageseintritt in eines der zahlreichen **Strandbäder** zu entrichten und nach der Tour den Tag auf der Liegewiese ausklingen zu lassen. Das direkte Anlanden an Strandbädern ist an sich nicht erlaubt. Wer trotzdem an Land gehen möchte, sollte sich umgehend bei der Kassenstelle melden und gegebenenfalls den Tagestarif bezahlen bzw. in der dortigen Gaststätte etwas konsumieren.

Wir raten davon ab, die Tour von einem privaten Gelände aus zu starten. Dies kann mit saftigen Geldbußen einhergehen.

ACHTUNG:
WICHTIGES FÜR DEN SUPER

- Auch wenn sich im Salzkammergut zu jeder Jahreszeit verlockende Aussichten zum Paddeln bieten, sollte man sich stets der Jahreszeit entsprechend vorbereiten und ausrüsten.
- Nicht nur das Board sollte an die Anforderungen der Tour angepasst sein, auch die eigene Kondition und die Tagesverfassung sollten von Euch richtig eingeschätzt werden.
- Keinesfalls empfindliche Uferbereiche als Einstiegsstellen benutzen!
- Größere Touren/See-Querungen immer in der Gruppe absolvieren!
- Sonnenschutz, Wechselkleidung und ausreichend Flüssigkeit gehören, wie auch ein Handy, unbedingt ins Drybag.
- Auch wenn es manchmal verlockend ist, seht unbedingt von Erkundungstouren durch die oft romantisch erscheinenden Schilfgürtel und Naturschutzgebiete ab! Diese dienen vielen geschützten Tierarten als Brutstellen und Rückzugsorte.

WIND UND WETTER

Manchmal schlägt das Wetter plötzlich um und es ziehen starke Winde auf. Bei Wellengang lässt sich das Board oft nicht mehr wie gewohnt manövrieren und man gerät mitunter schnell in Seenot. Die österreichische Wasserrettung appelliert, stets auf das lokale Wetter zu achten und bei herannahenden Unwettern von einer Ausfahrt auf den See abzusehen. Im Zuge der Kooperation zwischen der Zentralanstalt für Meteorologie und Geodynamik (ZAMG) und der Wasserrettung, versucht man vor Unwettern und Stürmen zu warnen. Auf den Einsatzbooten bzw. in einigen Strandbädern sind gelbe Signalleuchten installiert, die als Sturmwarneinrichtung fungieren. Ziehen dann Gewitter auf – lokale Gewitterzellen sind manchmal wirklich heftig – sollte man sich flach aufs Brett legen, dieses als Schwimmkörper nutzen und umgehend das Ufer ansteuern und zwar das in unmittelbarer Nähe befindliche.

In Sommermonaten rücken die ehrenamtlich tätigen Rettungsschwimmer der Wasserrettung zu zahlreichen Sturmwarnfahrten oder Unwettereinsätzen

Wind-STÄRKE

Windstärke wird in Beaufort (bft) angegeben. Der Beaufortgrad reicht von **1 = leichter Windzug** bis **12 = Orkan.**

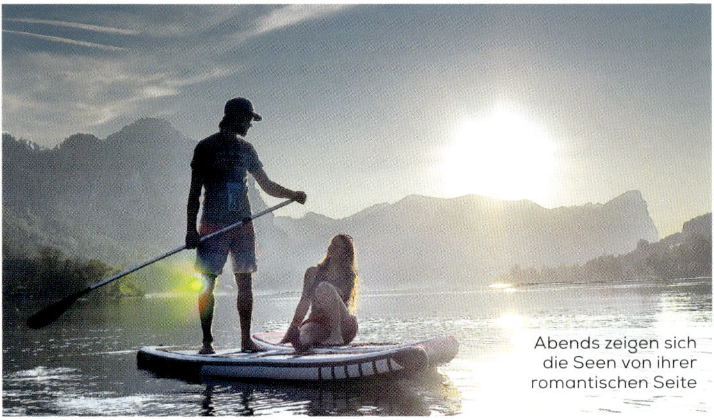

Abends zeigen sich die Seen von ihrer romantischen Seite

aus und retten Menschen aus dem Wasser. Solltet Ihr jemanden in Not bemerken, verständigt bitte umgehend per **NOTRUF 130 (in Oberösterreich und der Steiermark), bzw. 140 (Salzburg)** die Einsatzkräfte. Wichtig ist in jedem Fall, sich selbst nicht in Gefahr zu begeben und den in Not Geratenen nicht aus den Augen zu verlieren.

Im Salzkammergut sind die Windgeschwindigkeiten aufgrund der topografischen und thermischen Gegebenheiten gelegentlich deutlich stärker ausgeprägt als in anderen Regionen Österreichs. An manchen Tagen kann die durchschnittliche Windgeschwindigkeit bis zu 3 Beaufort = 7 Knoten (ca. 13 km/h) betragen. Auch aufgrund schneller Wetterumschwünge sollte jeder Paddler neben einer **Wind-App (Windy, Windfinder, etc.)** auch eine **Wetter-App (MORECAST, Regen-Alarm)** am Telefon abrufbar haben, wobei sich die Zusatzfeatures der entgeltlichen Pro-Versionen auf jeden Fall auszahlen. Eine verlässliche Informationsquelle ist auch die Zentralanstalt für Meteorologie und Geodynamik (ZAMG – www.zamg.at).

Die ruhigsten Touren genießt man stets am Morgen. In vielen Revieren kann es ab Mittag zu thermischen Winden kommen, welche naturgemäß mehr Paddeleinsatz abverlangen. Unter Einhaltung der allgemeinen Sicherheitstipps steht aber einer schönen SUP-Tour nichts im Wege!

Wind-INFOS

Windy www.windy.com
Windfinder www.windfinder.com

DIE SUP-AUSRÜSTUNG

KLEIDUNG

Es gibt kein schlechtes Wetter, nur schlechte Ausrüstung. Prinzipiell kann man zu jeder Jahreszeit auf Tour gehen, wenn man einige wichtige Punkte bezüglich der Kleidung und Ausrüstung beachtet.

Der **Frühling** beginnt in Mitteleuropa in manchen Jahren recht früh. Herrliche Temperaturen an die 20 °C und mehr sind dann bereits im März möglich. Wer sich so früh im Jahr schon für eine SUP-Tour entscheidet, muss sich bewusst sein, dass das Wasser noch lange nicht warm genug ist, um in T-Shirt und kurzer Hose reinfallen zu können. Im Frühling steigt man, auch bei Schönwetter, stets im Neoprenanzug sowie Neoprenschuhen (ggf. im Trockenanzug) aufs Board!

Nach der langen Winterzeit unterschätzt man natürlich auch nicht die Sonneneinstrahlung auf Gesicht und Hände und reibt sich entsprechend vorab mit Sonnencreme ein. Die Packliste fürs Drybag sollte dabei auf jeden Fall auch Handtuch und Wechselkleidung beinhalten.

Im **Sommer** gilt es vor allem stets den gesamten Körper, unabhängig vom Hauttyp, gut vor intensiver Sonneneinstrahlung zu schützen und immer genug Trinkwasser mitzuführen. Mindestens ein halber Liter pro geplanter Stunde am Wasser ist an heißen Tagen ein Muss. Softdrinks, Kaffeegetränke, alkoholische Getränke sowie unverdünnte Fruchtsäfte sollten jedoch nicht mit aufs Board, da sie schlechte Durstlöscher sind und teilweise dem Körper sogar Flüssigkeit entziehen. Sinnvoll ist es ferner, Badeschuhe, Handtuch, Sonnenbrille, Kopfbedeckung sowie ein Handy mitzuführen. Dieses sollte immer mit auf Tour, denn es kann, etwa beim Rufen um Hilfe oder Abrufen von Wetterinfos, zum Lebensretter werden. Mittlerweile gibt es spezielle Handyhüllen, welche im Drybag das Handy zusätzlich schützen.

Der **Herbst** bietet oft noch lange Schönwetterphasen, jedoch sind die Wassertemperaturen bereits deutlich kühler und es sollten ähnliche Vorkehrungen wie im Frühjahr getroffen werden. Wer eine große Trockentasche (Fassungsvermögen von 20 Liter oder mehr) hat, kann gegebenenfalls Wechselkleidung für Schön- und Schlechtwetter mitführen. Auch an passende Kopfbedeckung sollte dabei gedacht werden.

Je nach Gewässereigenschaft, Wetter, Wassertemperatur und eigener Leistungsfähigkeit ist zu jeder Jahreszeit eine Schwimmweste notwendig.

Für den **Winter** ist der Trockenanzug ein Muss. Dann trägt man darunter atmungsaktive Sportunterwäsche und bei Bedarf darüber nochmals leichte Sportbekleidung. Der Trockenanzug hält jedoch nicht nur trocken, sondern auch sehr warm. Daher am besten verschiedene Kombinationen bei unterschiedlichen Temperaturen vorab testen.

Zu jeder Jahreszeit sind auch ein Reparatur-Set und eine Leash pro Board mit auf Tour. Bei längeren Touren ist die Verpflegung ein wichtiger Punkt: Obst oder Gemüse, Müsli- oder Proteinriegel sowie hochwertige Kohlehydratquellen (Vollkornbrot, vorgekochte Nudeln oder Reis auf Vollkornbasis) können leicht im Drybag verstaut werden.

die AUSRÜSTUNG

Stehpaddel-Ausrüstung besteht neben entsprechender Kleidung aus **SUP-Board, Paddel** und **Leash**.
Die Wahl des SUP-Boards hängt vom Einsatzbereich ab.

SUP-BOARDS

Generell unterscheidet man zwischen festen Hardboards und aufblasbaren (inflatable) SUP-Boards, auch iSUPs genannt. Das Angebot an unterschiedlichen Boards und Marken ist mittlerweile riesig und vor allem für Einsteiger unübersichtlich, da jedes Board besondere Vor- und Nachteile aufweist.

So sind Hardboards deutlich teurer und sperriger und können daher nur per Dachgepäckträger oder PKW-Anhänger transportiert werden. Andererseits zeichnen sie sich auf dem Wasser durch bessere Gleiteigenschaften und vor allem beim Surfen durch mehr Wendigkeit aus.

Hingegen sind iSUPs teils schon sehr günstig zu erwerben, müssen aber vor dem Einsetzen zuerst aufgepumpt werden. Es gibt jedoch auch elektrische Pumpen, am KFZ anschließbar oder mit Akkus zu betreiben. Je nach Hersteller und Volumen des Boards, sollte das Board, um die nötige Steifigkeit zu gewährleisten, bis zu einem Druck von 15-18 psi (1 bar = 14,504 psi) aufgepumpt werden. Bei zu wenig Luftdruck hängt das Board wie eine Banane nach unten durch, wird aufgrund des hohen Widerstandes sehr langsam und ist schwer zu manövrieren.

Aufblasbare SUPs sind dennoch stabil und federn Stöße leichter ab, wenn man gegen ein Hindernis fährt. Beim Sturz vom Board ist zudem die Verletzungsgefahr geringer, weshalb sich iSUPs vor allem für Einsteiger und Kinder bestens eignen.

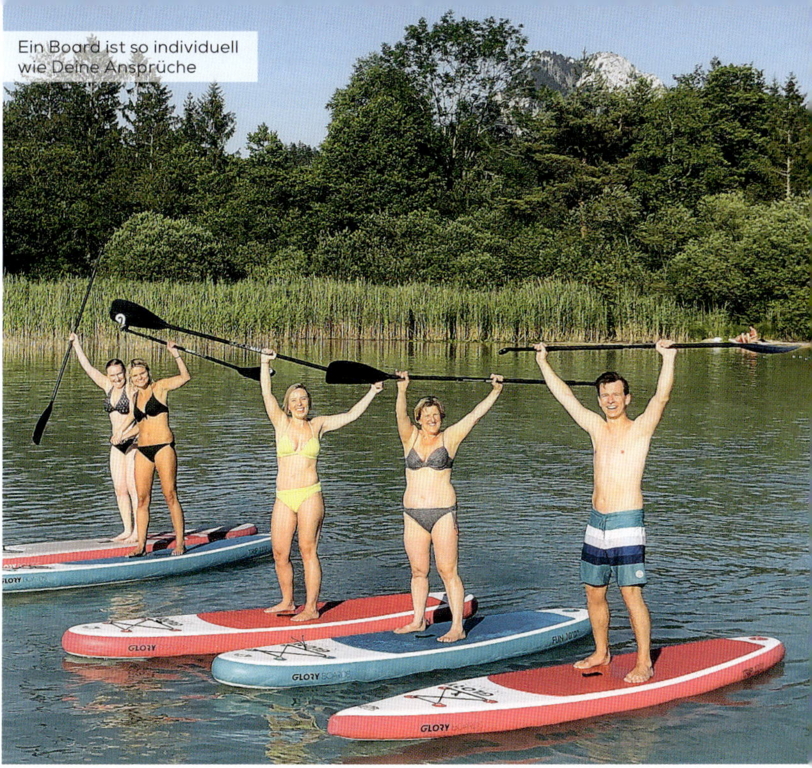
Ein Board ist so individuell wie Deine Ansprüche

SUP-Boards gibt es für unterschiedliche Gewässer und Zwecke, sie unterscheiden sich teils fundamental in ihren Eigenschaften. Je mehr Volumen und Breite, desto stabiler ist es (River- und Allround-Boards). Je länger und schmaler, desto kippeliger aber auch schneller gleiten sie übers Wasser (Race- und Touring-Boards). Am besten, man testet vor dem Kauf einige Boardvarianten an Vermietstationen oder bucht geführte Touren, um dann die beste Entscheidung zu fällen.

ALLROUND-BOARDS

Diese klassischen Einsteigerboards sind beinahe oval geformt. Dabei ist die Mitte des Bretts um den Haltegriff herum relativ breit und das vordere Ende (Nose) rundlich geformt. Somit ist eine hohe Stabilität und Wendefreudigkeit gewährleistet, jedoch gepaart mit Einbußen bei Geschwindigkeit und Spurhaltung (man muss öfter die Paddelseite wechseln). Somit ist das Allround-Board auch gut für Kinder geeignet und kann sinnvollerweise auch zu einem

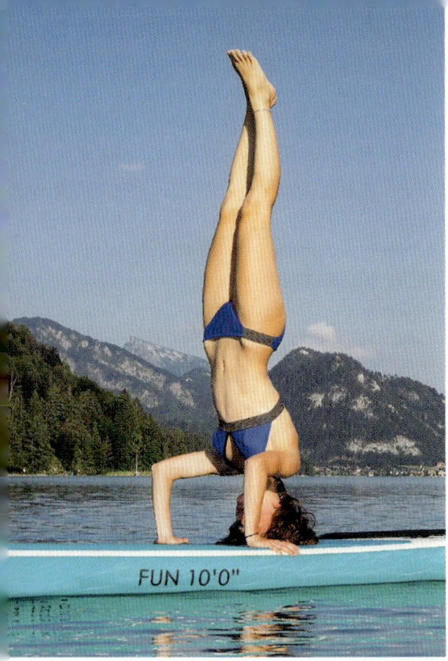

herausfordernden Bodyweight Workout am Wasser benutzt werden. Die Länge beträgt meist zwischen 10' und 11' (1 Fuß = 30,48 cm), die Breite liegt zwischen 30" und 32" (1 Zoll= 2,54 cm). Allround-Boards sind in der Regel an die 6" (15 cm) dick.

TOURING-BOARDS

Touring-Boards sind im Vergleich zum Allrounder Board deutlich länger und schmaler sowie an der Nose spitzer geformt. All diese Eigenschaften lassen ein schnelleres Gleiten mit weniger Paddelwechsel zu.

Idealerweise werden diese Bretter für längere Touren genutzt, da der Paddelaufwand geringer ist und somit auf langen Strecken Kraft gespart werden kann. Touring-Boards können durchaus auch auf fließenden Gewässern gefahren werden, wenn es die Revierbedingungen zulassen. Da sie aufgrund ihrer schmaleren Bauweise kippeliger sind, sollte man sich dennoch erst auf Allround-Boards einfahren, bis man sich genügend Balance „erarbeitet" hat.

Die Abmessungen von Touring-Boards sind in etwa die folgenden: Länge zwischen 12' und 14' (1 Fuß = 30,48 cm), Breite 29" bis 31" (1 Zoll= 2,54 cm) sowie Dicke zwischen 5,5" und 6,5".

Als noch sportlichere Alternative zu den Touring-Boards gibt es die noch schmaler und länger konstruierten **Race-Boards**, die – wie der Name schon sagt – für maximale Geschwindigkeit entworfen sind. Race-Boards sind für Anfänger sicherlich die falsche Wahl, hierfür sollte man schon einiges an Paddelerfahrung mitbringen, da es aufgrund der Bauform schwierig ist die Balance zu halten.

RIVER-BOARDS

River-Boards sind in Wildwasserrevieren das Board der Wahl, weil sie im Vergleich zu anderen Board-Typen robuster und am Fließgewässer deutlich sicherer sind. Dies sieht man auf den ersten Blick an den Abmessungen, denn sie sind mit durchschnittlich 9,5' (1 Fuß = 30,48 cm) deutlich kürzer, weisen aber trotzdem eine Breite von ca. 34" (1 Zoll= 2,54 cm) auf. Da man am Wildwasser sowieso von der Strömung getragen wird, muss das Board nicht lang und schnell gebaut sein. Durch die kompakte Bauweise ist es jedoch sehr stabil und kann leicht gewendet werden, um Hindernissen schnell auszuweichen. Wir empfehlen, erst nach einigen geführten Touren und Einweisungen, strömungsstarke Flussreviere auf eigene Faust zu befahren!

SUP-FINNEN

Ohne Finnen geht gar nichts, denn sie garantieren die Spurhaltung im Wasser. Ohne Finnen würde das Board beinahe unsteuerbar sein und bei jedem Paddelschlag die Richtung wechseln. Je nach Anbieter findet man auf den meisten Boards entweder eine oder drei Finnen, welche am Heck (Tail) befestigt werden. Einige Boards haben die Finnen schon fest eingebaut, bei anderen Modellen muss man sie vor dem Einstieg ins Wasser selbst anbringen. Hier bietet sich auch die Möglichkeit, Anzahl und Größe der Finnen für das jeweilige Gewässer zu wählen.

SUP-PADDEL

Die Paddel sind stets höhenverstellbar, um sie an verschiedene Körpergrößen, aber auch an unterschiedliche Fahrstile anzupassen. Dabei gibt es auch vom Material her große Unterschiede. Aluminium-Paddel sind zwar günstige Einsteigermodelle, müssen aber Abzüge bezüglich Kraftübertragung und Steifigkeit hinnehmen. Vorsicht ist auch geboten, wenn diese zu lange im Wasser schwimmen. Sobald der Schaft mit Wasser vollgelaufen ist, kann das Paddel blitzschnell sinken und verloren gehen.

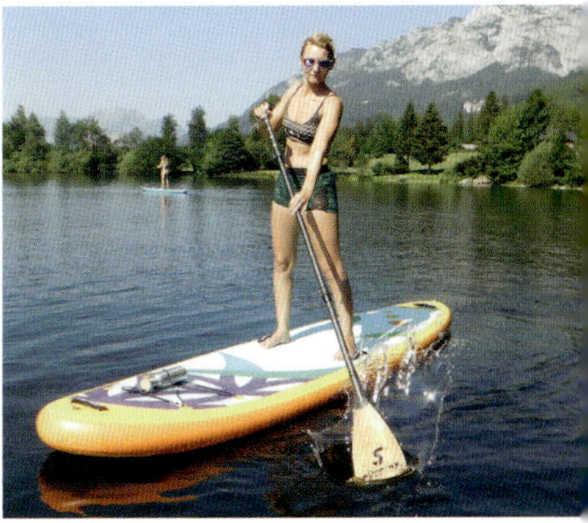

Carbon- und Bambuspaddel sind High-End-Paddel mit hoher Steifigkeit und Kraftübertragung sowie deutlich leichterem Gewicht. Allerdings sind diese extrem empfindlich und kleine Stöße oder Schläge können beim Paddeln irgendwann zum Brechen des Schaftes führen.

Die goldene Mitte zwischen Alu & Carbon findet man beim Fiberglas-Paddel.

LEASH

Die Leash verbindet das Board mit dem SUPler. Dabei wird diese mittels Klettverschluss entweder am Sprunggelenk oder am Unterschenkel unterm Knie befestigt, damit beim Sturz ins Wasser das Board nicht abtreiben kann und

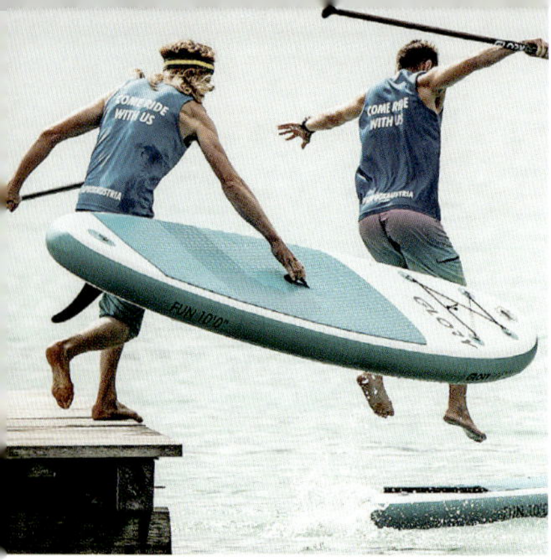

der Sportler stets in Verbindung mit dem SUP bleibt.

Auf stillen Gewässern ist der Wert einer Leash unbestritten. Anders sieht es auf Flüssen aus, denn hier teilen sich die Meinungen bezüglich des Einsatzes von Leashes. Einerseits besteht die Gefahr, mit befestigter Leash bei starker Strömung mit dem Board zusammen zu weit unter Wasser gezogen zu werden oder an Hindernissen unter der Wasseroberfläche hilflos hängen zu bleiben. Andererseits kann die Leash bei Kehrwasser verhindern, dass der Surfer flussabwärts abtreibt, wenn das Board flussaufwärts im Kehrwasser hängen bleibt. Am besten, man bedient sich bei starker Strömung einer Leash mit Sicherheitsauslösung, welche um die Hüfte getragen wird. Damit kann im Ernstfall alles per Hand gelöst und Schlimmeres verhindert werden. Ein Kurs vermittelt Wissen in Theorie und Praxis!

TRANSPORT & LAGERUNG

Aufblasbare iSUPs und auch viele Hardboards verfügen über einen Tragegriff um den Schwerpunkt des Boards herum, womit man es leicht einarmig, zwischen Oberkörper und Arm geklemmt, tragen kann. Je nach Board variiert das Gewicht zwischen 7-10 kg, was zumindest auf kurzen Strecken angenehm zu tragen ist. Wer an Land längere Strecken mit dem Board zurücklegen muss, kann dies mit einem SUP-Tragegurt oder einem SUP-Transportwagen tun.

Sehr ergonomisch ist natürlich das Tragen des zusammengefalteten iSUPs im dazu vorgesehenen Rucksack, wie es die meisten Hersteller zum Verkauf anbieten. Wer die Möglichkeit hat, sein iSUP mit einem Gepäckträger zum Surf-Spot zu transportieren, sollte dies auch nutzen. Denn es ist besser für den Kleber und das Material, wenn das Board aufgepumpt bleibt. Die Winterlagerung erfolgt idealerweise im leicht aufgepumpten Zustand, sodass das Material nicht zu starker Dauerspannung ausgesetzt ist. Gerade bei iSUPs sollte man zu langes Lagern in der prallen Sonne vermeiden.

Mittlerweile gibt es auch recht brauchbare Gepäckträgersysteme (soft racks) fürs Auto, welche schnell auf- und abmontiert werden können. Diese sind meist deutlich günstiger als fix verbaute Dachgepäckträger, jedoch weniger belastbar bzw. instabiler und kaum für Fahrten auf der Autobahn geeignet.

SUP-PADDELTECHNIK

ERMITTLUNG DER RICHTIGEN PADDELLÄNGE

Stell das Paddel neben Dich, strecke Arm und Hand (der Arm ist dabei fast durchgestreckt) entlang des Paddelschaftes nach oben und lege jetzt die Hand um den Griff. Je länger das Paddel, umso aufrechter die Standposition auf dem Board. Wenn ich sportlicher fahren möchte, wähle ich einen kürzeren Schaft.

PADDELHALTUNG

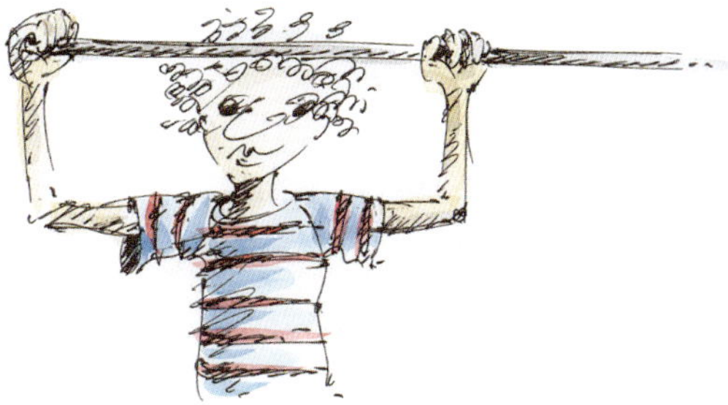

Die richtige Griffbreite ermitteln – Mit der einen Hand den Knauf umfassen, mit der anderen den Schaft. Paddel so auf den Kopf legen, dass die Unterarme im rechten Winkel nach oben zeigen.

Bei einem SUP-Paddel ist in der Regel das Blatt im Verhältnis zum Schaft abgewinkelt. Das Paddel wird korrekterweise so gehalten, daß beim Eintauchen das abgewinkelte Blatt – vom Paddler aus gesehen – nach vorne zeigt.

ERSTE VERSUCHE

Wer seine ersten Versuche auf einem SUP-Board bestreitet, kann erstmal kniend starten, um ein Gefühl für sich und das Board zu bekommen. Hierzu etwa in die Mitte des Boards mit Blick nach vorne hinknien. In aufrechter Haltung mit beiden Händen am Paddelschaft vorwärts paddeln. Nach der Eingewöhnung aufstehen und mit der oberen Hand den Knauf greifen.

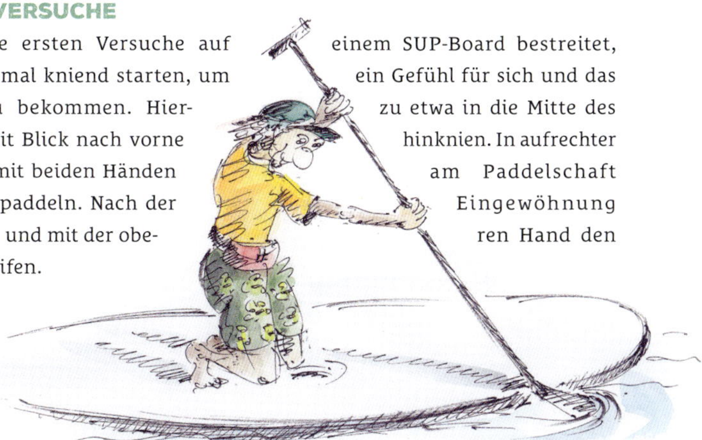

VORWÄRTSSCHLAG

Mit Blick nach vorne (Richtung Bug) stehen wir mit paralleler Beinstellung etwa in der Mitte des Boards. Die Trageschlaufe dient hier als Anhaltspunkt. Das Paddel wird weit vorne und nahe neben dem Board eingetaucht. Dabei ist der untere Arm (Hand am Schaft) nahezu gestreckt und der obere Arm (Hand auf dem Griff) leicht angewinkelt. Erst wenn das Paddel komplett im Wasser ist, wird der eigentliche Paddelzug eingeleitet.

Jetzt wird das Paddel in gerader Linie neben dem Board bis zum Körper (Füße) durchgezogen, wobei der Paddelschaft immer in einem sehr steilen Winkel (von vorne oder hinten gesehen) zum Wasser bleiben sollte. Dabei wird der obere Arm gestreckt und der untere Arm leicht angewinkelt.

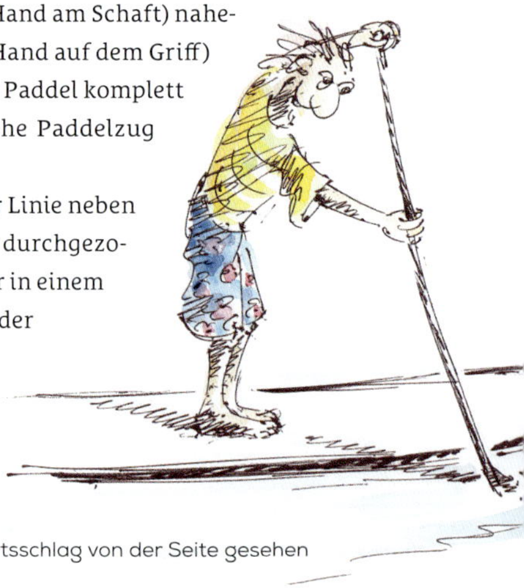

Vorwärtsschlag von der Seite gesehen

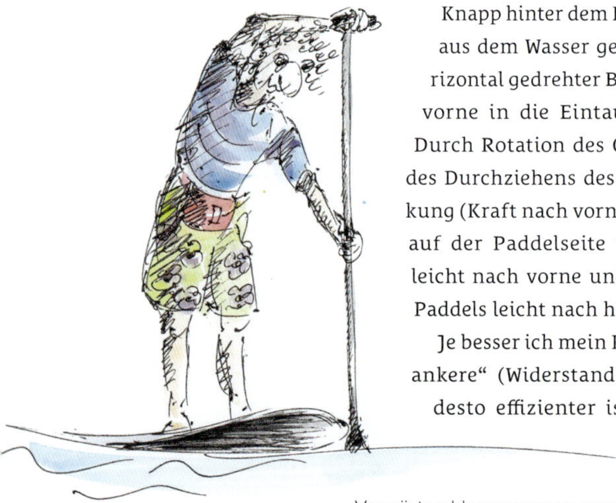

Knapp hinter dem Körper wird das Paddel aus dem Wasser genommen und mit horizontal gedrehter Blattfläche wieder nach vorne in die Eintauchposition geführt. Durch Rotation des Oberkörpers während des Durchziehens des Paddels wird die Wirkung (Kraft nach vorne) gesteigert (Schulter auf der Paddelseite ist beim Eintauchen leicht nach vorne und beim Ausheben des Paddels leicht nach hinten gedreht).

Je besser ich mein Paddel im Wasser „verankere“ (Widerstand des Wassers nutzen), desto effizienter ist die Bewegung des Boards nach vorne.

Vorwärtsschlag von vorne gesehen

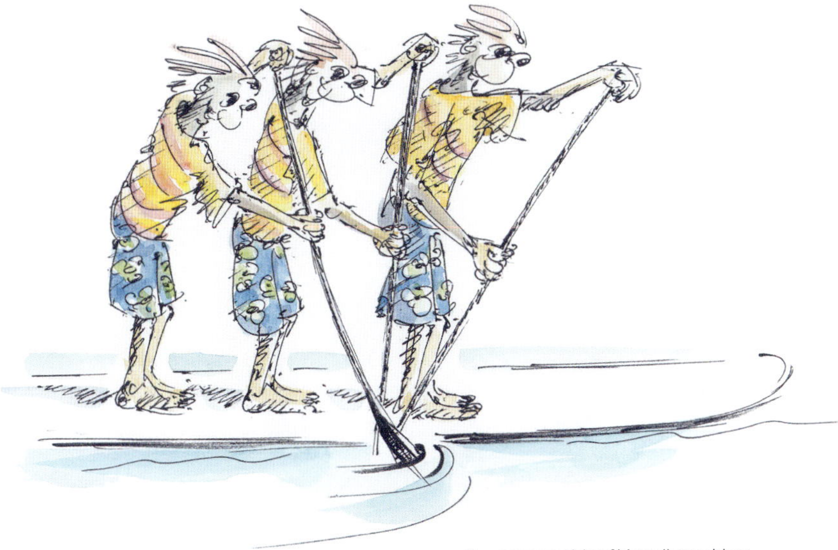

Bewegungsablauf Vorwärtsschlag

VORWÄRTS FAHREN

Um „Kurs zu halten“ und ungewollte Kurvenfahrt zu vermeiden ist es hilfreich, auf ein anvisiertes Ziel in der Ferne zuzuhalten und nach mehreren Schlägen immer mal wieder die Seite zu wechseln.

KURVEN FAHREN

Hier kann als leicht zu lernende Technik der Bogenschlag angewendet werden. Das Paddelblatt wird möglichst weit vorne direkt am Board eingesetzt und dann in einem weiten Bogen am Körper vorbei bis nach hinten ans Heck durchgezogen. Je weiter ich bei diesem Manöver hinten auf dem Board stehe, umso effizienter wird der Bogenschlag.

Als fortgeschrittene Technik kann auch der sogenannte Crossbow-Turn eingesetzt werden. Hier wird das Paddel aus

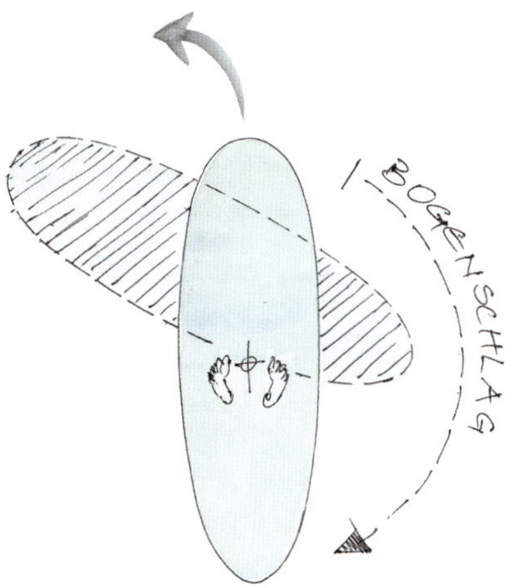

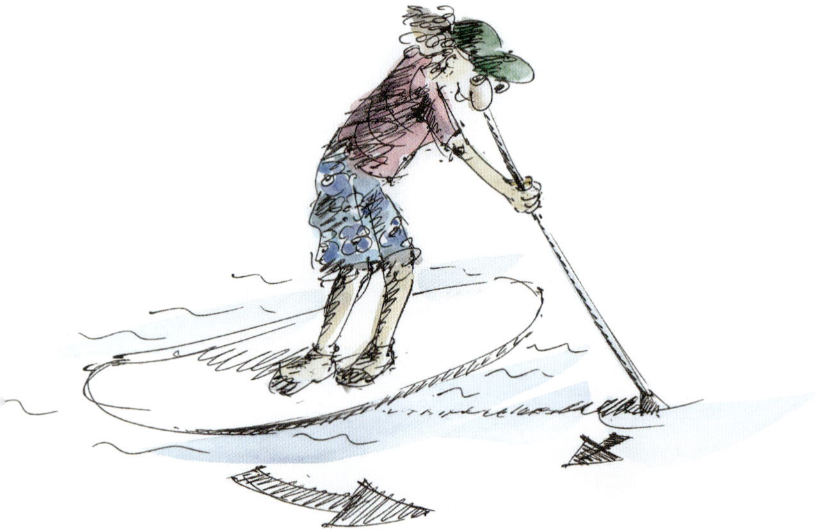

Crossbow-Turn

der Fahrt heraus auf der Gegenseite des Boards – unter Beibehaltung der ursprünglichen Paddelhaltung – möglichst weit außen in einem Winkel von rund 45 Grad zum Board eingesetzt und dann in einem Bogen vorne über den Bug wieder auf die ursprüngliche Paddelseite geführt. Mit dieser Übergriff-Technik kann das Board mit einem Schlag um 180° gedreht werden.

PADDELN BEI GEGENWIND

Wer gegen den Wind ankommen möchte, macht sich klein – bis hin zum Paddeln im Knien. Auf diese Weise reduziere ich den Luftwiderstand. Die Griffhand greift dabei weiter unten am Schaft.

DOWNWIND-PADDELN

Das SUP-Paddeln mit ordentlich Wind im Rücken gilt als die Königsdisziplin auf dem See und bleibt erstmal dem wirklich Erfahrenen vorbehalten. Es erfordert eine an Wind und Wellen angepasste Fußstellung. Um ein Bohren des Bugs zu verhindern, versetzt man einen Fuß nach weiter hinten. Je mehr Wind, desto weiter hinten steht man. Mit dem Paddel im Wasser kann das Board in den Wellen stabilisiert werden.

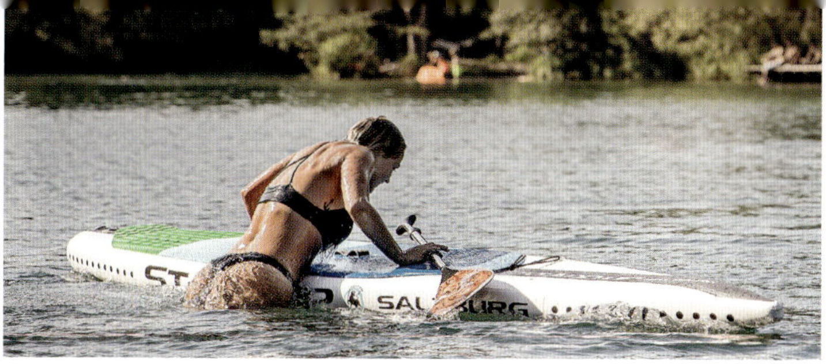

ZU GUTER LETZT

» Schwach motorisierte Wasserfahrzeuge „schleichen“ sich gern unbemerkt von hinten an, so dass es sinnvoll ist, sich immer mal umzuschauen.

» Im Falle eines Sturzes ins Wasser zuerst zum Board schwimmen, bevor der Wind dieses abtreibt (eine Leash verhindert das!) – und erst dann das Paddel bergen.

» Nie das Board verlassen um zum Ufer zu schwimmen, denn es ist auch deine „Rettungsinsel“!

» Führe ein wasserdicht verpacktes Handy mit, um im Notfall Hilfe rufen zu können.

Literatur-TIPPS

BUCH-EMPFEHLUNGEN

SUP – STAND UP PADDLING: MATERIAL – TECHNIK – SPOTS, Delius Klasing Verlag

YOGA AUF DEM SUP, Delius Klasing Verlag

101 DINGE, DIE EIN STAND-UP-PADDLER WISSEN MUSS, Bruckmann Verlag

KANU KOMPASS „NÖRDLICHE ALPENSEEN + SUP-INFOS“, Thomas Kettler Verlag

SALZBURG & SALZKAMMERGUT (REISEFÜHRER), Michael Müller Verlag

ZEITSCHRIFTEN

SUP BOARD MAGAZIN MSV MEDIEN BADEN-BADEN, www.supboard-magazin.de

SUP, Delius Klasing Verlag, www.sup-mag.de

STAND UP MAGAZIN, MIKE JUCKER, www.standupmagazin.com

LINK-TIPPS

SUPSCOUT.DE – Plattform für SUP-SPOTS UND -TOUREN

CLEANRIVERPROJECT.DE – Paddeln und Fotokunst für saubere Flüsse und Meere

PAGAJA.DE – Buchungsportal rund ums Paddeln

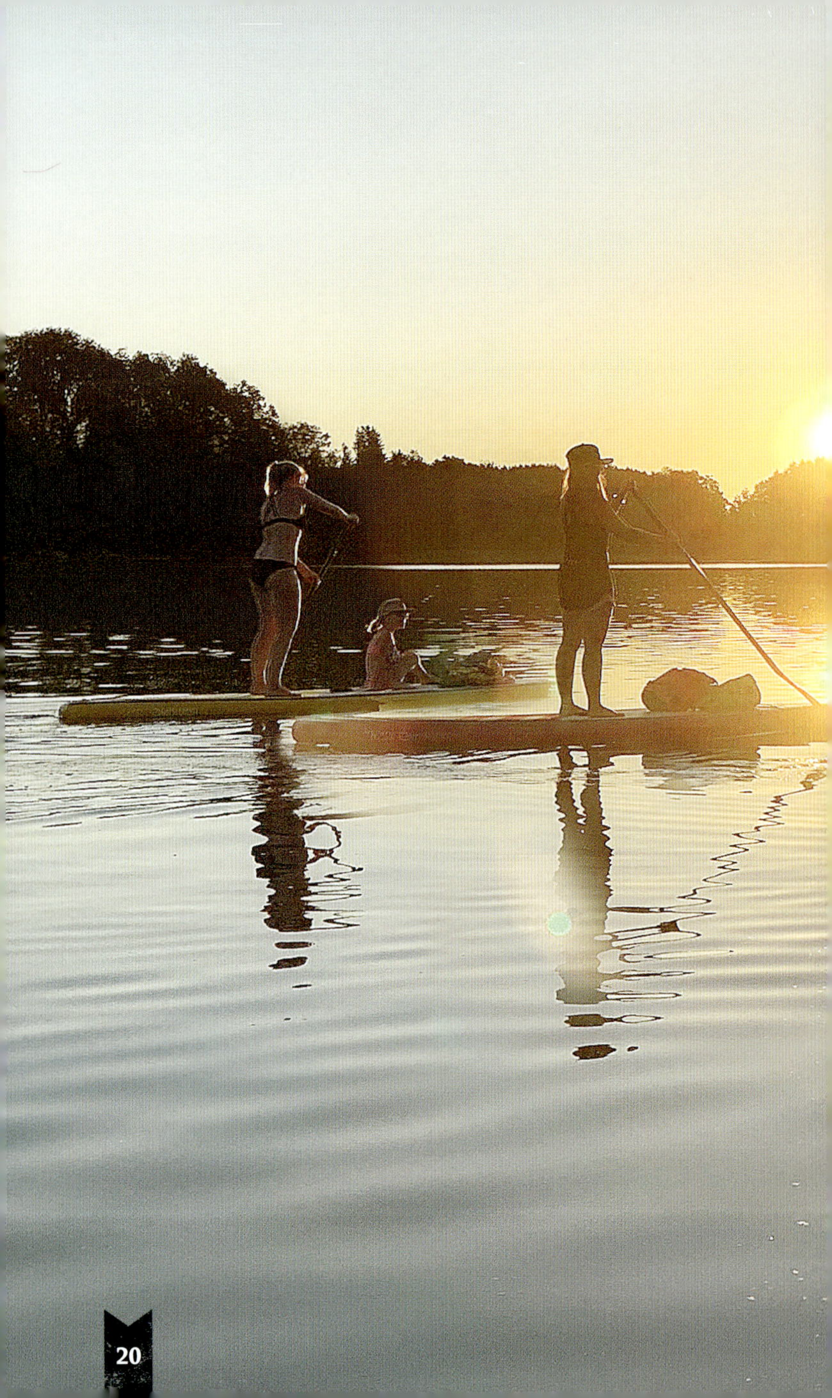

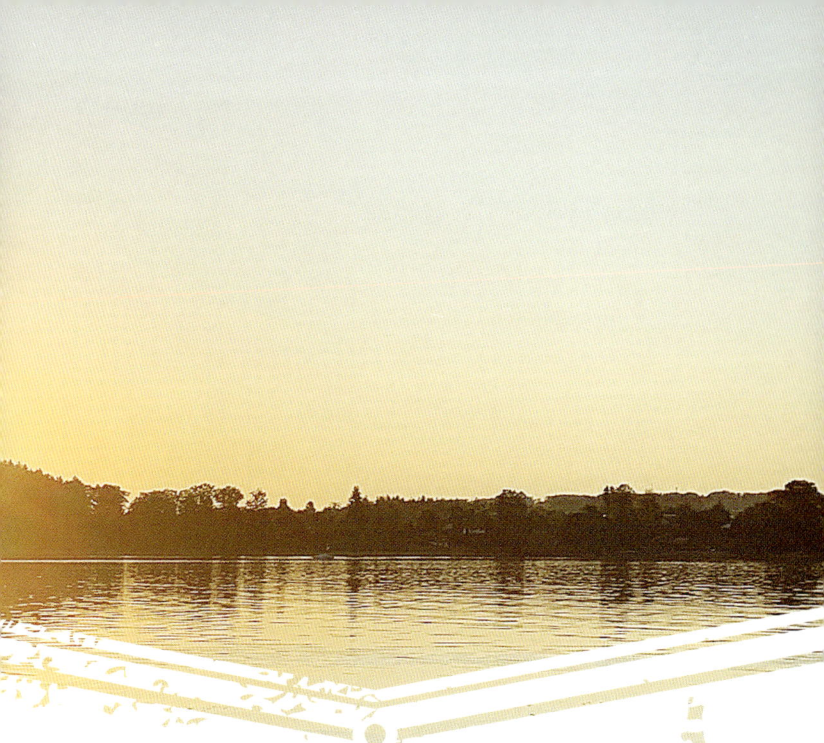

OBERTRUMER SEE

ANSPRUCH

EINKEHR

Der größte der drei Trumer Seen gilt als klassischer Badesee und ermöglicht wegen seines milden Klimas und der geschützten Lage gemütliche Ausfahrten auf dem SUP. Auch abseits der Badesaison bietet die familienfreundliche Region um den See allerhand interessante Aktivitäten zu jeder Jahreszeit.

WIND & WETTER

Aufgrund seiner relativ windstillen Lage bietet der See optimale SUP-Bedingungen. Am häufigsten wird man noch auf mäßige Westwinde unter 15 kn (4 Beaufort) stoßen. Dabei kann es abseits der Ufer schon etwas kippelig werden, hoher Wellengang entsteht jedoch kaum. Im Hochsommer sind mit bis zu 20 Niederschlagstagen pro Monat und max. Lufttemperaturen um die 30 °C zu rechnen.

BEFAHRUNGSREGELN

Die Sumpfgebiete und Verlandungszonen um den See stehen, wie auch am benachbarten Mattsee, unter Naturschutz und dürfen dementsprechend nicht befahren werden. Daher gibt es auch keine Motorboote auf dem See.

Weiterhin ist auf Schifffahrt, Fischerei und in Ufernähe auf Badegäste sowie andere Wassersportler zu achten. Dennoch ist der See nicht überlaufen und bietet genügend Platz für alle.

GEFAHREN

Vor Seeham treiben einige Baumstämme im Wasser, damit sich Badegäste daran festhalten und ausruhen können. Bei schönem Wetter und starker Lichtreflexion können diese schon mal übersehen werden. Bitte besonders aufpassen.

Beim Steinspitz unter der Wartstein-Kapelle befinden sich **Felsformationen** direkt unter der Wasseroberfläche. Diese sind gut sichtbar und sollten dem Board zuliebe umfahren werden.

ANFAHRT MIT DEM PKW

Von Salzburg aus nimmt man die B 150 (Mattseer Landstraße) und folgt dem Straßenverlauf etwa 15 Kilometer in Richtung Obertrum bzw. Mattsee. Die B 150 wird im weiteren Verlauf zur B 156 (Mattseer Landesstraße)! Also nicht verwirren lassen und immer geradeaus auf Kurs Richtung Obertrum/Mattsee bleiben.

Nach dem ersten Kreisverkehr am Ortseingang von Obertrum gibt es zwei weitere Kreisverkehre im Ortszentrum, nur 150 m voneinander entfernt. Davon ersteren geradeaus durchfahren, beim zweiten die dritte Ausfahrt in Richtung Seeham nehmen. Dem Straßenverlauf bis Seeham folgen. Strandbad und Parkplatz sind ausgeschildert und gleich abseits der Hauptstraße zu sehen *(Navi: Dorf 12, 5164 Seeham).*

Um Wartezeiten zu vermeiden und unabhängig von Öffnungszeiten zu sein, empfiehlt es sich, beim öffentlichen Seezugang links neben dem Strandbad einzusteigen.

PARKEN

Vor dem Strandbad Seeham sowie gegenüber, hinter dem Gemeindeamt, gibt es genügend kostenlose Parkplätze. Zum See sind es zu Fuß zwischen 80 und 350 m.

ANFAHRT MIT ÖPNV

Vom Salzburger Hbf nimmt man den ÖBB Postbus der Linie 120 nach „Obertrum Ortsmitte". Dort umsteigen auf die Linie 131 und nach 5 Minuten an der Haltestelle „Seeham Strandbad" aussteigen.

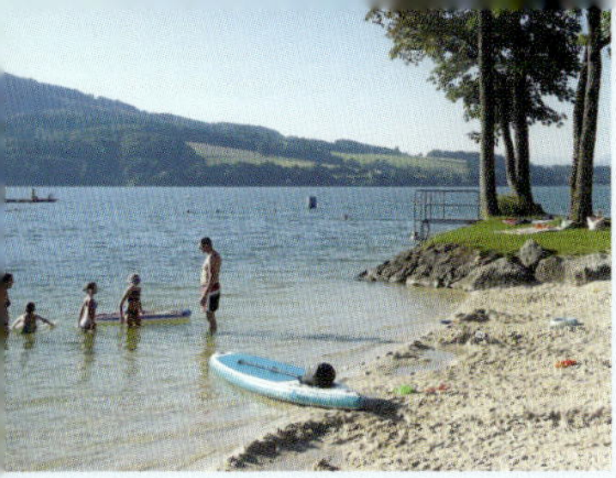

BADEN

Gerade wegen seiner hervorragenden Wasserqualität und der relativ windgeschützten Lage ist der See bei Badegästen sehr beliebt. Strandbäder gibt es in Seeham und Obertrum, beide sind mit genügend Parkplätzen ausgestattet.

» **Strandbad Oitner,**
Seestraße 16, 5162 Obertrum
Kinderspielplatz, mehrere Stege, Kinderbecken, Sprungturm, SB-Restaurant.

» **Strandbad Seeham,**
Dorf 12, 5164 Seeham. *Kostenlose Parkplätze, Wasserrutsche und -trampolin, Kinderspielplatz, Volleyball, Gastronomie, WC.*

» **Freier Seezugang Seeham,**
nördlich vom Strandbad bzw. gegenüber vom Wirtshaus La Corona (ehem. Dorfwirt). *Kinderspielplatz, Schirmbar, kleiner Strand.*

SEHENSWERT

» **Obertrum am See:** Im **Puppenwelt Museum** lassen sich von Ostern bis Ende Oktober rund 250 handgefertigte Puppen und Porzellanfiguren bestaunen. Die unter Denkmalschutz stehende **Pfarrkirche Obertrum** wurde 2015 umfassend saniert, wobei Mauerreste aus dem 10. Jahrhundert gefunden wurden. Die Pfarre selbst wurde 1143 erstmalig urkundlich erwähnt.

TIPP EXTRA-TIPPS

» Unter dem Motto *„Kabarett & Kleinkunst findet auch am Land statt"*, veranstaltet das **Bierkabarett** einmal im Monat einen unterhaltsamen Abend im Saal des Braugasthof Sigl (Obertrum) – mit Kabarettisten aus Österreich & Deutschland.

» Der fünf Kilometer lange **Haunsberg Rundwanderweg** vermittelt Wissenswertes über die Region, Wildtiere und die Geologie entlang des Weges. Start ist beim Gasthof Kaiserbuche 6 km westlich von Obertrum.

» Die **Seebühne Seeham** spielt zwischen Juni und August und erfreut sich pro Saison an knapp 10.000 Besuchern. Fans von Kleinkunst bekommen hier ein abwechslungsreiches Programm geboten. www.seebuehneseeham.at

» Der **Trumer Triathlon** bietet jeden Juli alles, was das Ausdauerherz höherschlagen lässt. Unterschiedliche Wettbewerbe für alle Altersgruppen sorgen für Abwechslung und Spaß. www.trumer-triathlon.at

» Über den **Wildkar-Wasserfall** stürzt der **Teufelsgrabenbach** bei Webersberg über zwei Felsstufen von insgesamt 20 Metern in die Tiefe und treibt mit seinem Wasser eine idyllische Kugelmühle an. www.teufelsgraben.at

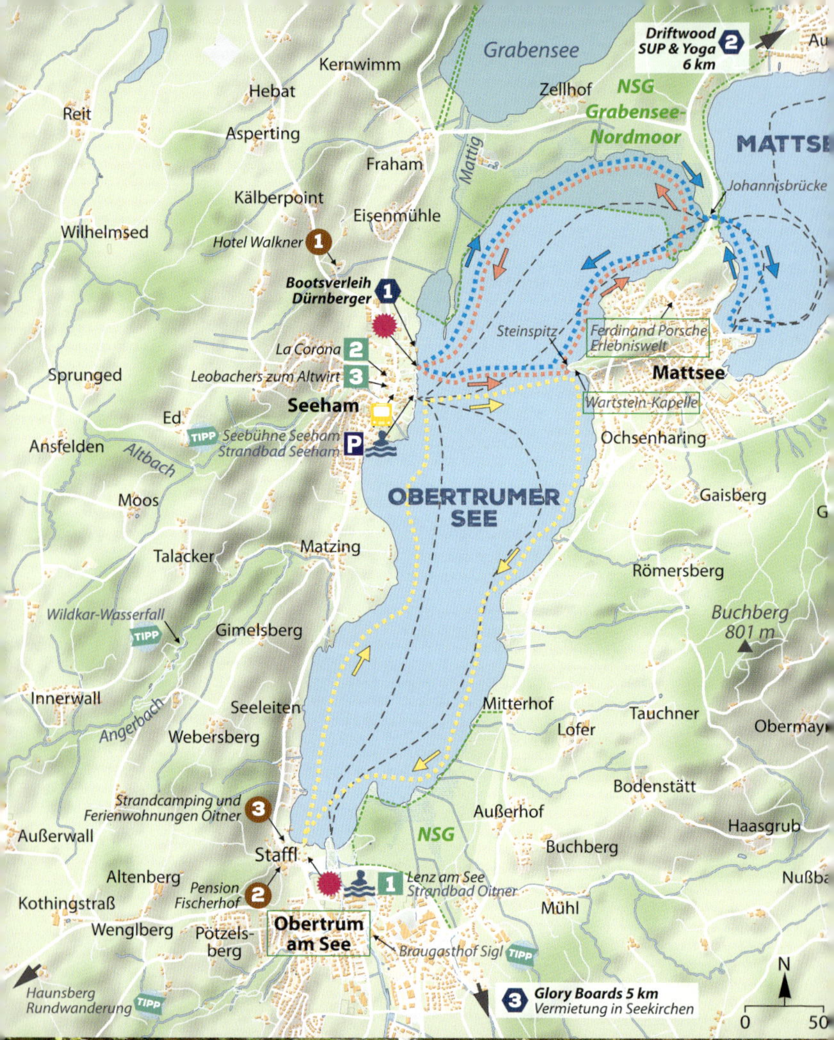
Grabensee
Driftwood SUP & Yoga 6 km
Kernwimm
Hebat
Zellhof
NSG Grabensee-Nordmoor
Reit
Asperting
Fraham
Mattig
MATTSE
Johannisbrücke
Kälberpoint
Eisenmühle
Wilhelmsed
Hotel Walkner
Bootsverleih Dürnberger
Steinspitz
Ferdinand Porsche Erlebniswelt
La Corona
Sprunged
Leobachers zum Altwirt
Mattsee
Seeham
Ed
Wartstein-Kapelle
TIPP
Seebühne Seeham
Strandbad Seeham
Ansfelden
Altbach
Ochsenharing
Moos
OBERTRUMER SEE
Gaisberg
Talacker
Matzing
Römersberg
Wildkar-Wasserfall
Buchberg 801 m
Gimelsberg
Innerwall
Seeleiten
Mitterhof
Tauchner
Angerbach
Webersberg
Lofer
Obermay
Bodenstätt
Strandcamping und Ferienwohnungen Oitner
Außerhof
Haasgrub
Außerwall
NSG
Buchberg
Staffl
Altenberg
Pension Fischerhof
Lenz am See
Strandbad Oitner
Kothingstraß
Mühl
Wenglberg
Pötzels-berg
Obertrum am See
Braugasthof Sigl
Haunsberg Rundwanderung
Glory Boards 5 km
Vermietung in Seekirchen
N
0
50

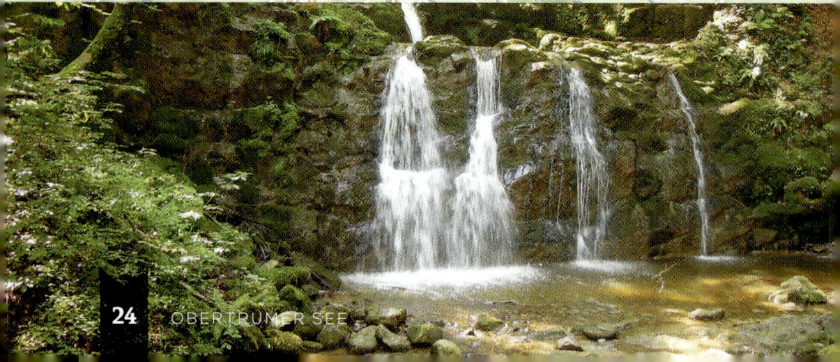

1 NORDRUNDE

(mit Tourbeschreibung Seite 27)

Vom Sandstrand in Seeham zum Steinspitz in Mattsee. Von hier am Ostufer entlang nach Norden, dann die Nordbucht ausfahren und am Westufer zurück zum Einstieg.

| **LÄNGE** 5 km | **DAUER** 1:10-1:30 h

EIN- & AUSSTIEG

Sandstrand in Seeham *(frei zugängl.)*.

2 ZWEI-SEEN-RUNDE

Vom Sandstrand in Seeham entlang des Westufers und der Nordbucht sowie unter der Johannisbrücke durch zum Mattsee. Hier kleine Südrunde und auf dem Obertrumer See über den Steinspitz wieder zurück zum Einstieg in Seeham.

| **LÄNGE** 6,8 km | **DAUER** 2-2:30 h

EIN- & AUSSTIEG

Sandstrand in Seeham *(frei zugängl.)*.

3 SÜDRUNDE

Vom Strandbad Oitner am Westufer entlang bis zur Anlegestelle Seeham. Dort Seequerung zur Warstein-Kapelle/Steinspitz und am Ostufer retour zum Strandbad Oitner.

| **LÄNGE** 7,5 km | **DAUER** 2-2:30 h

EIN- & AUSSTIEG

Strandbad Oitner.

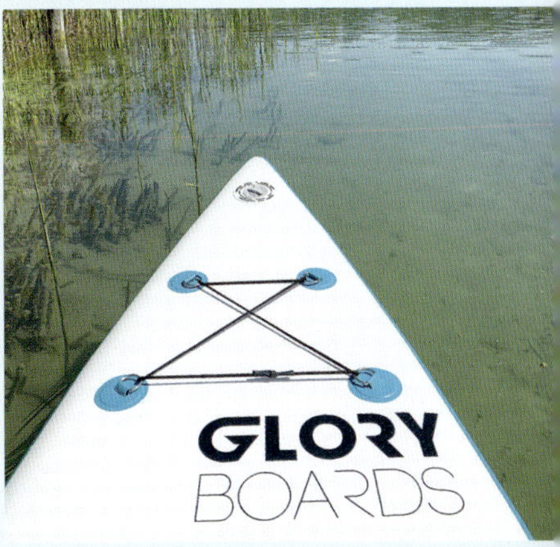

SUP-VERMIETUNG

1 BOOTSVERLEIH DÜRNBERGER

neben dem Strandbad in Seeham
Kälberpoint 47, 5164 Seeham
Tel. +43 (0)6217 57 89
www.bootsverleih-seeham.at

2 DRIFTWOOD SUP & YOGA

Station im Strandbad Gebertsham in Lochen am Mattsee (10 km entfernt)
Gebertsham 5, 5221 Lochen am See
Tel. +43 (0)650 285 23 45
www.driftwood.at

3 GLORY BOARDS

Boards können nach Vereinbarung im Shop in Seekirchen am Wallersee gemietet werden (11,5 km entfernt)
Gewerbestraße 1, 5201 Seekirchen
Tel. +43 (0)664 887 511 00
www.gloryboards.com

EINKEHR

1 LENZ AM SEE

Seestraße 8, 5162 Obertrum
Tel. +43 (0)677 625 533 66
www.lenzamsee.at
Di-Sa 17-24, Küche bis 21 Uhr

KLASSIKER Pfannen-Gyros mit hausgemachtem Tzatziki

2 LA CORONA

Dorf 17, 5164 Seeham
Tel. +43 (0)6217 55 13
www.lacorona.at
Mi-Sa 11.30-22, So 11.30-15 Uhr

KLASSIKER Burrito, XXL-Burger

3 LEOBACHERS ZUM ALTWIRT

Dorf 1, 5164 Seeham
Tel. +43 (0)6217 55 22
www.altwirt.at
Sommers tägl. 11.30-14 & ab 18 Uhr

KLASSIKER Beim Backhendl mit Erdäpfel-Vogerlsalat liegt man immer richtig

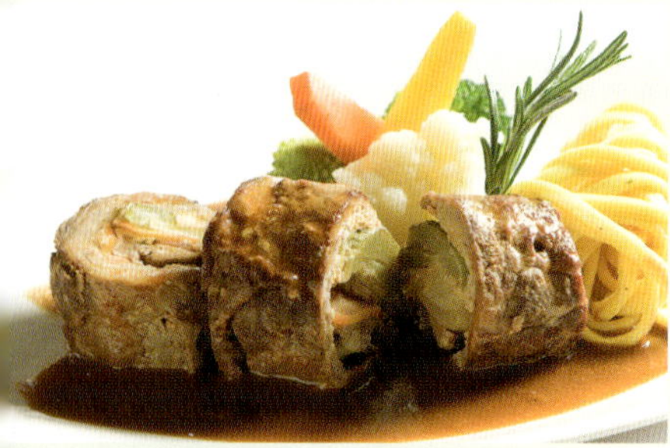

ÜBERNACHTUNG

1 HOTEL WALKNER

Eisenharting 4, 5164 Seeham
Tel. +43 (0)6217 55 50
www.hotel-walkner.at

2 PENSION FISCHERHOF

Seestraße 13, 5162 Obertrum
Tel. +43 (0)6219 63 58
www.pension-fischerhof.at

3 STRANDCAMPING UND FERIENWOHNUNGEN OITNER

Seestraße 18, 5162 Obertrum
Tel. +43 (0)6219 64 42
www.oitner-urlaubamsee.at

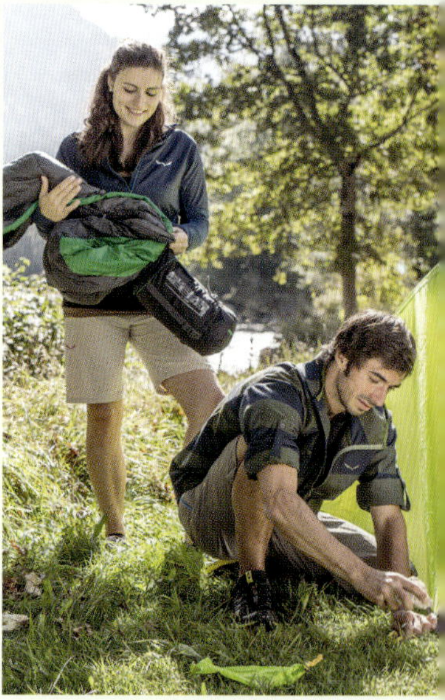

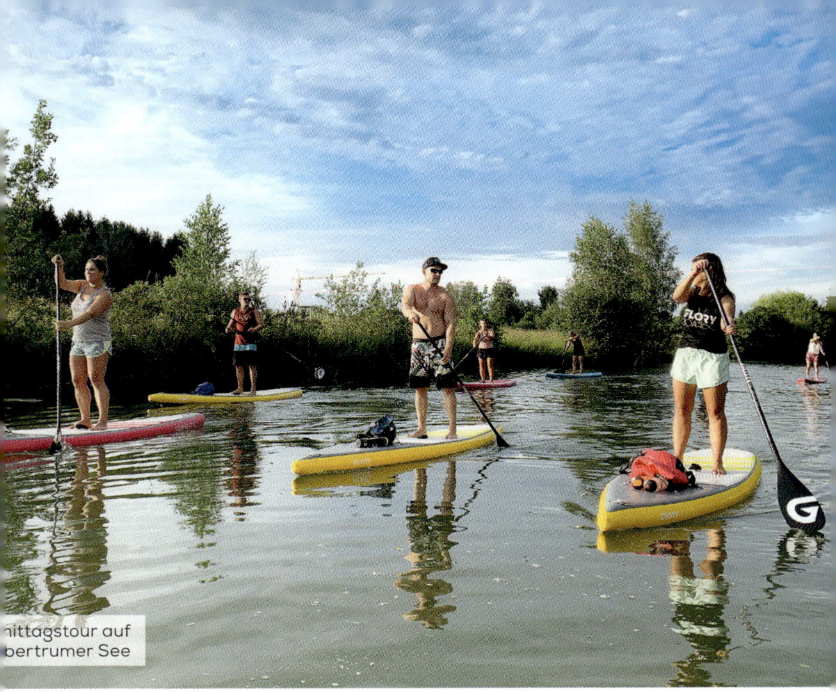

[M]ittagstour auf [O]bertrumer See

1 IDYLLE ZWISCHEN SANDSTRAND, NATURSCHUTZGEBIET & WALDKAPELLE

Mitten in **SEEHAM** findet man den optimalen Startplatz für eine Tour auf dem **OBERTRUMER SEE.** Die drei öffentlichen Parkplätze um das Strandbad Seeham sind kostenfrei und ermöglichen einen schnellen Zugang zum Ufer. Gegenüber vom Restaurant **LA CORONA** 2 (ehem. Dorfwirt Eberl) liegt ein schöner Park mit Kinderspielplatz, Gastronomie und Liegewiese. Hier hat man auch genug Platz zum Aufpumpen der SUPs und kann direkt über den frei zugänglichen kleinen **SANDSTRAND** ins herrlich klare Wasser des Sees einsetzen.

Die erste Etappe unserer Nordrunde führt quer über den See, denn auf der anderen Seite liegt beim Ort **MATTSEE** der markante **STEINSPITZ**, eine spitz zulaufende Halbinsel, wo die hübsche **WARTSTEIN-KAPELLE** steht, ein beliebtes Wanderziel. Die knapp 900 m bis dorthin schaffen wir in gemütlichem Tempo in etwas mehr als zehn Minuten. Vor uns erhebt sich ein bewaldeter Felsen, auf dessen Gipfel die kleine Kapelle thront. Dort wollen wir hinaufgehen und den See von oben überblicken.

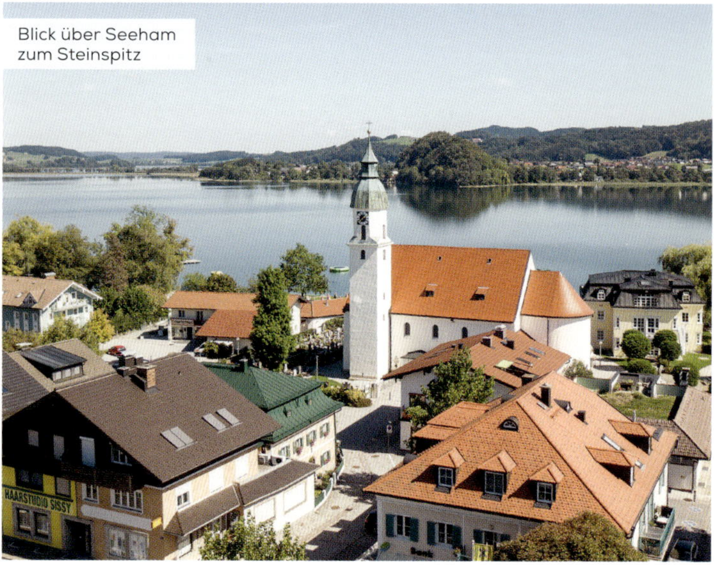

Blick über Seeham zum Steinspitz

Auf der Suche nach dem geeigneten Zustieg fallen uns die Felsformationen unter der Wasseroberfläche auf. Hier gilt es, nicht zu nah heranzufahren, denn sonst könnte es sein, dass man mit der Finne aufsetzt. In einer **MINI-BUCHT SÜDLICH DES STEINSPITZ** legen wir an, lassen die Boards am kleinen Kieselsteinstrand liegen und folgen dem schmalen Weg, der uns zunächst in eine Wohnsiedlung und dann links weg bergauf durch den Wald zur **KAPELLE** führt. *Die wahrscheinlich nach 1769 errichtete Kapelle wurde der Heiligen Anna gewidmet und etliche Kunstwerke der Kapelle sind mittlerweile im Stiftsmuseum Mattsee zu besichtigen. Früher soll sich hier eine Einsiedelei befunden haben.* Fischer hatten uns zuvor erzählt, dass so manch Wagemutiger vom Felsen direkt in den See springt. Uns wird schon allein beim Blick nach unten unwohl und wir entscheiden uns, lieber die Ruhe und die Aussicht von hier oben zu genießen.

Später umrunden wir den **STEINSPITZ** und fahren am Ufer entlang Richtung Norden. In der verschlafenen Bucht reihen sich schmucke Privatgrundstücke aneinander, manche davon mit Dutzenden Metern langen Holzstegen. Hier heißt es wieder auf die Paddelblätter achten, denn wer zu nahe am seichten Ufer entlangfährt, könnte beim Paddeln im lehmigen Boden steckenbleiben.

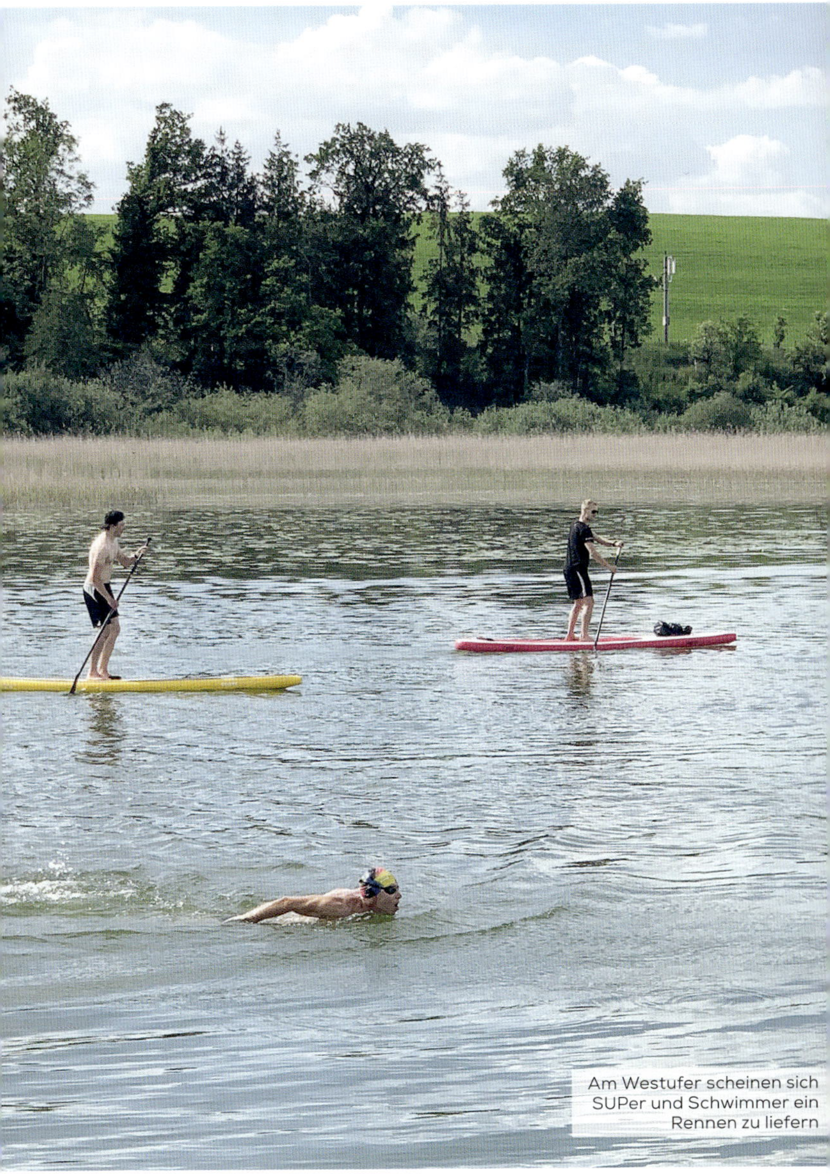

Am Westufer scheinen sich SUPer und Schwimmer ein Rennen zu liefern

Man ist hier fast alleine und wird gelegentlich von anderen Stehpaddlern oder Kajakfahrern gegrüßt, die vom Mattsee kommend vorbeifahren. Je mehr Ufergrundstücke wir hinter uns lassen, desto näher kommen wir dem **NATURGESCHÜTZTEN SCHILFGÜRTEL**, der die gesamte **NORDBUCHT** des Sees vereinnahmt. *Und das ist auch gut so, denn im Jahr 2012 entdeckte man, dass das seltene Weißsternige Blaukehlchen sich hier zum Brüten niedergelassen hatte. Andere seltene Vogelarten sind Baum- und Rotfußfalken sowie Rohrammern und Teichrohrsänger.*

Sobald wir uns von der **JOHANNISBRÜCKE** entfernen, unter welcher **MATTSEE** und **OBERTRUMER SEE** über eine Wasserstraße miteinander verbunden sind, wird es so richtig ruhig. Die Geräusche der vorbeifahrenden Fahrzeuge der Mattseer Landesstraße verhallen und wir befinden uns mitten im unbebauten **NATURSCHUTZGEBIET GRABENSEE-NORDMOOR**. Die Sonne wirft unsere Schatten auf den Grund des hüfthohen Wassers und wir tauchen in die Stille der Umgebung ein. Wer sich auf dem Rücken liegend treiben lassen oder am Board eine kurze Meditation genießen möchte, findet hier seine garantiert kollisionsfreie Ruhezone. Das jedoch nur, wenn die Seenland-Schifffahrt wegen des hohen Wasserstands nicht unter der Johannisbrücke durchfahren kann und lediglich am Mattsee ihre Runden dreht.

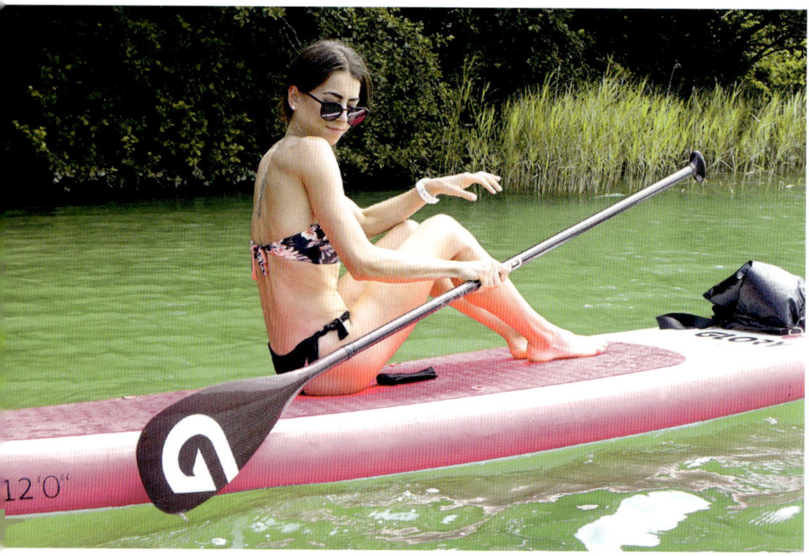

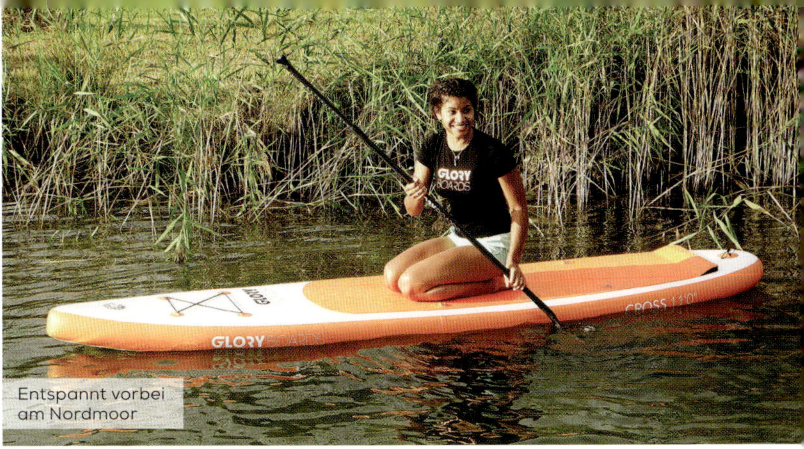

Entspannt vorbei am Nordmoor

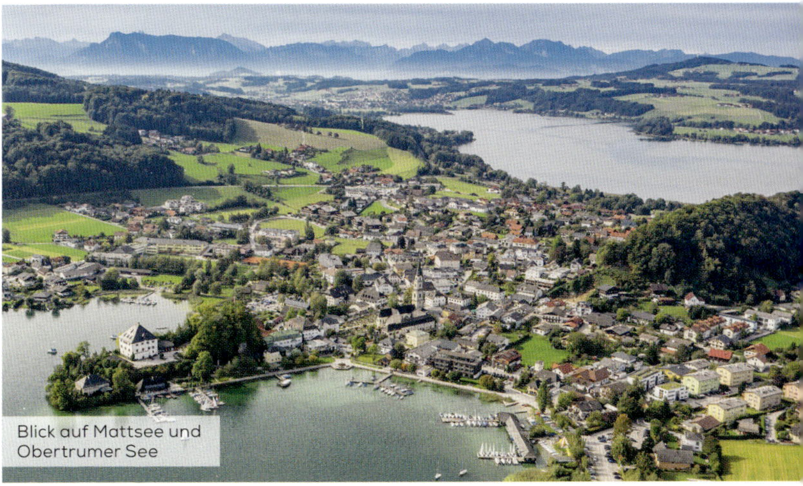

Blick auf Mattsee und Obertrumer See

So langsam nähern wir uns wieder der Ortschaft **SEEHAM**. Der kleine weiße **SANDSTRAND** ✸ mutet gar südländisch an und ist natürlich ein beliebter Badeplatz für all jene, die das Strandbad nebenan meiden wollen oder nur eine kurze Abkühlung zwischendurch suchen. Auch wir finden hier ideale Bedingungen vor, zumal wir direkt auf der Wiese unser Equipment wieder zusammenpacken können und nur über die Straße gehen müssen, um bei einem der **ZWEI WIRTSHÄUSER** 2, 3 nach getaner Arbeit einzukehren.

UNSER TIPP: beide Routen ab Seeham 1 2 abfahren und nach jeder Tour jeweils einem anderen Wirt das Vertrauen schenken. Man kann ja nie wissen …

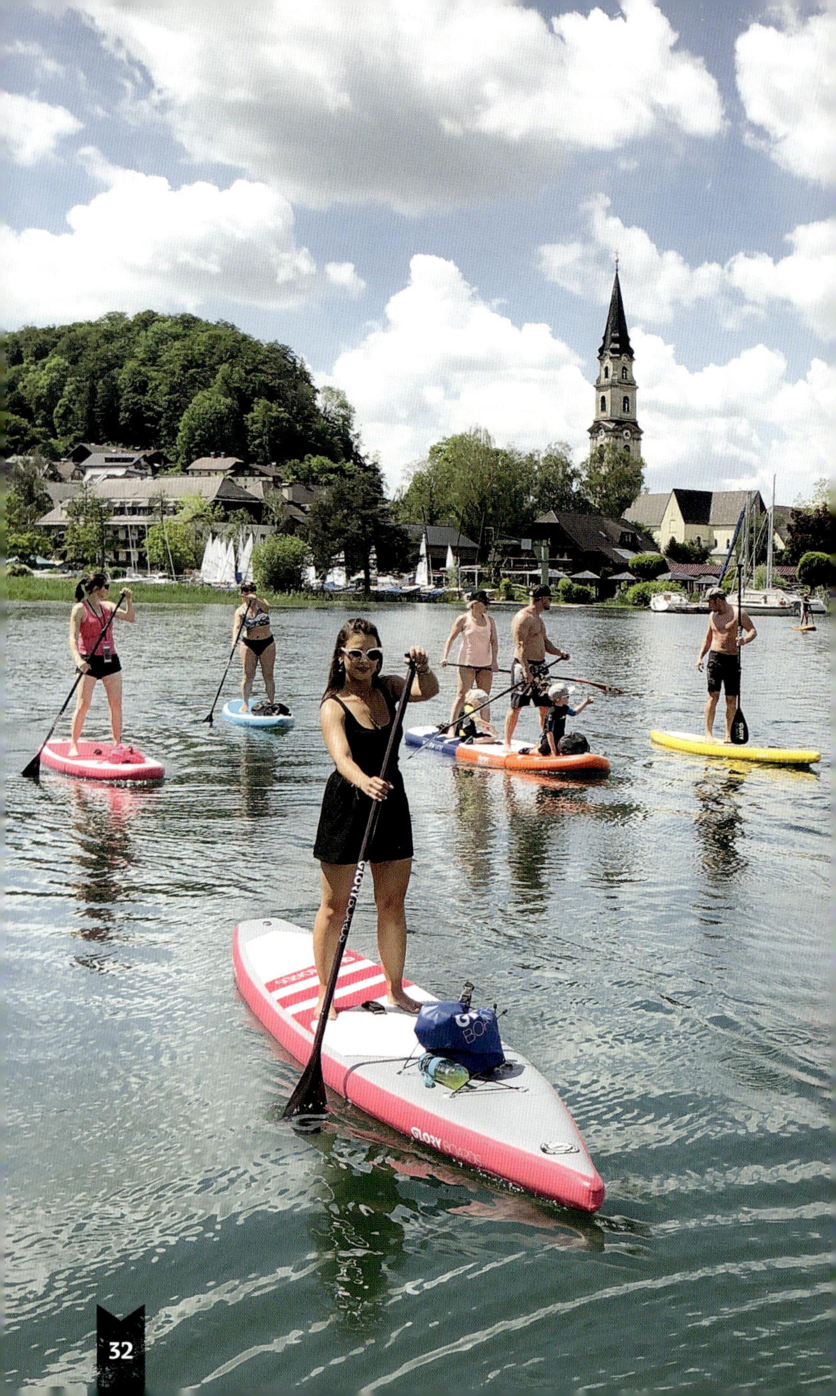
GLORY BOARDS

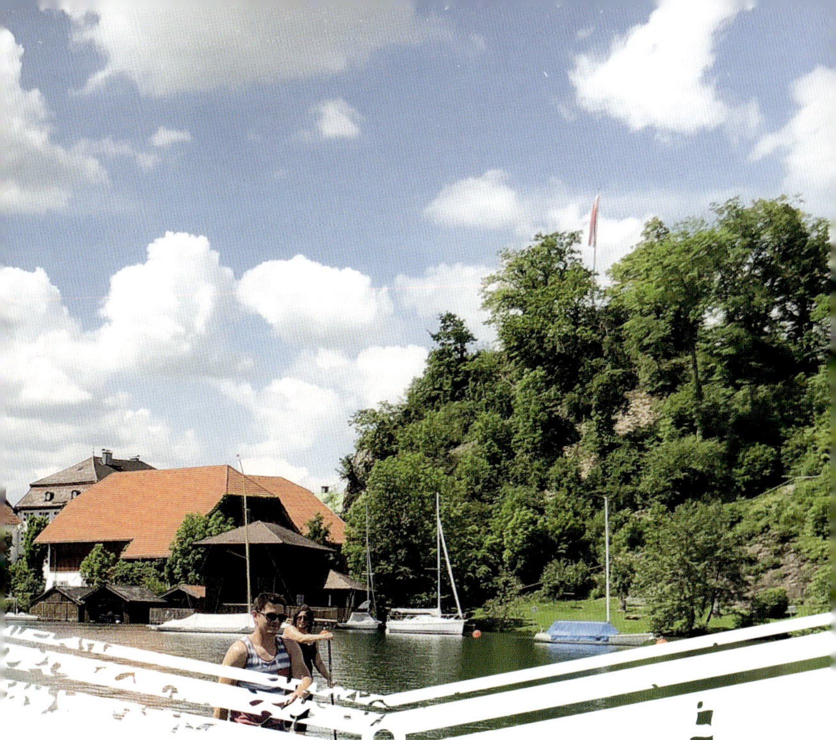

MATTSEE

ANSPRUCH

EINKEHR

Der verträumte See ist ein wahrer Ruhepol in der Region. Das heutige Überbleibsel des Ur-Mattsees entpuppt sich als kleines Paradies für SUPer und ist als Badesee nicht überlaufen. Zwischen historischen Badeanlagen und wenig verbauten Ufern lässt sich wunderbar die Seele baumeln, während man der Stille mitten auf dem glatten Wasser lauscht.

WIND & WETTER

In den Sommermonaten betragen die Lufttemperaturen durchschnittlich 22 °C, wobei die Maximalwerte um die 30 °C liegen (Juli, August). Aufgrund der geographischen Lage kommt es in dieser Zeit auf bis zu 17 Niederschlagstage pro Monat.

Am See kommt es typischerweise zu Ostwinden, welche mit 10-15 kn (4 bft) eine mäßige Brise entstehen lassen können. Auch böige Westwinde sorgen für Wellengang und werden oftmals von Schlechtwetter begleitet.

BEFAHRUNGSREGELN

Zwischen Mattsee und Obertrumer See erstreckt sich ein Naturschutzgebiet mit ausgedehnten Schilfgürteln. Diese Schilfzonen dürfen weder befahren, noch betreten werden.

Auf den Schiffsverkehr ist genauso wie auf andere Wassersportler Rücksicht zu nehmen und frühzeitig auszuweichen.

GEFAHREN

Der steile Einstieg bei der Johannisbrücke sollte nicht in Sandalen begangen werden. Beim Durchfahren der Brücke den Kopf einziehen, bzw. kniend auf den See hinauspaddeln.

Im Durchgang zwischen Mattsee und Obertrumer See genug Platz für passierende Boote halten. Vor allem in der Früh kommen Fischer gerne unter der Johannisbücke durch.

Vor dem Strandbad Mattsee liegt ein mit einem Seil gekennzeichneter Steinwall unter der Wasseroberfläche, der nicht überfahren werden sollte.

ANFAHRT MIT DEM PKW

Von Salzburg aus nimmt man die B 150 (Mattseer Landstraße) und folgt dem Straßenverlauf 21 km geradeaus in Richtung Mattsee, bis man an der rechten Straßenseite bei Mattsee den Parkplatz Nord (Park and Ride) angeschrieben sieht. Hier einfach rechts auf den kostenfreien Parkplatz einbiegen. Die B 150 wird im weiteren Verlauf zur B 156 (Mattseer Landesstraße)! Also nicht verwirren lassen und immer geradeaus auf Kurs Richtung Mattsee bleiben.

PARKEN

Bei Mattsee liegt ca. 300 m nach dem Abzweig „Billa Supermarkt", bzw. „Mattsee Nord" der Parkplatz Nord. Hier kann man kostenlos parken. Achtung: nach dem Parkplatz und nach der Johannisbrücke gibt es auf der gegenüberliegenden Straßenseite einen Bildstock mit kleinem Parkplatz. Hier kann man zwar kurz halten, aber seit 2020 werden parkende Fahrzeuge gebührenpflichtig verwarnt. Lasst Euch also nicht von den dort stehenden PKWs verleiten und geht die 200 m vom Parkplatz Nord lieber zu Fuß zum Einstieg an der Brücke!

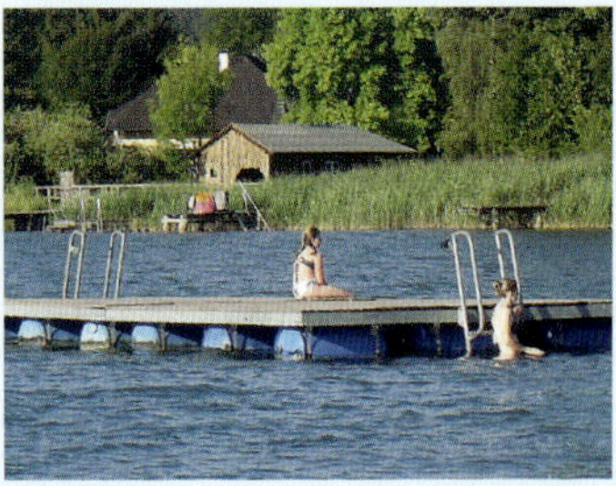

ANFAHRT MIT ÖPNV

Vom Salzburg Hbf nimmt man den ÖBB Postbus der Linie 120 und steigt nach knapp 45 Minuten an der Haltestelle „Mattsee Seeparkplatz Nord“ aus. Von hier sind es nur 200 m in Fahrtrichtung zum Einstieg an der Johannisbrücke.

BADEN

Der Mattsee zählt zu den beliebtesten Seen des Voralpenlandes und bietet sowohl Wassersportlern als auch Erholungssuchenden ein abwechslungsreiches Angebot. Neben den Strandbädern in Mattsee und Gebertsham gibt es jedoch wegen der zahlreichen Privatgrundstücke und Schilfgürtel recht wenige gut zugängliche und freie Einstiege zum See.

» **Strandbad Mattsee,**
Liegewiese mit Erlebnisrutsche, Sprungturm, Beachvolleyball und Wassertrampolin.

» **Strandbad Gebertsham,** Gebertsham 5, 5221 Lochen am See
Naturbadestrand in ruhiger Lage, Beachvolleyball, Kinderspielplatz, Schwimmfloß, Gratisparkplatz in der Nähe.

SEHENSWERTES IM ORT MATTSEE

» Das **Stift Mattsee** und sein **Stiftsmuseum** zeugen von ihrer mehr als 1.200 Jahre alten Geschichte. Sehenswert sind das Chorgestühl von 1650, der Hochaltar und die vielen Epitaphien in der Kirche und dem Kreuzgang. Die herrlichen Weine der Region werden im historischen Weinkeller des Stifts gelagert und zu Hofpreisen angeboten.

» Die **fahr(T)raum Ferdinand Porsche Erlebniswelt** ist nicht nur ein Oldtimer Museum, sondern bietet auch Ausfahrten in den alten Veteranen sowie interessante Vorträge und Veranstaltungen an. www.fahrtraum.at

» Im sogenannten Salzkammergut-Stil wurde im Jahre 1928 das unter Denkmalschutz stehende **Strandbad Mattsee** gebaut.

TIPP EXTRA-TIPPS

» Sechs **Themenwege** führen sternförmig auf den nur 801 Meter hohen **Buchberg** im gleichnamigen Naturpark. Trotz seiner bescheidenen Höhe hat man von seinem Aussichtsturm einen herrlichen Blick auf mehr als 120 schroffe Kalkalpengipfel und das hügelige Salzburger Seenland.

» Der flyhigh Ballonclub Salzburg bietet ganzjährig **Ballonfahrten** an, sogar nach Übersee. Des Weiteren können Interessierte auch zu internationalen Ballonsport Events mitfahren. www.flyhigh.at

» Im **Erlebnispark Fantasiana** bei Straßwalchen kommen die jüngsten Gäste voll auf ihre Kosten. Verschiedene Erlebniswelten (Afrika, Western, Action, etc.) laden zum gemeinsamen Abenteuer ein. www.erlebnispark.at

TOUREN

1 WESTRUNDE

(mit Tourbeschreibung Seite 38)

Von der Johannisbrücke rechts weg zum Strandbad Mattsee. Am Südufer entlang und nach 2 km Überquerung nach Stein. Von dort wieder westlich zum Einstieg zurück.

| **LÄNGE** 6,2 km | **DAUER** 1:30-2 h

EIN- & AUSSTIEG
An der Johannisbrücke

2 SEEUMRUNDUNG

Von der Johannisbrücke rechts weg Richtung Süden zum unter Denkmalschutz stehenden Strandbad Mattsee von 1928. Dann weiter das gesamte Ufer entlang gegen den Uhrzeiger einmal um den See herum.

| **LÄNGE** 9 km | **DAUER** 2:30-3 h

EIN- & AUSSTIEG
An der Johannisbrücke

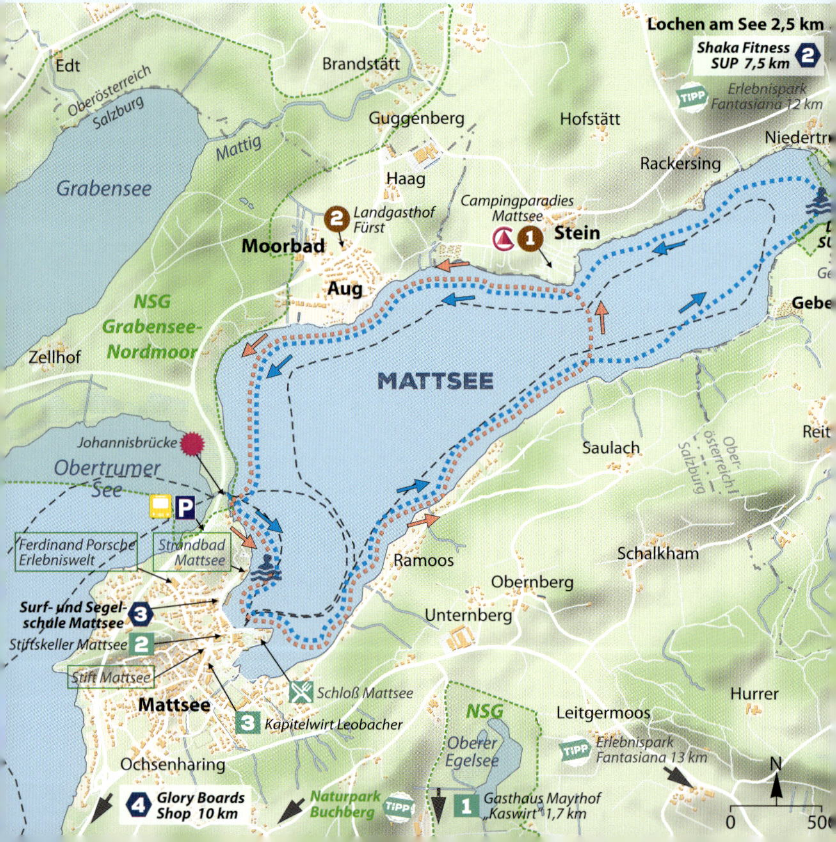

SUP-VERMIETUNG

1 DRIFTWOOD SUP & YOGA
Station im Strandbad Gebertsham
Gebertsham 5, 5221 Lochen am See
Tel. +43 (0)650 285 23 45
www.driftwood.at

2 SHAKA FITNESS SUP
online SUPs reservieren und am Firmenstandort (13 km von der Einstiegsstelle entfernt) aus der SUP-Box per Schlosscode abholen
Unterehrneck 3, 5211 Friedburg
Tel. +43 (0)664 176 93 17
www.shaka-fitness.at

3 SURF- UND SEGELSCHULE MATTSEE
Seestr. 23, 5163 Mattsee
Tel. +43 (0)6217 54 32
www.segelschule-mattsee.at

4 GLORY BOARDS
Boards können nach Vereinbarung im Shop in Seekirchen gemietet und abgeholt werden (12 km vom Einstieg)
Gewerbestraße 1
5201 Seekirchen am Wallersee
Tel. +43 (0)664 887 511 00
www.gloryboards.com

EINKEHR

1 „KASWIRT" GASTHAUS MAYRHOF
Untermayrhof 4
5163 Mattsee
Tel. +43 (0)664 579 35 56
www.gasthaus-mayrhof-kaswirt.stadtausstellung.at
Do-So ab 10 Uhr

KLASSIKER Unbedingt die Knödelkarte beachten!

2 STIFTSKELLER MATTSEE
Seestraße 2
5163 Mattsee
Tel. +43 (0)6217 592 53
www.stiftskeller-mattsee.at
Mi-Mo 11.30-14 & ab 17 Uhr

KLASSIKER Die Burger sind ein echter Hungerstopper!

3 KAPITELWIRT LEOBACHER
Marktplatz 7, 5163 Mattsee
Tel. +43 (0)6217 52 03
www.kapitelwirt.at
Mo-Sa 9-24, So & Fei 9-14 Uhr, Mi Ruhetag

KLASSIKER Gekochter Tafelspitz vom Innviertler Rind

ÜBERNACHTUNG

1 CAMPINGPARADIES MATTSEE
Stein 1, 5221 Lochen
Tel. +43 (0)6217 73 82
www.campingparadies.com

2 LANDGASTHOF FÜRST
Aug 1, 5163 Mattsee
Tel. +43 (0)6217 54 00
www.landgasthof-fuerst.at

1 SUNRISE TOUR MIT CHARME!

Es ist knapp vor sechs Uhr morgens und wir stehen am Parkplatz Nord auf der Landzunge zwischen **MATTSEE** und **OBERTRUMER SEE**, bereit für ein Erlebnis der besonderen Art. Gleich wird die Sonne in grellem Orange über die Hügel im Osten des Flachgaus ziehen. Wir beeilen uns, um rechtzeitig am Wasser zu sein und keine Minute dieses Schauspiels zu versäumen. Mit Board und Paddel in der Hand laufen wir rüber zur **JOHANNISBRÜCKE** und setzen unter der Brücke in das Kanalstück, welches die beiden Seen miteinander verbindet, ein. Hier entwässert der Mattsee in den angrenzenden Obertrumer See. Wir fahren zum Mattsee raus und sehen durch das Schilf bereits die ersten Sonnenstrahlen. Bootsgeräusche und Gelächter hinter uns: Die ersten Fischer machen sich vom Obertrumer See auf den Weg hierher und fahren an uns vorbei auf den menschenleeren See hinaus.

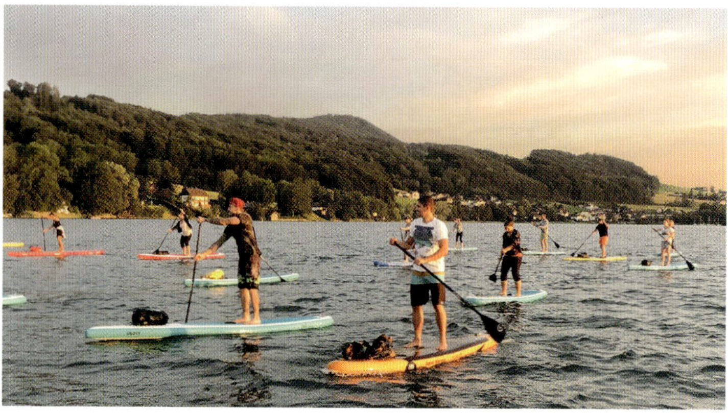

Hinter dem Schilfgürtel gleiten wir über das vollkommen stille Wasser, jeder Paddelschlag sitzt. Lautlos stechen wir die Paddelblätter ins Wasser und genießen die Stille. Da hier höchstens Elektroboote fahren dürfen, bleibt der See auch tagsüber meist glatt und ruhig. Gleich blicken wir auf ein echtes Kleinod *– das historische und denkmalgeschützte* **STRANDBAD MATTSEE** *mit seinem im Salzkammergut-Stil errichteten Kabinen- und Buffetgebäude steht in der heutigen Form seit 1928 hier.* Etwas Vorsicht ist geboten, denn knapp unter der Wasseroberfläche erstreckt sich ein Steinwall. Dieser ist zwar gut gekennzeichnet, man sollte aber dennoch Abstand halten, um nicht mit den Finnen am Markierungsseil hängen zu bleiben.

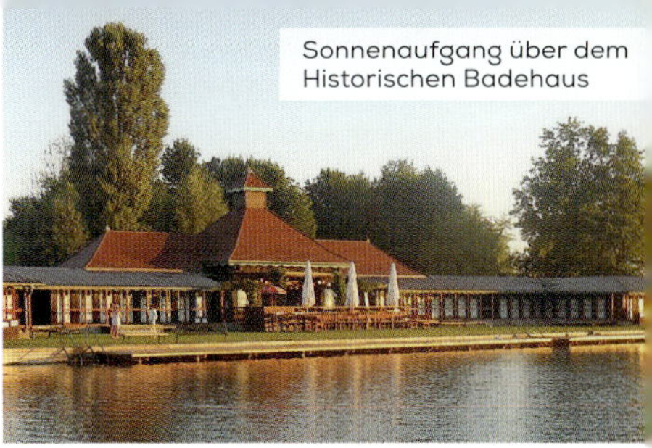

Inzwischen erwacht der **ORT MATTSEE** zum Leben und die ersten Wasserratten schwimmen vorm Strandbad im morgendlich kühlen See. Im Hintergrund wirft die **STIFTSKIRCHE** eine lange Spiegelung aufs Wasser. *Das dazugehörige Stift wurde bereits im 8. Jahrhundert gegründet, die erste Besiedlung des Sees vermutet man bereits in der Jung-Steinzeit, also vor sechs- bis achttausend Jahren.*

Gerade als wir auf Höhe des **SCHLOSSES MATTSEE** sind, hören wir hinter uns ein fauchendes Geräusch. Vom Obertrumer See kommend, steigt ein gelber Heißluftballon auf und zieht geradewegs über das von der Morgensonne beschienene Mattsee und das **HISTORISCHE BADEHAUS.** Soviel Romantik auf einmal ist fast schon kitschig, aber wir genießen es dennoch.

Das tun auch die wenigen Fischer und Angler hier draußen, denn so früh können sie noch ungestört ihre Netze und Angeln auswerfen. Neben Seeforellen, Hechten und Aalen werden auch Welse, Reinanken, Karpfen, Schleie, Zander und Barsche gefangen. Das Südufer des 3,6 km² großen Sees ist naturbelassen, Seezugang scheint es allerdings meist über private Grundstücke zu geben.

Nach etwa zwei Paddelkilometern entlang des Südufers queren wir den See in Richtung **STEIN**. Das Nordufer schlägt beim **CAMPINGPARADIES MATTSEE** ❶ einen Haken. Hierhin lenken wir unsere SUPs und fahren von dort wieder westwärts am Nordufer zurück. Wegen der geringen Tiefe ist jetzt das Wasser herrlich türkis und lädt zum Baden ein. Die maximale Tiefe des Sees beträgt 42 Meter. *Nichts im Vergleich zum Ur-Mattsee, der noch bis ins 17. Jahrhundert bestanden hat und auch den heutigen Obertrumer See sowie den Grabensee miteinschloss. Die Uferlinie und damit auch die Seetiefe dürfte bis zu 30 Meter höher gelegen sein als heute, bevor der Wasserspiegel vor knapp 400 Jahren deutlich zu sinken begann. Somit ist auch klar, wieso der Mattsee mit dem Obertrumersee verbunden ist und man noch heute unter der Johannisbrücke hindurch zum jeweils anderen See paddeln kann.*

Auf dem Weg zurück merken wir bereits, wie die Sonne immer stärker wird und sich die Farben am See schnell ändern. Die ersten Wassersportler kommen uns bereits entgegen und werden sich ab nun mit höheren Temperaturen herumschlagen müssen, während wir bereits auf der Terrasse von **SCHLOSS MATTSEE** am reich gedeckten Frühstückstisch *(Frühstück Mi-So 9-12)* sitzen und diese eindrucksvolle Sunrise-Tour Revue passieren lassen.

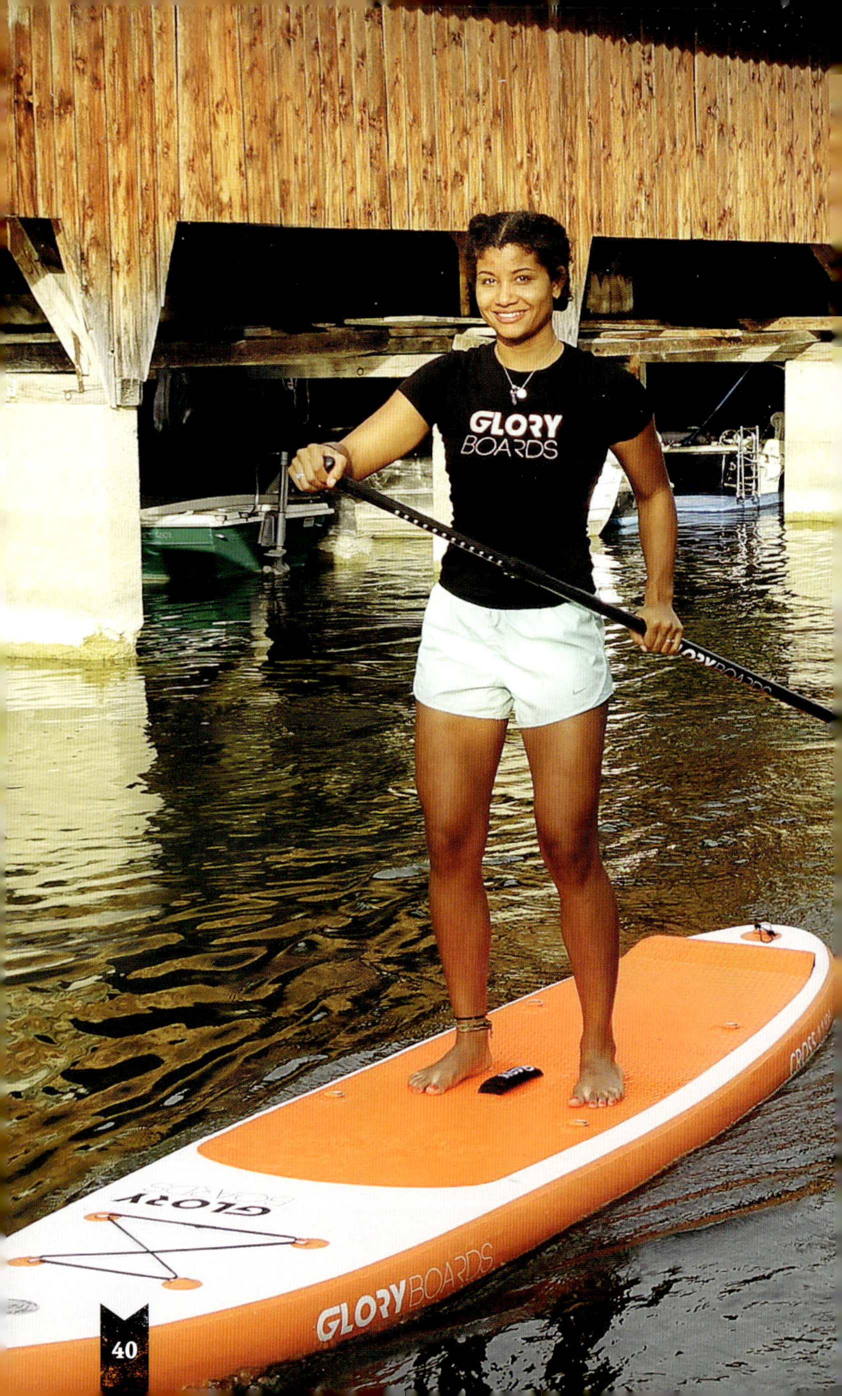
GLORY
BOARDS
GLORY BOARDS

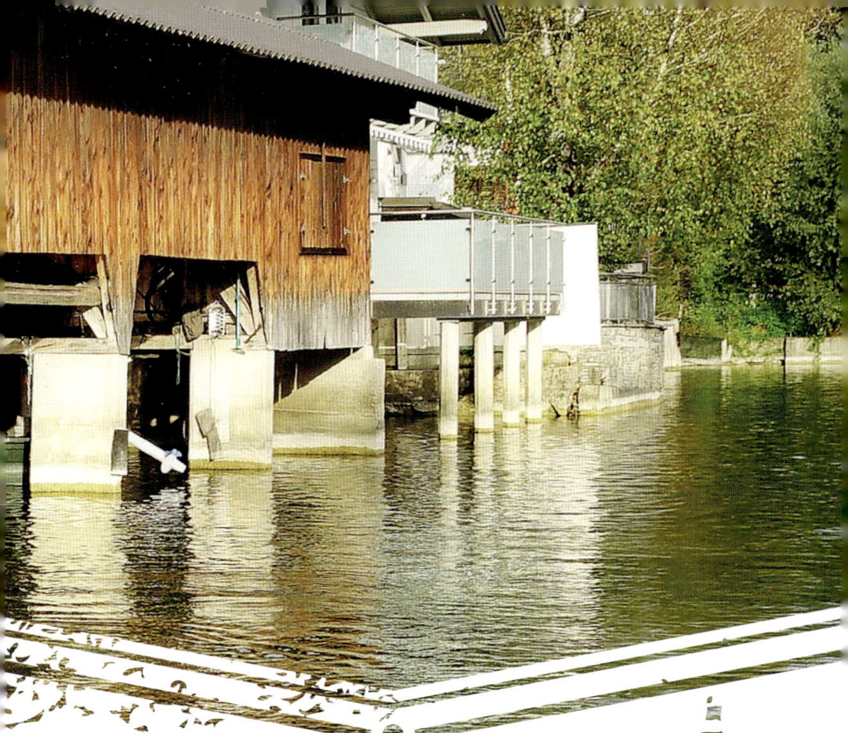

WALLERSEE

ANSPRUCH

EINKEHR

Eingebettet in eine wunderschöne Hügellandschaft, zeigt der See seine vielen Gesichter. Auf sechs Quadratkilometern Fläche erlebt man hier Wassersport-Action, ruhige Naturschutzgebiete und südländische Leichtigkeit. Die gemächliche Fischach entpuppt sich als idealer Rückzugsort für ruhige Momente.

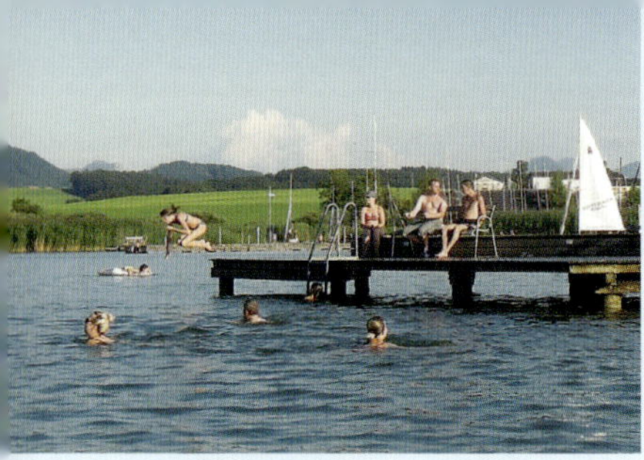

WIND & WETTER

Im Hochsommer kann der Wallersee mit bis zu 26 °C angenehm warm werden. Er ist für seine typischen Ostwinde bekannt, die mit 10-15 kn (4 bft) auch mal ganz schön stark ausfallen können. Westwinde können hier ebenfalls böig wirken und relativ starken Wellengang auslösen. Meist werden sie zusätzlich auch von einer Schlechtwetterfront begleitet. Die Fischach, ein Nebenfluss der Salzach, bietet bei Seekirchen bei plötzlich aufkommenden Winden guten Schutz.

BEFAHRUNGSREGELN

Das Natur- und Europaschutzgebiet „Wenger Moor" am nördlichen Seeufer sowie die sich bei Seekirchen erstreckenden Schilflandschaften gilt es respektvoll zu behandeln und nicht zu betreten.

Am und auf dem See, auch die Fischach entlang, gibt es vor allem sehr viel Enten und Schwäne. Diesen bitte ebenfalls ausweichen!

Ebenso teilt man sich bei entsprechender Windlage den See mit Kitern, Seglern und Surfern, die man stets im Auge behalten sollte!

Außerdem wird entlang der Fischach gerne geangelt, oft sieht man aber die Angler bzw. ihre Angeln sehr spät. Auch hier rechtzeitig ausweichen!

GEFAHREN

Ungefähr nach 300 m gibt es zu Beginn der Fischach-Route eine kleine Stromschnelle mit leichter Höhendifferenz. In diesem Wasserbecken sollte man auch auf Holzpflöcke im seichten Wasser achten und gegebenenfalls das SUP über den Beckenrand tragen.

Es sind immer wieder kleine motorisierte Boote entlang der Fischach unterwegs, daher stets die Augen offenhalten!

An schönen Tagen springen Jugendliche von Brücken in die Fischach. Entsprechend checken, ob die Durchfahrt frei ist. Außerdem sollte man den Anglern nicht unnötig die Fische verjagen, daher Abstand halten.

ANFAHRT MIT DEM PKW

Von Salzburg kommend, nimmt man die B1 bis zum Golfclub Salzburg Eugendorf, der nach ungefähr 11 km Fahrt in Fahrtrichtung links (gegenüber der Firma Holzbau Eder) an der rechten Straßenseite, liegt. Nach dem Holzbau Eder links in eine eher unscheinbare Straße (Richtung Fischtaging/Brunn) einbiegen und dem Straßenverlauf ca. 2,5 km bis zur T-Kreuzung (mit Bauernhof zur Linken) folgen. Hier nach links in die Henndorfer Straße und nach weiteren 370 m beim Gasthof Brückenstüberl rechts auf die Hauptstraße abbiegen. Nach der Pfarrkirche rechts in die Bahnhofstraße einbiegen (2. Straße rechts weg) und dem Straßenverlauf 1,5 km bis zur Abzweigung *(Navi: Seestraße, 5201 Seekirchen am Wallersee)* zum Strandbad folgen.

PARKEN

Vor dem Strandbad Seekirchen gibt es einen kostenpflichtigen Parkplatz (Tagesticket 4,50 €), der an schönen Tagen schnell voll ist. Man kann dann noch an der Zufahrtsstraße am Straßenrand parken.

ANFAHRT MIT ÖPNV

Von Hbf Salzburg mit dem Regionalzug R 3053 bis „Hallwang-Elixhausen Bf". Hier steigt man in den ÖBB Postbus SV 101 bis nach „Seekirchen/Wallersee Bahnhof (Nordseite)" um. Vom Bahnhof in Seekirchen sind es noch 1,6 km bis zum Strandbad. Am besten nimmt man sich ein Taxi. Zu Fuß sind es ungefähr 20 Minuten.

BADEN

Mit Wassertemperaturen von bis zu 30°C gehört der Wallersee zu den wärmsten Badeseen Österreichs und ist daher ein beliebter Ort für Wasserratten. Mit ein Grund, dass es ein abwechslungsreiches Angebot an Strandbädern und Naturstränden entlang des Sees gibt.

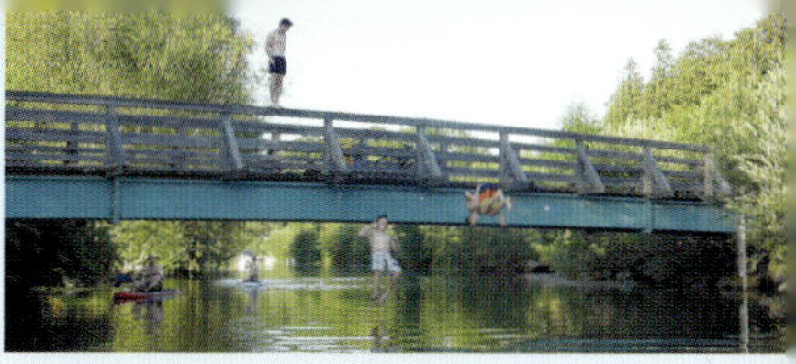

- **Seebad Henndorf,** Fenning 7, 5302 Henndorf. *Liege- und Spielflächen, Beachvolleyball, gratis Parkplatz, Kinderspielplatz.*
- **Strandbad Seekirchen,** Seestraße 2, 5201 Seekirchen. *Eintritt frei, Parken gebührenpflichtig, barrierefrei, Gastgarten mit Seeblick.*
- **Strandbad Seehotel Winkler,** Thalham 12, Wallersee-Ostbucht. *Kinderfreundliches Strandbad mit Sauna, SPA-Bereich, Gastronomie.*
- **Naturbadestrand Zell am Wallersee,** Bayerham 40, 5201 Seekirchen. *Freier Eintritt, Parken gebührenpflichtig, Beachvolleyball, Spielplatz, Gastronomie.*
- **Strandbad Neumarkt,** Uferstraße 3, 5202 Neumarkt. *Naturbadestrand, Gastronomie.*

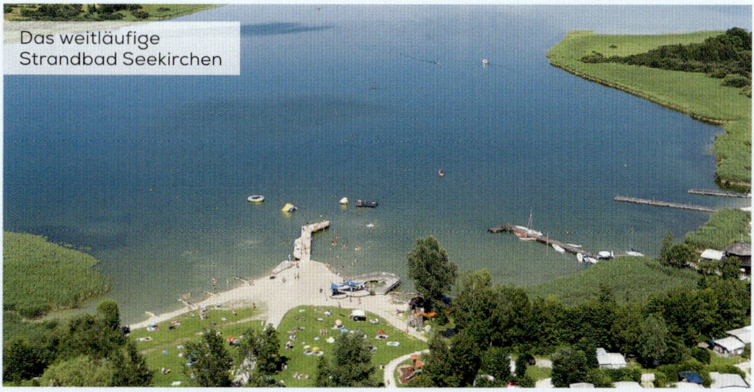

Das weitläufige Strandbad Seekirchen

SEHENSWERT

» **Neumarkt am Wallersee:** Das Gebäude des **Museums Fronfeste** wurde 1589 erbaut und informiert in den Original-Gefängniszellen über die Kriminalgeschichte sowie das Gerichtswesen des Ortes. Schwerpunkte des Museums sind außerdem das Leben in der Römerzeit, aber auch Brauchtum und zeitgenössische Kunst können hier erkundet werden. www.fronfeste.at

» **Henndorf am Wallersee:** Das **Literaturhaus Henndorf** ist zugleich das Geburtshaus des Dichters Johannes Freumbichler, dem Großvater von Thomas Bernhard. Das kleine Museum befasst sich auf Schautafeln außerdem mit Carl Zuckmayer, Ödön von Horváth, Stefan Zweig und anderen Schriftstellern, die eine besondere Beziehung zu Henndorf hatten.

» Das **Kulturhaus Emailwerk** in **Seekirchen am Wallersee** wird vom Verein Kunstbox betrieben und veranstaltet im ehemaligen Emaillier-Werk Konzerte, Workshops, Ausstellungen und Kleinkunst. www.kunstbox.at

TIPP EXTRA-TIPPS

» Das **Wanderparadies** im Raum **Neumarkt** bietet auch abseits des SUPs mit seinen vielen Wanderrouten einen tollen Ausgleich für Körper und Geist. Der **See- und Moorweg**, die **Irrsberg-Wanderung** sowie der **Au-Rundweg** sind nur einige Beispiele. www.neumarkt-info.at

» Der von der Initiative „KRÄUTERleben" konzipierte **Radweg „Von Kräutergarten zu Kräutergarten"** führt durch 13 Seenland-Gemeinden und vermittelt althergebrachtes Kräuterwissen. Für Kinder gibts dazu ein spannendes Quiz. www.salzburger-seenland.at >Erlebnis & Freizeit >KRÄUTERleben

» Mit der **Seenland Card** sind zahlreiche Sehenswürdigkeiten und Freizeiteinrichtungen in der Region ermäßigt oder kostenlos (z. B. alle Strandbäder).

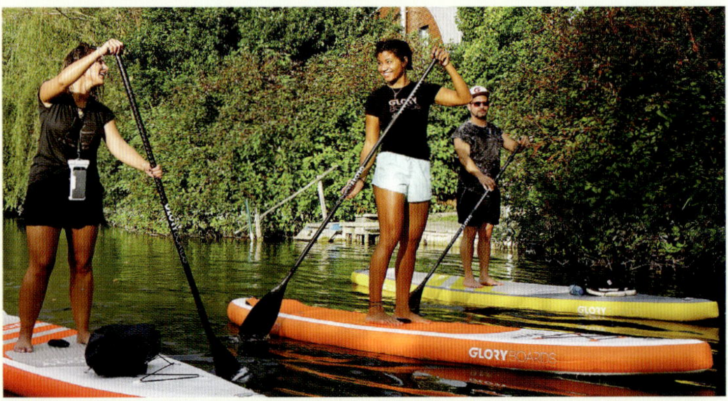

1 FISCHACH ERKUNDUNG
(mit Tourbeschreibung Seite 47)

Vom Strandbad Seekirchen geht es rechts weg in die Fischach bis zum kleinen Wasserfall ca. 300 m nach der Autobrücke im Ortszentrum. Von dort wieder retour.

| **LÄNGE** 5,2 km | **DAUER** 1-1:30 h

EIN- & AUSSTIEG
Strandbad Seekirchen

2 SEEUMRUNDUNG
Vom Strandbad Seekirchen geht es am Westufer entlang zur Wallersee Ostbucht und auf der Ostseite wieder zurück zum Einstieg.

| **LÄNGE** 12 km | **DAUER** 3-4 h

EIN- & AUSSTIEG
Strandbad Seekirchen

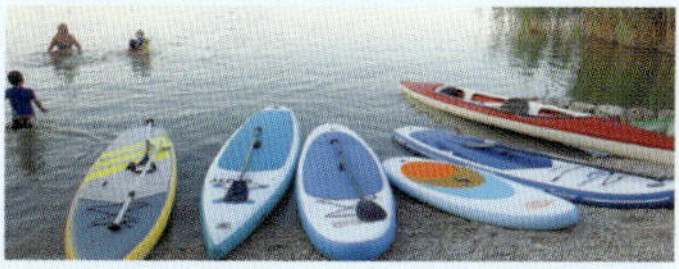

3 STEGERL-TOUR
Vom Strandbad Seekirchen geht es am Westufer entlang bis zur kleinen Bar „Stegerl“ und wieder zurück zum Einstieg.

| **LÄNGE** 4 km | **DAUER** 1 h

EIN- & AUSSTIEG
Strandbad Seekirchen

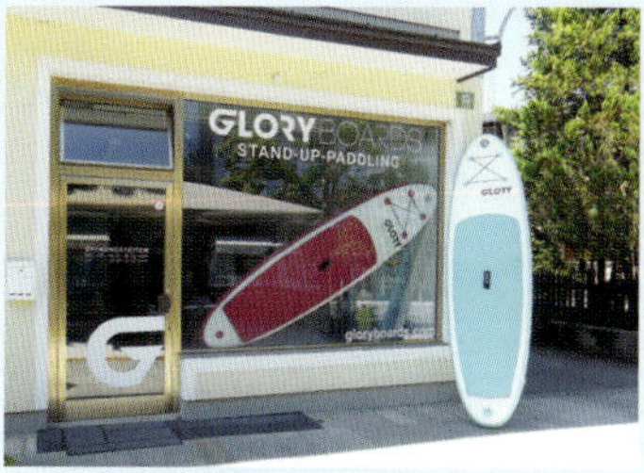

SUP-VERMIETUNG

1 WASSERSPIELE WALLERSEE
Seestr. 6, 5201 Seekirchen
Tel. +43 (0)650 880 91 58
www.wasserspielewallersee.at

2 GLORY BOARDS
Boards können nach Vereinbarung im Shop in Seekirchen gemietet werden
Gewerbestraße 1, 5201 Seekirchen
Tel. +43 (0)664 887 511 00
www.gloryboards.com

3 DRIFTWOOD SUP & YOGA
SUP-Station im Strandbad Gebertsham in Lochen am Mattsee (16 km entfernt)
Gebertsham 5, 5221 Lochen am See
Tel. +43 (0)650 285 23 45
www.driftwood.at

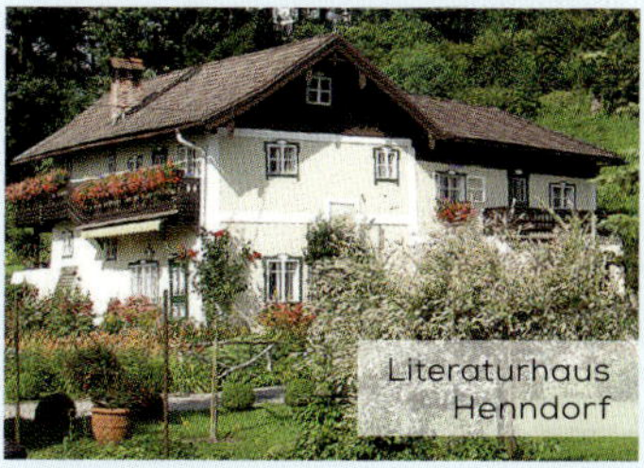
Literaturhaus Henndorf

EINKEHR

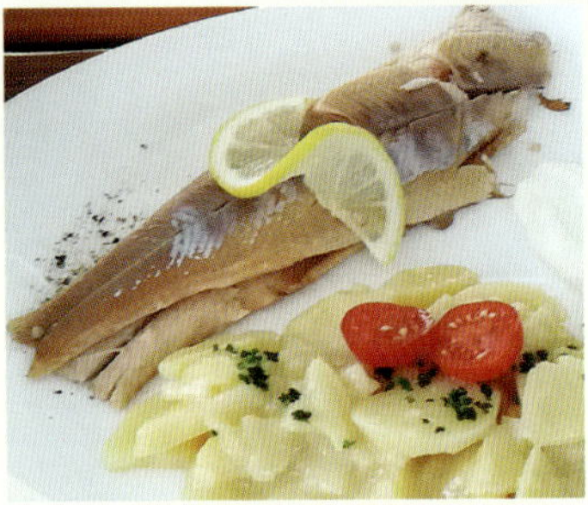

1 GREISCHBERGER HOF – TONI'S BAUERNSCHENKE

Pfongau 7 a, 5202 Neumarkt
Tel. +43 (0)6216 60 53
www.greischbergerhof.at
Tägl. 8-24 Uhr

KLASSIKER Gefülltes Hausschnitzel vom eigenen Bio-Schwein

2 STEGERL AM SEE

Rupertiweg 39, 5201 Seekirchen
Tel. +43 (0)676 320 96 10
Di-So 9.30-22 Uhr

KLASSIKER Der Stegerl-Burger ist nicht zu verachten

3 LANDGUT-GASTHOF FISCHTAGGING

Fischtagging 8, 5201 Seekirchen
Tel. +43 (0)6212 23 28
www.gasthof-fischtagging.at
Sa, So ab 10, Mo, Di 10-14 & ab 17, Fr ab 16 Uhr

KLASSIKER Highlander Gulasch mit Knödel

4 O-FISHER'S FISCHEREI & SEETERRASSE

Seestr. 3, 5201 Seekirchen
Tel. +43 (0)664 5060760
www.bootsverleih.at
Bei Schönwetter täglich ab 11 Uhr

KLASSIKER Seeforelle mit hausgemachtem Erdäpfelsalat

ÜBERNACHTUNG

1 LANDGUT-GASTHOF FISCHTAGGING

Fischtagging 8, 5201 Seekirchen
Tel. +43 (0)6212 23 28
www.gasthof-fischtagging.at

2 CAMPING SEEKIRCHEN

Seestr. 2, 5201 Seekirchen
Tel. +43 (0)6212 40 88
www.camping-seekirchen.at

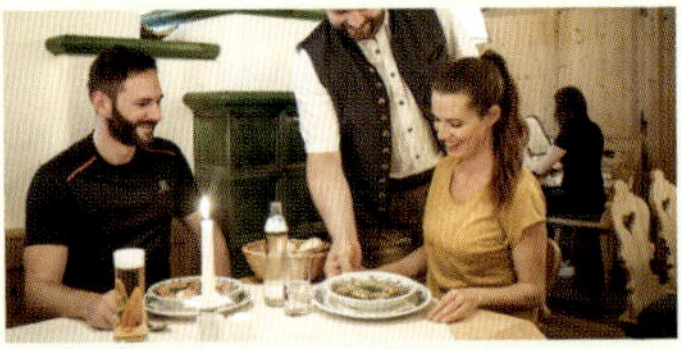

3 GASTHOF ZUR SEEBURG

Seewalchen 4, 5201 Seekirchen
Tel. +43 (0)6212 23 85
www.gasthof-seeburg.at

4 SEEHOTEL WINKLER

Uferstr. 32, 5202 Neumarkt
Tel. +43 (0)6216 52 70
www.seehotel.at

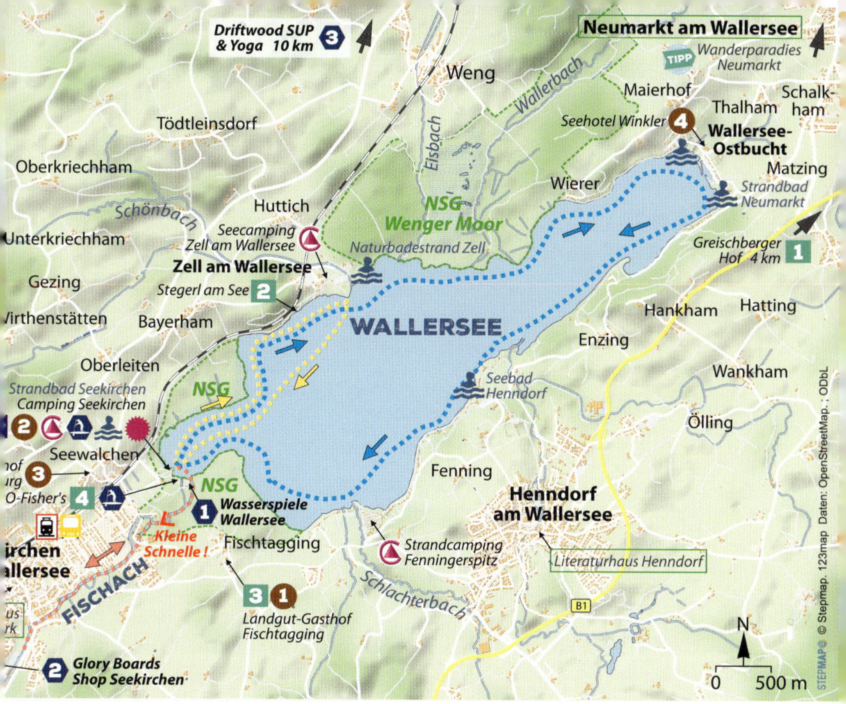

1 MÜSSIGGANG MIT ITALO-FLAIR

Nordöstlich der Landeshauptstadt Salzburg bildet der **WALLERSEE** einen Teil des **SALZBURGER SEENLANDES.** Er ist der größte See der Region und die Anfahrt hierher ein wahrer Genuss. Die Alpen haben wir vom Fuschlsee kommend hinter uns gelassen und tauchen in eine wunderschöne Hügellandschaft mit den für das Bundesland Salzburg so typischen Viehweiden ein. Der See breitet sich in einer Senke vor uns aus und wir entscheiden uns für den Seezugang beim weitläufigen **STRANDBAD SEEKIRCHEN**, wo man auch vor Ort **SUPS** mieten kann. Wegen der Parkplatzkapazität empfiehlt es sich entweder früh morgens vor 10 oder ab 17 Uhr anzukommen, dann zahlt man auch keine Parkgebühren mehr.

1883 senkte man den See um zwei Meter ab, wodurch Randgebiete trockenfielen und ein breiter Schilfgürtel sowie das Wenger Moor entstanden. Mitte des 20. Jahrhunderts wurde der See ein weiteres Mal um einen Meter abgesenkt und die Fischach begradigt und gesenkt. Darum sind die neu entstandenen Randgebiete sensible Lebensräume für die unterschiedlichsten Tier- und Pflanzenarten und sollten auch

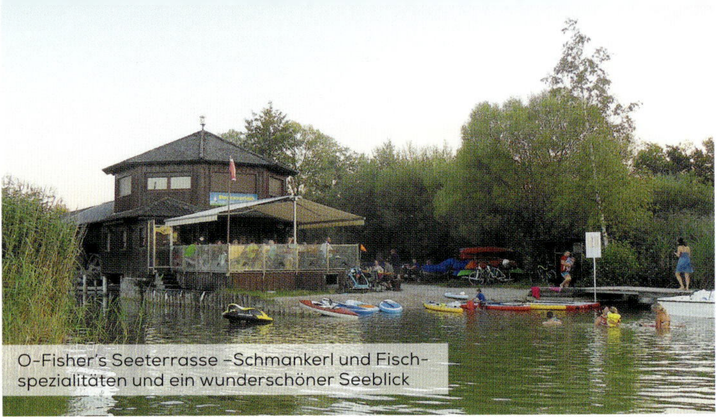

O-Fisher's Seeterrasse –Schmankerl und Fischspezialitäten und ein wunderschöner Seeblick

von uns Paddlern geschont werden! Dessen ungeachtet wurde im Mai 2020 in der Seekirchner Bucht von einem Hobbyfischer ein 65 kg schwerer Wels an Land gezogen, obwohl es angeblich im See gar keine Welse geben soll. Damit geht dieser Fang natürlich in die Annalen der Wallerseefischerei ein.

Das Flair entlang des Ufers erinnert uns an Italien: lange Stege, an denen Segelboote und kleine Yachten vertäut liegen, dahinter dehnen sich Schilflandschaften aus und das Wasser ist gefühlt wärmer als die Sommerluft. Der See offenbart uns eine ganz andere Perspektive und Weitsicht, als wir es bisher vom Salzkammergut kannten. Die sanft geschwungenen flachen Hügel ermöglichen einen ungewohnten Weitblick, wie wir ihn auf den bisher erkundeten Seen nicht immer kennenlernen durften. Vom **STRANDBAD** geht es rechts weg, vorbei am **O-FISHER'S** 4 (vermieten auch SUP-Boards), wo wir planen, später auf der Seeterrasse zum Essen einzukehren.

Wir passieren die **WASSERSPIELE WALLERSEE** 1 und biegen rechts in die **FISCHACH** ein, den Abfluss des Sees. Überall Segelboote mit ihren leeren Masten und Schilf, gelegentlich kommt ein Elektroboot vorbei. Unser Ziel ist **SEEKIRCHEN AM WALLERSEE**, etwa eineinhalb Kilometer stromab. Aber bevor wir dort ankommen, müssen wir eine kleine Probe bestehen: Nach ungefähr 300 m gibt es ein kleines Becken mit einer leichten **STROMSCHNELLE** von wenigen Metern. Wer nicht absteigen und zu Fuß über den Beckenrand gehen will, muss also diese kleine Mutprobe bestehen. Wir haben es etliche Male getestet und der Wasserstand ist definitiv hoch genug, um unsere Finnen nicht zu beschädigen. Also leicht in die Knie gehen, Körperspannung aufbauen und sich durch das Nadelöhr nach unten ziehen lassen. Das macht Lust auf mehr, aber leider ist die Strömung nach kurzer Zeit wieder vorbei und wir müssen uns wieder auf die eigene Muskelkraft verlassen.

Auf der **FISCHACH** taucht man in eine idyllische Auenlandschaft ein, geprägt von Schilfgürteln und jeder Menge Enten und Schwänen. Diese scheinen bereits an Stand Up Paddler gewöhnt zu sein, denn ausgewichen wird gerade nur aufs Nötigste. Also gehen wir mit gutem Beispiel voran und weichen selbst den Tieren aus. Was es hier allerdings auch gibt, sind Bremsen. Es empfiehlt sich daher etwas mehr als nur Badehose oder Bikini anzuziehen. Wenn es nicht zu heiß ist, wäre ein dünner Neoprenanzug sehr vorteilhaft.

Wir bestaunen nicht nur die netten und teils auch imposanten Uferhäuser, sondern auch die Jugendlichen, welche vor uns von einer Brücke in die Fischach springen. Danach geht es über ein Seil mit Knoten, welches an der Brücke mittig befestigt ist auf direktem Wege wieder nach oben, um sich gleich wieder runterzustürzen.

Wir paddeln weiter, die Abendsonne zu unserer Rechten, **SEEKIRCHEN** knapp vor uns. Obwohl es an manchen Stellen zwischendurch angenehm kühl ist, schwitzen wir trotz des gemütlichen Tempos. Im Ortszentrum fahren wir unter der Brücke durch und dann noch etwa 300 m bis zu einer kleinen Stufe inklusive **WASSERFALL**. Hier wenden wir und gehen den Rückweg an. Nun gehts gegen die kaum spürbare Strömung und wir geben Gas, denn heftiger Durst hat uns überkommen. Wir erhöhen die Schlagfrequenz und steuern geradewegs auf die kleine **STROMSCHNELLE** von vorhin zu. Wir haben es etliche Male versucht den halben Meter Höhendifferenz gegen die Strömung zu fahren. Keine Chance, es dreht einem immer das Board unter den Füßen weg. Trotz etlicher Wasserlandungen ist der Versuch dennoch lustig. Wir geben klein bei und müssen die Boards doch kurz auf die andere Seite tragen. Danach biegen wir auf die letzte Gerade unserer Tour und sind wieder im vermeintlichen **„LITTLE ITALY VOM WALLERSEE"**. Noch ein paar Stege und Segelboote umfahren und dann SUPen wir beim **O-FISHER'S** 4 beinahe bis vor unseren Tisch. Das Radler ist bestellt, ein klassisches Saiblingsfilet auch. Es wird wohl dunkel werden, bis wir diesen gemütlichen Platz wieder verlassen.

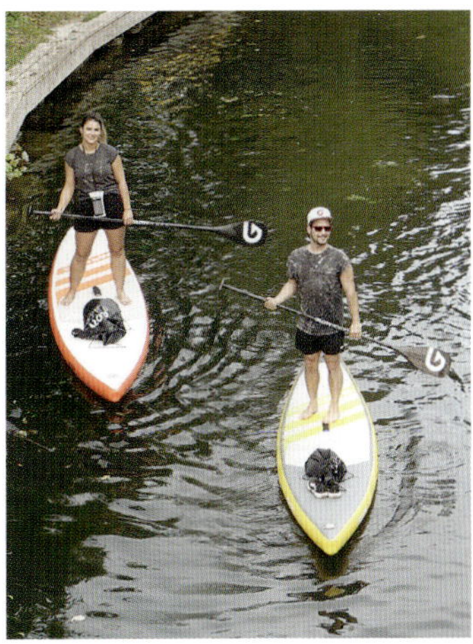

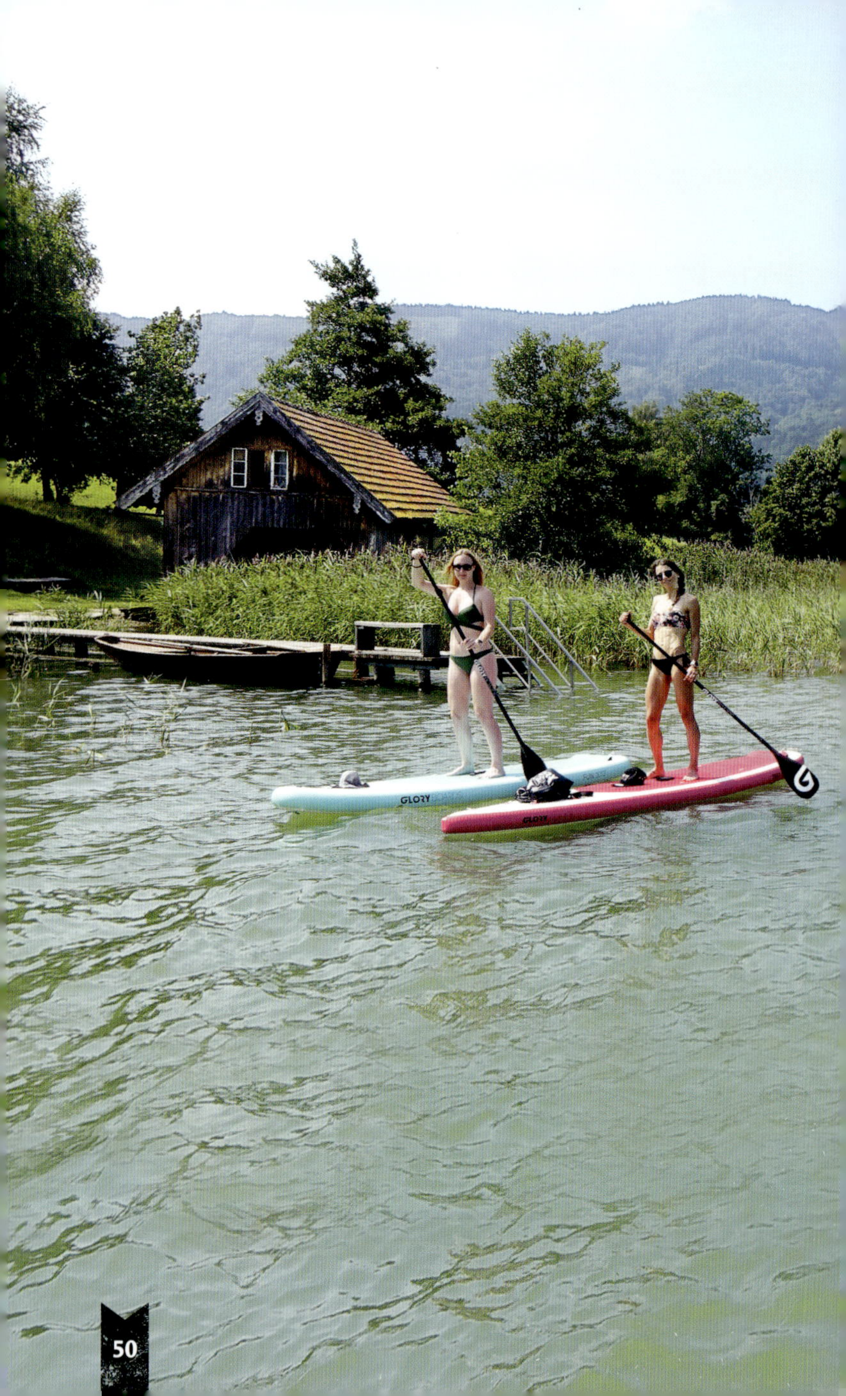
GLORY

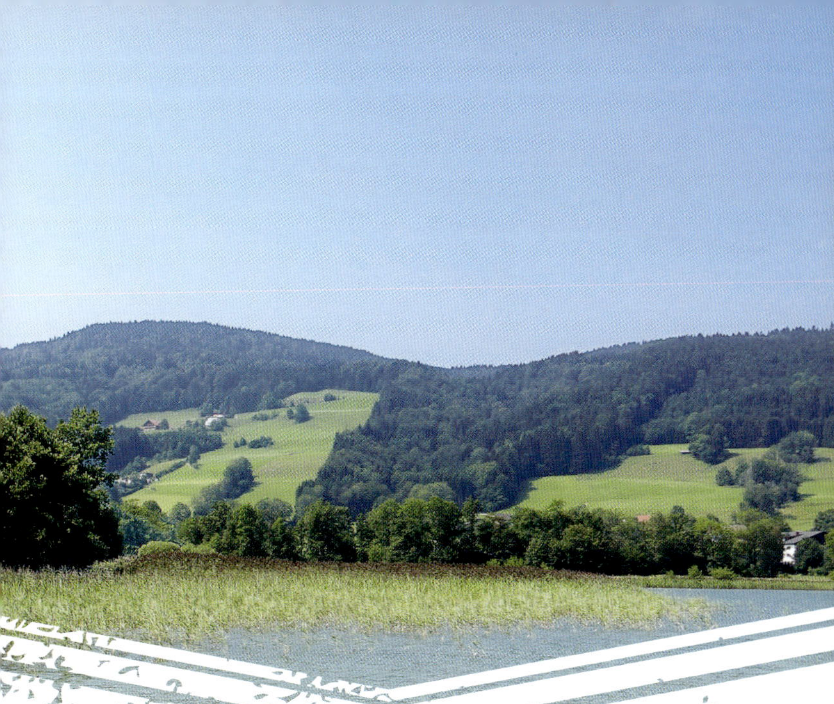

IRRSEE

ANSPRUCH | EINKEHR

Der wärmste See im Salzkammergut ist der perfekte Ort zum Entspannen und Entschleunigen. Noch ist er wohl recht unbekannt, gerade dadurch konnte der idyllische Moorsee seine Ursprünglichkeit bewahren. Paddler erwartet hier auf fünf Kilometer Länge eine wunderschöne Naturkulisse, kulturelle Highlights und traditionsbewusste Kulinarik auf höchstem Niveau.

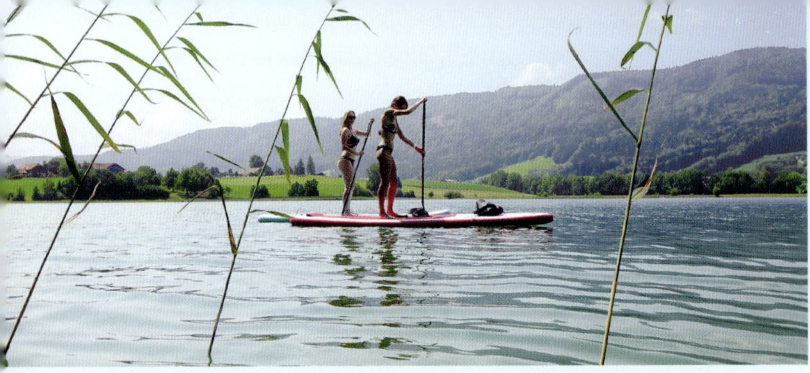

WIND & WETTER

Dank der umliegenden Berge windgeschützte Lage.

BEFAHRUNGSREGELN

Der Irrsee steht zwar unter Naturschutz, die freie Seefläche darf aber befahren werden. Es muss verständlicherweise Rücksicht auf die vorhandene Tier- und Pflanzenwelt genommen werden!

GEFAHREN

Keine

ANFAHRT MIT DEM PKW

Von Salzburg geht es über die A1 (Westautobahn) ostwärts bis zur Abfahrt Mondsee. Ab hier in Richtung Zell am Moos/Oberhofen fahren. Nach einer Strecke von etwa 3 km liegt linker Hand am Südufer des Sees direkt an der Hauptstraße der Badeplatz Tiefgraben. *(Navi: Irrseeblick 7, 4893 Guggenberg)*.

PARKEN

Am Parkplatz beim Badeplatz Tiefgraben. Vom 1. Juni bis 31. August 4 €/Tag, sonst 3 €/Tag.

ANFAHRT MIT ÖPNV

Von Salzburg Hbf mit der S2 Richtung Linz bis Bahnhof „Frankenmarkt", hier Umstieg in den Bus Nummer 594 in Richtung Mondsee bis zur Station „Tiefgraben Kasten". Fahrzeit beträgt 1:36 h. Von der Busstation ist es noch ein Fußweg von etwa 600 m nach Norden zum Badeplatz.

BADEN

Der unter Naturschutz stehende Irrsee ist der wärmste Badesee des Salzkammergutes (meist etwa 1 °C wärmer als der große Bruder Mondsee), außerdem besticht er durch sein äußerst sauberes Wasser. Trinkwasserqualität!

» **Strandbad Laiter,** Laiter 29a, 4894 Laiter. *6.000 m², Sandstrand, Spielplatz, Beachvolleyball, Slackline, Vermietung von Liegen und Sonnenschirmen, Restaurant.*

» **Badeplatz Tiefgraben,** Irrseeblick 7 4893 Guggenberg. *(direkt an der Hauptstraße) Imbiss, 10.000 m² großes Areal.*

» **Landesbadeplatz Zell am Moos,** Seestraße 7, 4893 Zell am Moos. *Imbiss, Beachvolleyball.*

SEHENSWERT

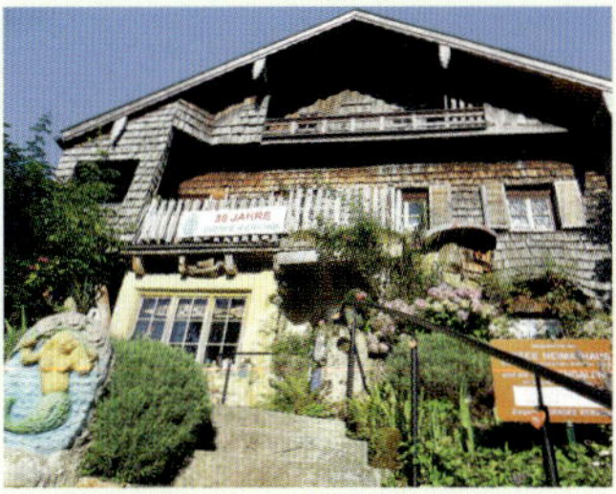

- In **Zell am Moos** in der **Gartengalerie von Hans Mairhofer-Irrsee** kann man Plastiken, Reliefs und Bauten des Bildhauers, Malers und Poeten inmitten eines fantasievoll angelegten begehbaren Gesamtkunstwerks bewundern. Mitten im Garten findet man auch das **Irrseer Heimathaus,** welches Exponate rund um die bäuerliche Lebensweise aus dem frühen 18. Jahrhundert beherbergt.
- **Phyllotaxis-Irrsee**: Ein Land-Art Kunstwerk am Südufer des Irrsee vom niederländischen Künstler Sjoerd Buisman – im Rahmen eines Kunstprojekts wurden im MondSeeLand Kunstwerke in und mit der Landschaft gestaltet. Die Phyllotaxis (Lehre der Blattstellung bei Pflanzen) thront auf einer kleinen Anhöhe, bietet eine tolle Aussicht und fügt sich wie selbstverständlich in die Landschaft ein.

TIPP EXTRA-TIPPS

- **Almwiesenweg:** Schöner Rundwanderweg über Almwiesen oberhalb der Gemeinden **Zell am Moos** und **Haslau**, mit Abstecher zur „Heissinger Höhe" *(16 km, 420 hm, 5-6 h, Einkehr: Stroblwirt oder Gasthaus Entachern in Haslau).*
- Auf dem wildromantischen **Wanderweg Helenental** (von Mondsee Ort aus) entlang der **Zeller Ache**, dem einzigen Abfluss des Irrsees und einem der größten Zuflüsse des Mondsees, kann man mit etwas Glück seltene Wiesenvögel wie den Großen Brachvogel beobachten. Schöne Einkehr in der historischen **Erlachmühle,** einer der ältesten, noch in Betrieb befindlichen Mühlen Österreichs.

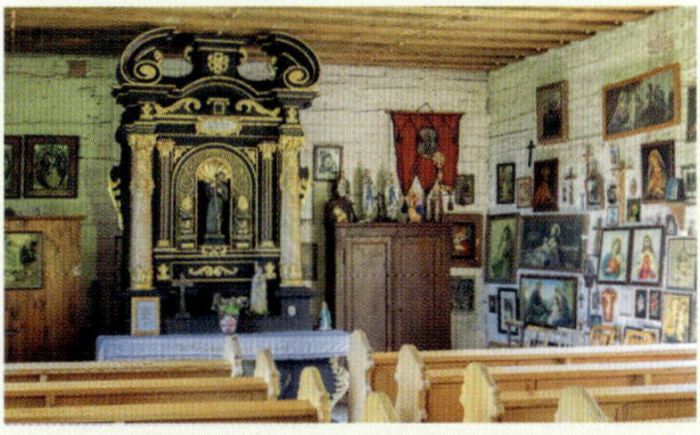

- Besonders reizvoll ist eine Wanderung vom Skilift Thalgau (Wasenmoosstraße in Thalgau) über die Kolomanstraße zum **Kolomanskircherl,** Österreichs ältester erhaltener Holzkirche *(siehe Foto)*. Auch ein Blick ins Innere der Kirche, die angeblich auf einem Glücksplatz erbaut wurde, lohnt sich. Noch heute dient sie als Wallfahrtskirche für Prozessionen.
- Einblicke in die unendlichen Tiefen des Weltalls bietet das leistungsfähige Teleskop der **Sternwarte Harpoint** *(3 km westlich von Zell am Moos).* Besuch nach Terminvereinbarung unter www.harpoint-observatory.com möglich.

1 SEEUMRUNDUNG

(mit Tourbeschreibung Seite 57)

Vom Badeplatz Tiefgraben entlang der Uferlinie im Uhrzeigersinn einmal rund um den See.

| **LÄNGE** 12 km | **DAUER** 3:30-4 h

EIN- & AUSSTIEG

Beim Badeplatz Tiefgraben.

SUP-VERMIETUNG

1 GLORY BOARDS

Boards können nach Vereinbarung im Shop in Seekirchen am Wallersee gemietet und abgeholt werden (25 km von der Einstiegsstelle entfernt)

Gewerbestraße 1, 5201 Seekirchen
Tel. +43 (0)664 887 511 00
www.gloryboards.com

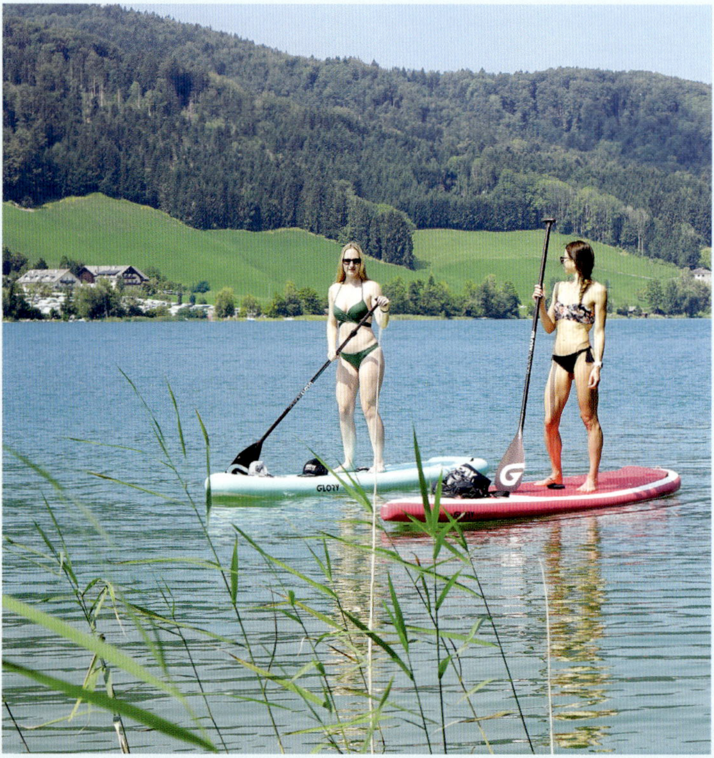

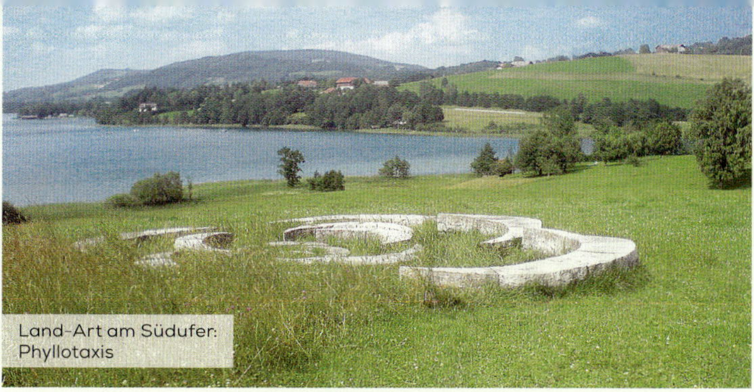

Land-Art am Südufer: Phyllotaxis

EINKEHR

1 DIE SEEROSE STRANDBAD LAITER

Laiter 29a, 4894 Laiter
Tel. +43 (0)660 147 13 07
Bei Schönwetter ab 9.30 Uhr

KLASSIKER Unbedingt den „Seerosen-Burger" probieren!

2 GASTHOF ZUM SEEWIRT

(hat auch Zimmer)
Zellhofweg 1, 4893 Zell am Moos
Tel. +43 (0)6234 82 10
www.seewirt.com
Tägl. außer Di von 10-23 Uhr

KLASSIKER Gebackener Heumondkäse, Gefüllte Kalbsbrust

3 MOSTSCHENKE HUSSENBAUER

Lackenberg 6, 5310 Tiefgraben
Tel. +43 (0)664 737 077 75
www.hussenbauer.at
Apr-Weihnachten Mi-Fr ab 16 Uhr

KLASSIKER Selbstgemachter Most, herzhafte Jause

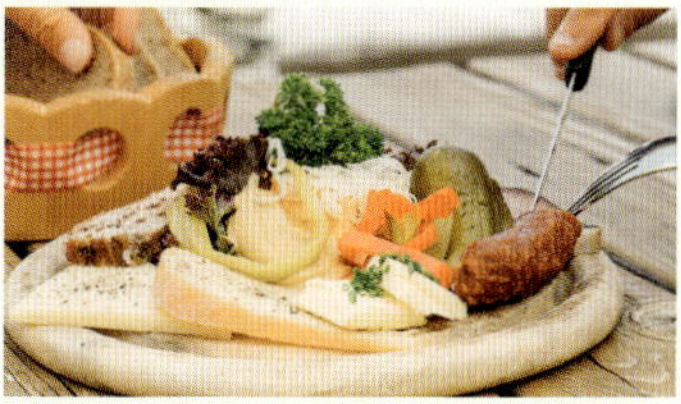

ÜBERNACHTUNG

1 CAMPING MAIER

Unterschwand 9, 4893 Zell am Moos
Tel. +43 (0)6234 70 81
www.campingclub.at *>Camping und Stellplätze >Campingplätze Österreich >Eingabe Suche „Maier"*

2 SEEPENSION STEININGERHOF

Am Irrsee 36
4893 Zell am Moos
Tel. + 43 (0)6234 82 88
www.steiningerhof-dittlbacher.at

3 DORFERWIRT AM IRRSEE

Am Irrsee 40
4893 Zell am Moos
Tel. +43 (0)6234 82 75
www.dorferwirt-am-irrsee.at

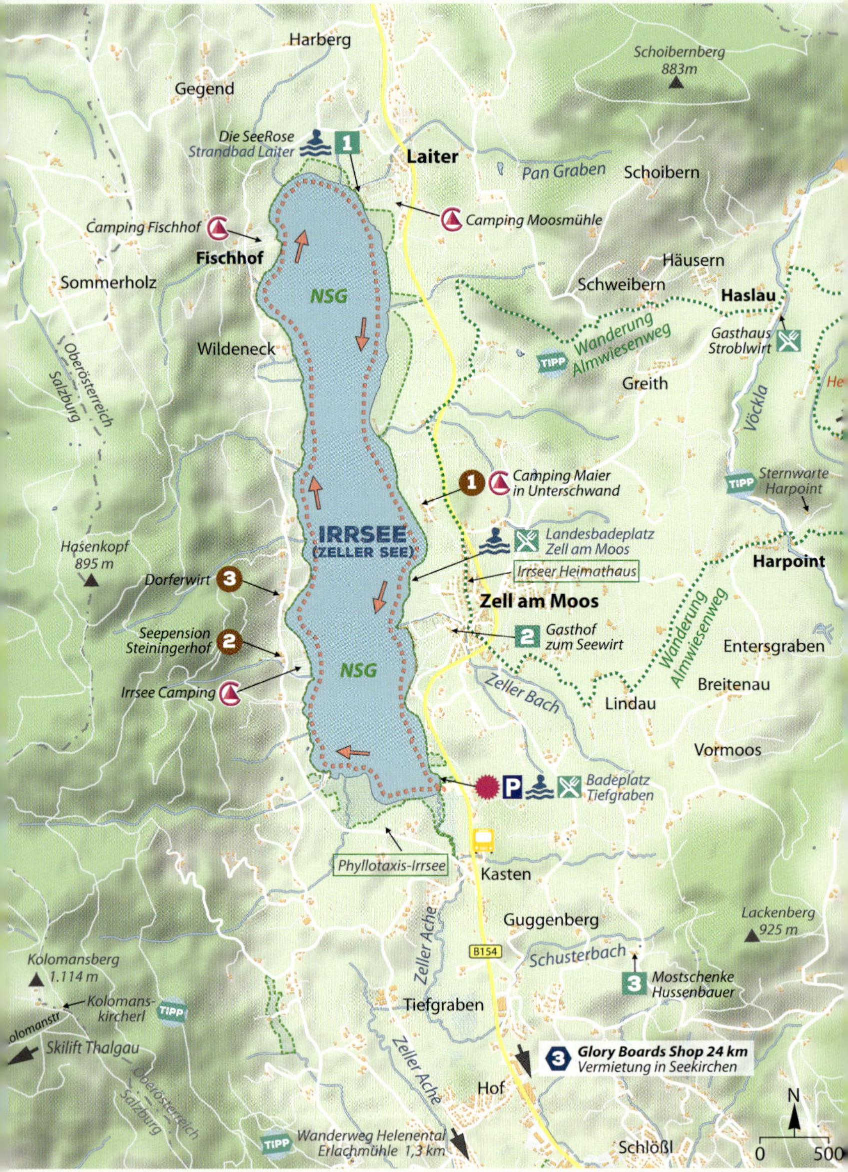
Harberg
Gegend
Schoibernberg
883m
Die SeeRose
Strandbad Laiter
1
Laiter
Pan Graben
Schoibern
Camping Moosmühle
Camping Fischhof
Fischhof
Sommerholz
NSG
Häusern
Schweibern
Haslau
Wanderung Almwiesenweg
Gasthaus Stroblwirt
Wildeneck
TIPP
Greith
Oberösterreich
Salzburg
Vöckla
1
Camping Maier in Unterschwand
TIPP
Sternwarte Harpoint
IRRSEE (ZELLER SEE)
Landesbadeplatz Zell am Moos
Hasenkopf
895 m
Irrseer Heimathaus
Harpoint
Dorferwirt
3
Zell am Moos
Seepension Steiningerhof
2
2
Gasthof zum Seewirt
Entersgraben
Wanderung Almwiesenweg
NSG
Irrsee Camping
Zeller Bach
Breitenau
Lindau
Vormoos
Badeplatz Tiefgraben
Phyllotaxis-Irrsee
Kasten
Guggenberg
Lackenberg
925 m
Zeller Ache
B154
Schusterbach
Kolomansberg
1.114 m
3
Mostschenke Hussenbauer
Kolomans-kircherl
TIPP
Tiefgraben
Skilift Thalgau
Zeller Ache
3
Glory Boards Shop 24 km
Vermietung in Seekirchen
Hof
Oberösterreich
Salzburg
TIPP
Wanderweg Helenental
Erlachmühle 1,3 km
Schlößl
N
0
500

1 WÄRMSTER GEHEIMTIPP IM SALZKAMMERGUT

Der **IRRSEE**, der von vielen auch **ZELLER SEE** genannt wird, ist ein wunderschöner Badesee in Oberösterreich, nahe der Grenze zu Salzburg. Der komplett unter Naturschutz stehende See hat eine Länge von fünf Kilometern und misst an seiner breitesten Stelle etwa einen Kilometer. Dank der ausgezeichneten Wasserqualität und den hohen Wassertemperaturen – in den Sommermonaten treibt er die Quecksilbersäule immerhin bis auf 27 Grad in die Höhe – ist er ein beliebter Badesee.

Heute wollen wir ihn im Uhrzeigersinn komplett umrunden. Immer am Ufer entlang erwarten uns 12 entspannte Kilometer. Ein fast geschlossener Schilfgürtel ziert den gesamten Uferbereich, der nur an den Badeplätzen und in den Mündungsbereichen kleinerer Bäche unterbrochen wird. Bereits früh morgens starten wir am **BADEPLATZ TIEFGRABEN** unsere Tour entlang des Südufers. Es ist schon angenehm warm und die Sonnenstrahlen hinterlassen ein sanftes Glitzern auf der Wasseroberfläche. Links von uns befindet sich auf einer Anhöhe ein beliebtes Fotomotiv, die **PHYLLOTAXIS-IRRSEE.** *Dabei handelt es sich um eine Stein-Skulptur des niederländischen Künstlers Sjoerd Buisman, die den Schnitt durch den Blattstand eines Stangenselleries darstellt und 1999 im Rahmen des Projekts „Mondsee LandArt" installiert wurde.*

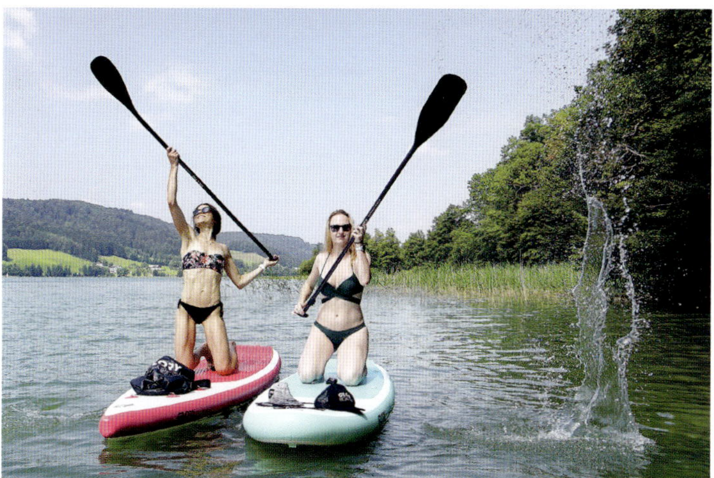

In der westlichen Bucht haben wir einen tollen Blick auf den wohl markantesten Bergrücken am See, den 1.114 Meter hohen **KOLOMANSBERG**, ein beliebtes Wanderziel. Dieser Berg schützt das Gewässer vor allzu heftigen Westwinden, was uns SUPern heute auch zugutekommt. Entlang des Westufers paddeln wir über die spiegelglatte Wasseroberfläche. Die Natürlichkeit des beinahe unverbauten Ufers verzaubert uns und wir schalten innerlich gleich ein paar Gänge herunter. *Wir blicken tief ins Wasser und versuchen das Schloss und die Kirche zu entdecken, die laut einer Sage am Seegrund verborgen sein sollen. Beides gehörte einst zwei Schwestern, eine wohltätig, die andere eine Verschwenderin. Als diese sich auch unter Androhung von Strafen nicht besserte, regnete es so lange, bis beide Schwestern samt ihrem Besitz im Wasser verschwanden, was dem See auch den Beinamen Jungfern-See einbrachte.* Doch leider entdecken wir, im Gegensatz zu einigen Einheimischen, weder Schloss noch Kirche.

Wir halten mit unseren Boards Richtung Norden und erreichen nach rund sechs Kilometern das nördliche Ufer. Achtung: auch wenn es noch so verlockend erscheint – die sumpfigen Wiesen, die kleinen Teiche und die Moore der Verlandungszonen im Norden stehen zur Gänze unter **NATURSCHUTZ** und

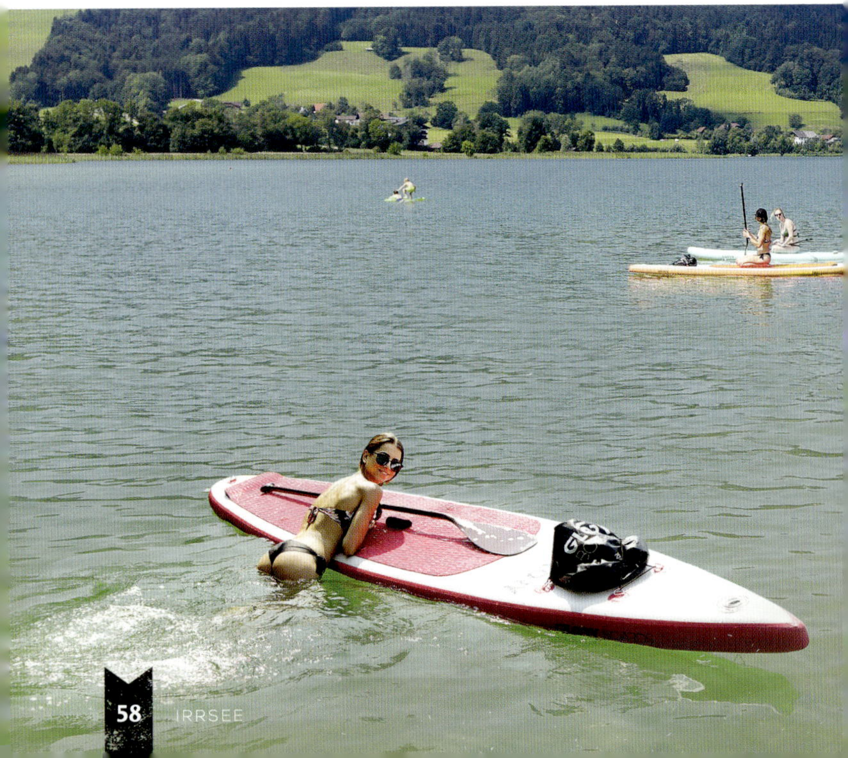

dürfen nicht betreten werden. *Sie sind die Kinderstube zahlreicher gefährdeter Tierarten wie der Sumpfschrecke, des Moorwiesenvögelchens und des Kleinen Blaupfeils. Viele seltene Vogelarten, wie der große Brachvogel und das Braunkehlchen, haben hier ihr landesweit einziges Brutgebiet.* Wer trotzdem einen genaueren Blick auf diese außergewöhnliche Flora und Fauna erhaschen möchte, sollte unbedingt ein Fernglas einpacken.

Am Nord-Ost-Ufer verlocken uns die zwei schönen Holzstege vom **STRANDBAD LAITER** an Land zu gehen. Immerhin haben wir schon die Hälfte unserer Tagestour geschafft und unsere Mägen knurren. Im Lokal **DIE SEEROSE** 1 verzehren wir einen unheimlich leckeren und ziemlich großen Seerosen-Burger. Derart gestärkt, besteigen wir die Bretter und machen uns entlang des Ostufers auf den rund sechs Kilometer langen Rückweg. Wir erreichen die Ortschaft **ZELL AM MOOS**, *wo es zur Zeit der Glaubenskriege zwischen Protestanten und Katholiken zu Massenhinrichtungen kam. Die Skelette der Ermordeten sind noch immer am Seegrund zu orten, deshalb herrscht hier auch ein Tauchverbot.* Bei diesem Gedanken wird uns etwas mulmig und wir paddeln – so scheint uns – etwas schneller zu unserem Ausgangspunkt zurück.

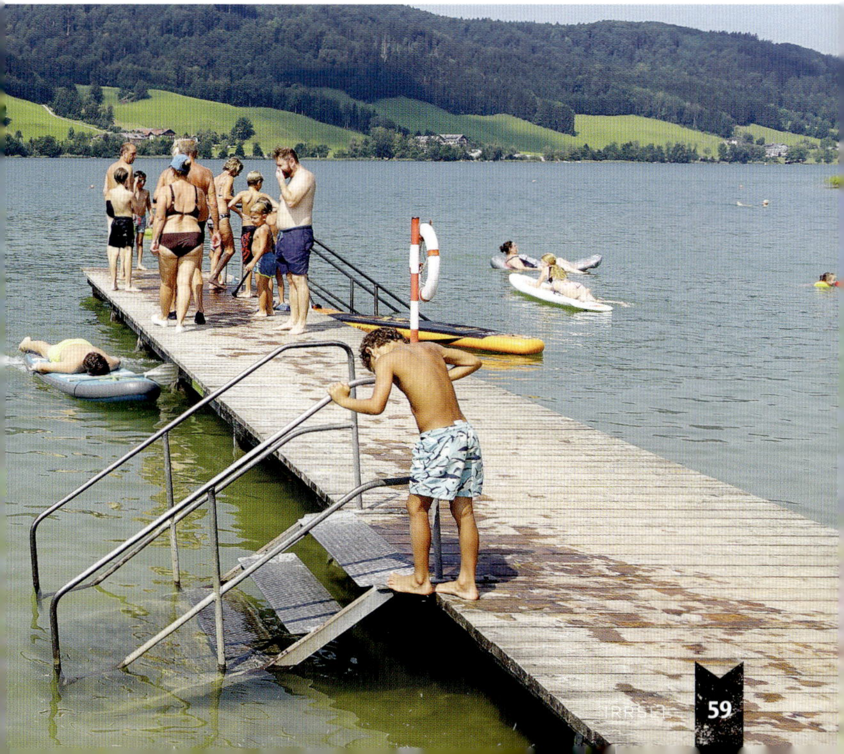

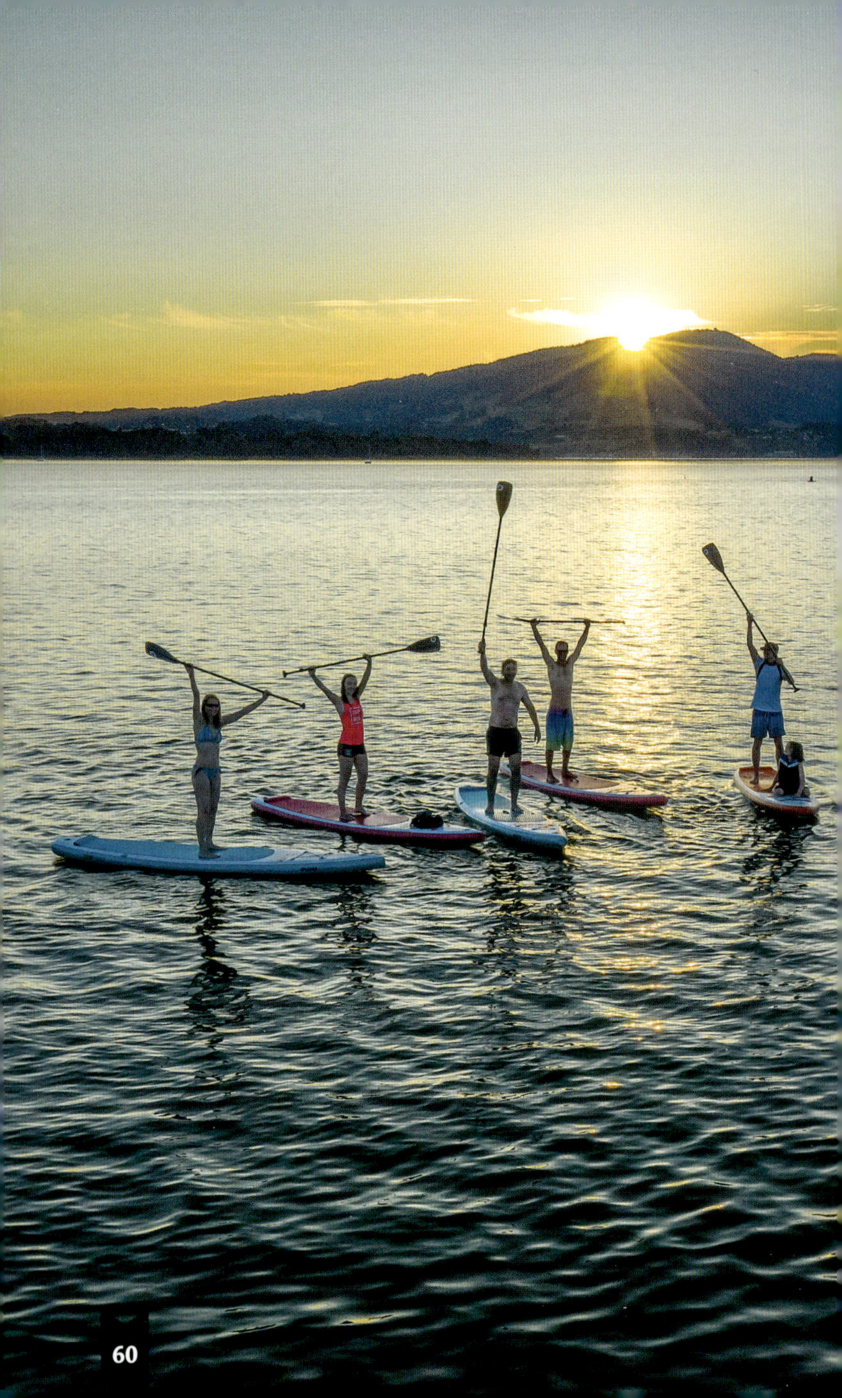

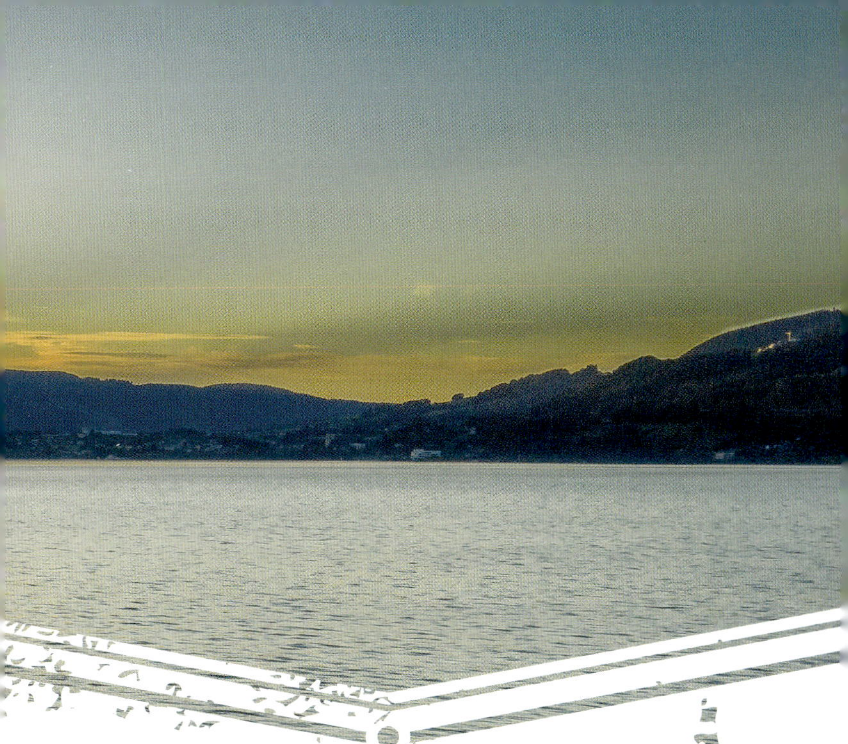

MONDSEE

ANSPRUCH

EINKEHR

Die Region bietet Besuchern atemberaubende Natur, gepaart mit sympathischen Ortschaften und jeder Menge sportlicher Action. Wer eine SUP-Challenge sucht, hat hier die Chance, sich kraftvoll gegen Winde zu behaupten oder sich genussvollen Downwindern hinzugeben.

WIND & WETTER

Der drittgrößte See des Salzkammerguts kann im Sommer mit Wassertemperaturen von bis zu 23 °C sowie mit Lufttemperaturen bis zu 28 °C aufwarten. Das gemäßigte Klima beschert Surfern im Hochsommer Niederschlagsmengen im Bereich von 160 bis 170 mm.

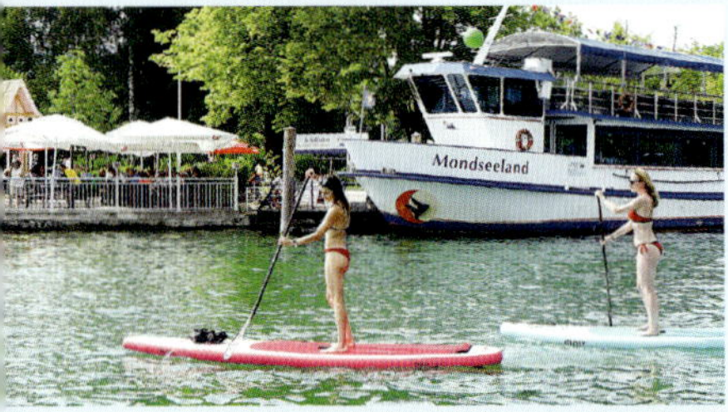

Der Mondsee ist nicht umsonst ein Paradies für Segler, Kiter und Windsurfer. Starke Böen – vor allem aus Westen – sind keine Seltenheit. Gerade die Seeenge zwischen dem Geißberg und dem Almkogel kann mitunter wie eine Düse wirken und die Windgeschwindigkeit in Richtung Kreuzstein nochmals verstärken.

Der Salzburger Flughafen gibt die Sturmwarnungen aus. Sofern der Sturm aus Westen kommt, ist das kein Problem, denn dann dauert es meist 30 Minuten, bis der Sturm tatsächlich am Mondsee angelangt ist und man hat ab Sturmwarnung noch genug Zeit zu reagieren. Kommt der Sturm aber von Osten, erfolgt hier die Warnung vom westlich gelegenen Airport erst, wenn der Sturm schon am See angelangt oder sogar vorbei ist. Daher stets die Wetterbedingungen ostwärts im Auge behalten!

Im Frühjahr und im Herbst kann es am Mondsee (wenn am Attersee Oströmung und Nebel herrschen) zu Nebelwind in Verbindung mit Sonnenschein kommen. Am besten vorab die Webcams checken. Den Nebel kann man jederzeit per Blick zum Schafberg überprüfen.

BEFAHRUNGSREGELN

Schwimmer und die kommerzielle Schifffahrt haben stets Vorrang.

Zur Sicherheit genügend Abstand zu anderen Wassersportlern (Sail, Kite, Surf) halten und frühzeitig den Kurs anpassen.

Seit 2006 ist der Mondsee Europaschutzgebiet, dessen Schutzzweck unter anderem die Erhaltung von Perlfischen und Seelauben sowie der Vegetation am See ist. Die Bucht zwischen Gries und Achdorf unter dem Freizeitpark St. Lorenz/Achort und das Gebiet um den „Guglhupfberg" zwischen Pichl und Westerthal gilt es besonders zu beachten und mit Bedacht zu umfahren.

GEFAHREN

Starke Winde sind jederzeit möglich. Daher immer Wind- und Wetterbericht checken, denn der Seitenschlag ist vor allem bei Querungen nicht zu unterschätzen.

Der Mondsee ist ein Segel- und Surfparadies, daher ist teils starker Verkehr auf dem Wasser. Der Süden wird vor allem von Windsurfern stark frequentiert, der Rest des Sees gehört mehr den Seglern.

ANFAHRT MIT DEM PKW

Von Salzburg kommend, die Österreichische Romantikstraße B 158 und am Fuschlsee vorbei Richtung St. Gilgen am Wolfgangsee. Beim Kreisverkehr in St. Gilgen die zweite Ausfahrt nehmen (Richtung Mondsee und Unterach) und dem Straßenverlauf 13 km bis Schwarzindien am Nord-West-Ufer des Mondsees folgen. Rechter Hand ist die Badeanlage St. Lorenz gut ausgeschildert.

PARKEN

Einen gebührenpflichtigen, großzügigen Parkplatz gibt es vor der Badeanlage St. Lorenz (Schwarzindien). Während der Sommersaison zahlt man hier 4 €.

ANFAHRT MIT ÖPNV

Vom Salzburger Hbf (Südtiroler Platz) mit dem ÖBB Postbus 150 in ca. 0:40 h bis zur Haltestelle „St. Gilgen Hollweger". Von dort geht es gleich mit der Buslinie 156 weiter zum Mondsee bis Haltestelle „St. Lorenz Höribach". Samt Umsteigen dauert die Fahrt etwa 60 Minuten. Von der Haltestelle geht es dann 300 m gegen die Fahrtrichtung zurück zum Badeplatz St. Lorenz (Schwarzindien).

BADEN

Der Mondsee besticht durch sein großes Angebot freier Seezugänge. Viele davon haben einen eigenen Parkplatz. Sonst gibt es stets die Möglichkeit, am Straßenrand das KFZ abzustellen. Dennoch ist der See nicht überlaufen und bietet jedem genügend Badealternativen.

» **Alpenseebad Mondsee,**
Seebadstraße 3, 5310 Mondsee.
Gastronomie, Sanitäranlagen, Sprungturm, Sandstrand, Wasserskifahren und Tischtennis.

» **Badeplatz Loibichl,**
5311 Innerschwand am Mondsee.
Kinderspielplatz, Gastronomie, Sanitäranlagen, Eintritt frei.
Juni-August 4 € Parkgebühr.

» **Badeplatz Schwarzindien/ Badeanlage St. Lorenz,**
Schwarzindien, 5310 St. Lorenz.
Gastronomie, Sanitäranlagen, Kinderspielplatz, Eintritt frei.
Mai-August 5 € Parkgebühr.

» **Badestrand Oberburgau,**
am Süd-Ost-Ufer zwischen Oberburgau und der Seeache. *Kleiner Naturstrand, parken entlang der Straße möglich.*

» **Naturbadeplatz Kreuzstein,**
am Südufer zwischen Scharfling und Oberburgau. *Parken entlang der Straße möglich.*

» **Badeplatz Plomberg,**
Plomberg/Gries, 5310 St. Lorenz.
Kiosk, Sanitäranlagen, Eintritt frei.
Mai-August 5 € Parkgebühr.

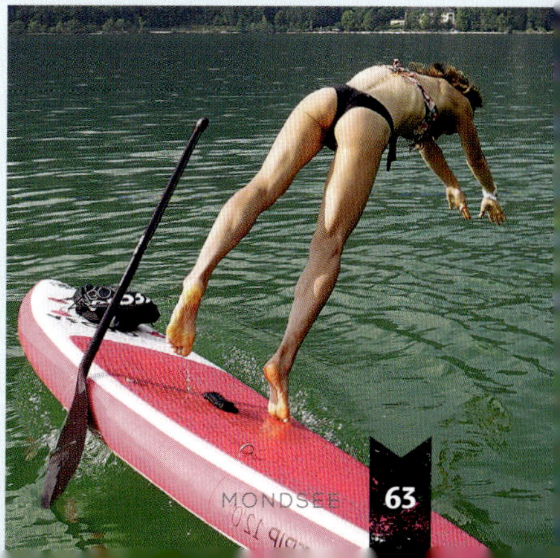

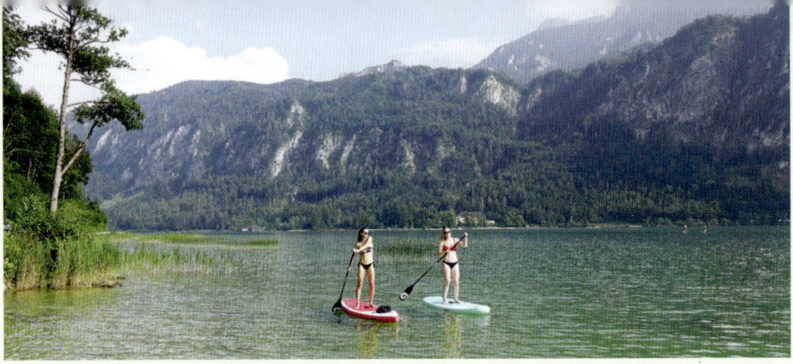

SEHENSWERTES IM ORT MONDSEE

- *Das 748 gegründete* **Kloster Mondsee** *zählt zu den ältesten Klöstern des Landes und beherbergt auch das Schlosshotel Mondsee. In der früheren Bibliothek befindet sich seit 1957 das* **Heimatmuseum Mondsee.**
- Das **Freilichtmuseum Mondseer Rauchhaus** *ist ein altes Gehöft, welches vermutlich aus dem 15. Jahrhundert stammt.* Es gibt Einblicke ins bäuerliche Leben jener Zeit. Ab Ende Mai am Wochenende und an Feiertagen geöffnet.
- Genauso wie am Attersee gibt es auch am Mondsee einen **Pfahlbau Pavillon,** welcher die Geschichte der heute unter Wasser liegenden steinzeitlichen Pfahlbaudörfer vermittelt. Sa Führung (Anmeldung Tel. +43 (0)6232 22 70).
- Die legendäre Salzkammergut-Lokalbahn, die 1894-1957 Bad Ischl mit Salzburg verband, wird im **Verkehrs- und Ischlerbahnmuseum** wieder lebendig.

TIPP EXTRA-TIPPS

- Jedes Jahr findet am ersten August-Wochenende das bereits legendäre **Seefest Mondsee** statt. Für Jung und Alt gibt es auf den verschiedenen Bühnen ein umfangreiches Musikprogramm. Highlight sind sicher das wohl längste Seefeuerwerk Österreichs sowie die dazugehörige Seebuchtshow.
- Die Mondfrauen gestalten jedes Jahr im Juli einen **Kunsthandwerksmarkt** in Mondsee. Ungefähr 60 Aussteller unterschiedlichster Metiers bieten dann ihre Kreationen im Almeida-Park an. www.kunsthandwerk.artbeat.at
- Wer sich schon immer sein eigenes SUP bauen wollte, ist bei Gerald Aichriedler in Mondsee goldrichtig. Hier kann man in Workshops das **SUP-Bauen erlernen** und nimmt am Ende gleich sein eigenes Holz-SUP mit nach Hause. Wer das Bauen schon beherrscht, holt sich einfach einen SUP-Bausatz und legt ohne Begleitung los. www.paddelboard.at
- Vom Gasthof Drachenwand in St. Lorenz sind es etwa 30 Minuten hinauf zum Einstieg des am häufigsten begangenen Klettersteigs in Oberösterreich. Der **Klettersteig Drachenwand** ist beliebt, aber die Steinschlaggefahr auf dieser Tour ist nicht unerheblich! Für Anfänger ohne entsprechende Ausrüstung ist die 4:30 h dauernde Tour absolut ungeeignet!
- **Wanderweg Helenental** mit Einkehr Erlachmühle siehe Irrsee Seite 53.

1 WESTRUNDE

(mit Tourbeschreibung Seite 67)

Vom Badeplatz St. Lorenz/Schwarzindien bis zum Freizeitpark Sankt Lorenz/Achort. Von dort quer über den See nach Loibichl und das Ufer entlang Richtung Mondsee und weiter zum Einstieg.

| **LÄNGE** 9,5 km | **DAUER** 2:30-3 h

EIN- & AUSSTIEG

Badeplatz St. Lorenz/Schwarzindien

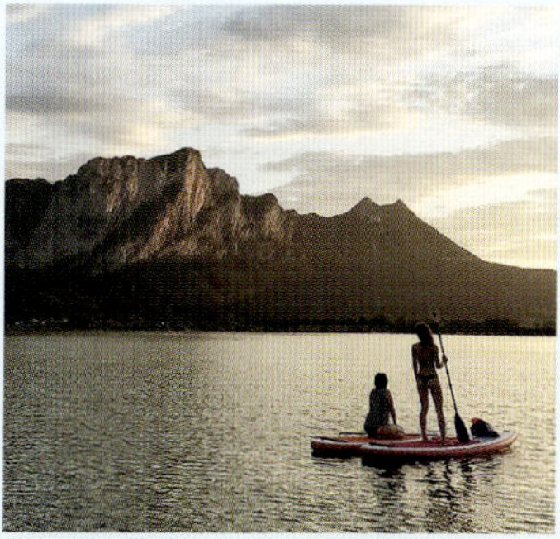

2 ZENTRALRUNDE

Vom Badeplatz Loibichl bis zum Freizeitpark St. Lorenz/Achort auf der gegenüberliegenden Seeseite. Von dort quer über den See Richtung Süd-Osten zum „Guglhupf-Berg (bei der Halbinsel vor dem Geißberg) und am Ufer entlang zurück zum Einstieg.

| **LÄNGE** 6,3 km | **DAUER** 1:30-2 h

EIN- & AUSSTIEG

Am Badeplatz Loibichl

3 KREUZSTEIN-RUNDE

Vom Badeplatz Loibichl das Ufer entlang südlich bis zur Halbinsel beim „Guglhupf-Berg". Dort schräg runter zum Kreuzstein am Südufer und quer über den See retour nach Loibichl.

| **LÄNGE** 10,5 km | **DAUER** 2-3 h

EIN- & AUSSTIEG

Am Badeplatz Loibichl

SUP-VERMIETUNG

1 SEGELSCHULE WEISSE TAUBE
Schwarzindien 69, 5310 St. Lorenz
Tel. +43 (0)6232 22 77
www.weissetaube-mondsee.at

2 SEGELSCHULE MONDSEE
Promenade 3, 5310 Mondsee
Tel. +43 (0)660 666 37 33
www.segelschule-mondsee.at

3 SUP BOX
SUP Station am Badeplatz Loibichl
5311 Innerschwand am Mondsee
Tel. +43 (0)699 190 619 01
www.sup-box.at

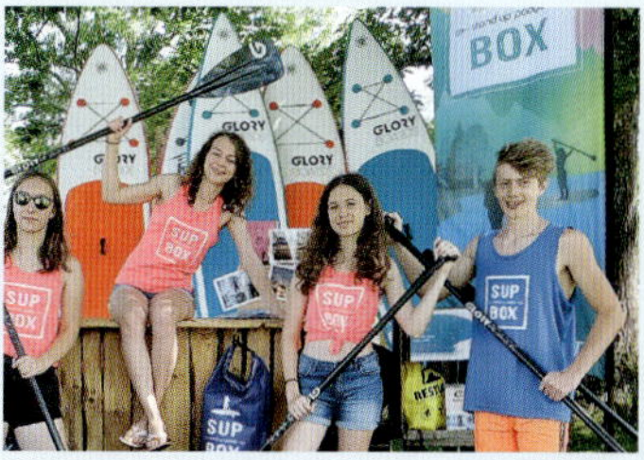

1 STREATS KITCHEN & BAR
Herzog Odilo-Straße 6, 5310 Mondsee
Tel. +43 (0)6232 318 14
www.streats.at
Di-Do 11.30-14.30 & ab 17.30,
Fr-So ab 17 Uhr

KLASSIKER Superfood Bowl mit gegrilltem Landhendl

2 NAKED FLOWERS
Robert Baum Promenade 3
5310 Mondsee
Tel. +43 (0)664 344 71 84
www.naked-flowers.com
Bei Schönwetter täglich ab 9.30 Uhr
Reservieren!

KLASSIKER Saftige Falafel und andere vegane Köstlichkeiten

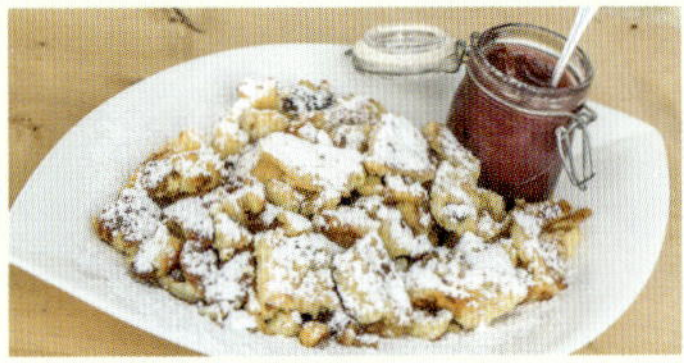

3 GASTHOF SEE
See am Mondsee 1
4866 Unterach am Attersee
Tel. +43 (0)7665 205 69
www.gasthof-see.at

KLASSIKER Der flaumige Kaiserschmarrn mit Zwetschgenröster ist ein Gedicht!

ÜBERNACHTUNG

1 AUSTRIA CAMP
(mit tollem Restaurant „Naturkuchl")
Achort 60, 5310 St. Lorenz
Tel. +43 (0)664 832 63 27
www.austriacamp.at

2 GASTHOF DRACHENWAND
St. Lorenz 46, 5310 Mondsee
Tel. +43 (0)6232 33 56
www.drachenwand.at

3 GÄSTEHAUS MOOSINGER
Seewinkl 40, 5311 Innerschwand
Tel. +43 (0)6232 25 79
www.urlaubambauernhof.at/hoefe/moosinger

4 SEEGUT KÜBLER
Ort am Mondsee 30
4866 Unterach am Attersee
Tel. +43 (0)7665 930 31
www.seegut-kuebler.at

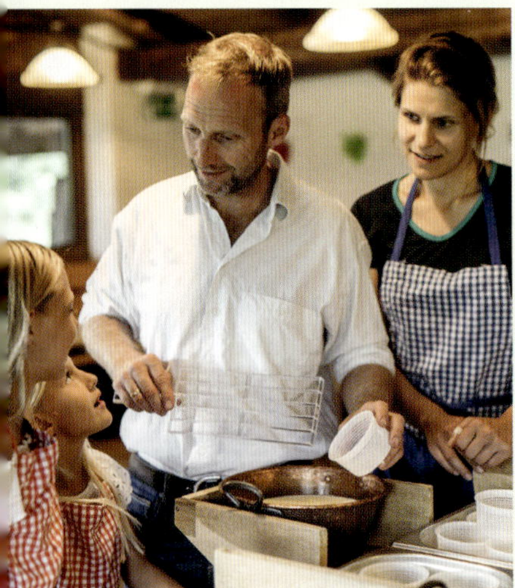

1 VOM WINDE VERWEHT IM SEGELPARADIES

Der Mondsee liegt auf ungefähr 480 m über dem Meeresspiegel und ist aufgrund seiner topographischen Lage ein hervorragender Segel- und Windsurfspot. Wir wollen heute mal sehen, ob wir dem Wind auf dem SUP gewachsen sind und bereiten uns schon mental auf ein tolles Workout am Wasser vor.

Zunächst geht es jedoch nach **SCHWARZINDIEN**, zur nordwestlichen Ecke des Sees. Hier steigen wir beim **BADEPLATZ SCHWARZINDIEN / ST. LORENZ** ein. Der Parkplatz ist groß und bietet gerade am Vormittag noch genügend Freiraum, um die SUPs aufzupumpen und das Material für die Tour vorzubereiten. Am Strand gibt es zwei lange Stege und wir nutzen die Aussicht, um einen groben Überblick über See, Himmel und Wetterlage zu bekommen.

Unsere Route führt zunächst südwärts, vorbei an schmucken privaten Seehäuschen. Keine 300 m vom Einstieg entfernt liegt auch die **SEGELSCHULE WEISSE TAUBE** 1. Wer mehr über Wind und Wetter am See erfahren möchte, ist bei Segelcoach Hannes bestens aufgehoben. Wer ein Segelboot oder ein SUP mieten möchte, natürlich auch.

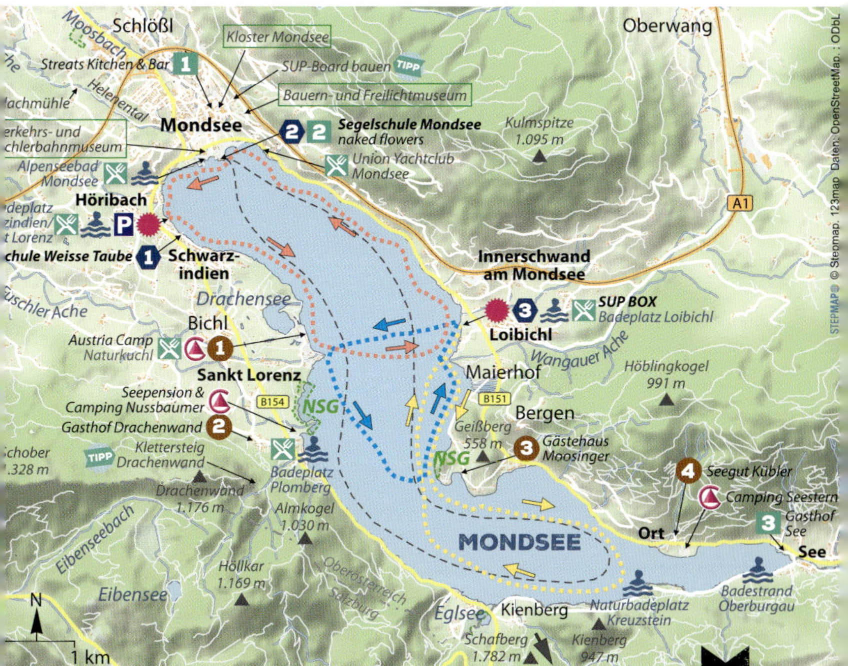

Hinter Schwarzindien erhebt sich die beinahe 1.200 m hohe **DRACHENWAND** TIPP*, welche laut einer Volkssage auch zur Entstehung des Namens Mondsee beigetragen haben soll. Jener Sage nach ritt Herzog Odilo von Bayern eines Nachts die Drachenwand von der Rückseite an und erkannte erst kurz vor dem Abgrund den Mond, der sich im See spiegelte. So konnte der Herzog noch rechtzeitig Halt machen, den Sturz in die Tiefe abwenden und der Name „Mondsee" war geboren.*

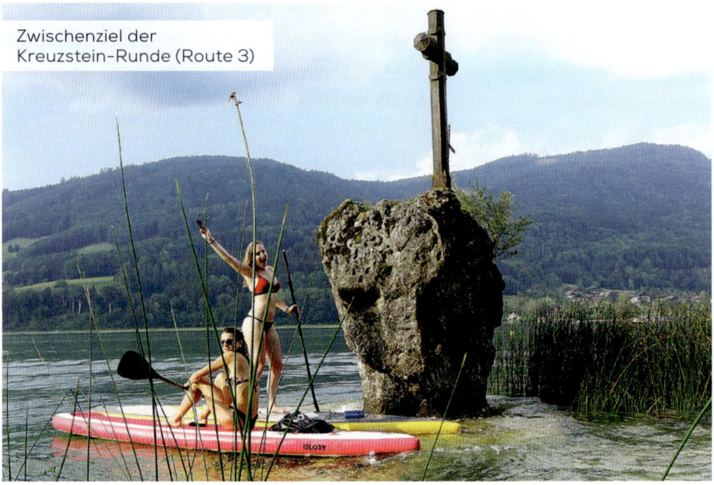

Zwischenziel der Kreuzstein-Runde (Route 3)

Wir verlassen Schwarzindien, kommen in teils unbewohnte Uferabschnitte und blicken durch das glasklare Wasser auf den Sand- und Lehmboden unter uns. Bis zum Golfclub Mondsee ist es ratsam, zumindest mit 30 m Abstand vom Ufer zu paddeln, um Finnen und Paddelblatt zu schonen. Es geht vorbei am **AUSTRIA CAMP** 1 und wir beobachten ein wenig das Treiben in der vorgelagerten Bucht. Der kleine **BOOTSHAFEN** mit der Drachenwand im Hintergrund gibt einfach eine herrliche Kulisse ab. Fünf Kilometer vor uns erhebt sich der **SCHAFBERG** mit seinen 1.782 m. Stünden wir dort oben, sähen wir rund die Hälfte aller großen Seen des Salzkammerguts.

Tun wir aber nicht, denn es steht jetzt eine Seequerung nach **LOIBICHL** am Ostufer an. Wir müssen gar nicht weit aus der Bucht raus in Richtung Seemitte fahren, um zu merken, dass Wind und Wellengang nun zunehmen. Der Westwind drückt uns gegen unsere Fahrtrichtung ab und wir paddeln die gesamten eineinhalb Kilometer zur anderen Seeseite steuerbord, um nicht nach Osten Richtung Geißberg gedrückt zu werden.

Es ist anstrengend und macht gleichzeitig riesigen Spaß, sich hier richtig auszupowern. Drüben angekommen, geht es nach links, das nord-östliche Ufer entlang. Nun mit schräg einfallendem Gegenwind. Unsere Paddel bleiben steuerbord bis wir uns dem **UNION YACHTCLUB MONDSEE** nähern. Nach knapp 90 Minuten Fahrt genießen wir die schöne Aussicht auf den kleinen Hafen zu unserer Rechten und den Ort Mondsee vor uns.

Vor den Toren von **MONDSEE ORT** liegt der **ALMEIDA PARK** mit seiner **UFERPROMENADE**. Hier sind die Blicke neugierig auf uns gerichtet, da wir gemütlich an den Steinstufen an Land gehen, unsere SUPs ablegen und uns ein wenig im Park umschauen. Vor dem Springbrunnen werden Fotos geschossen, Eltern lassen am großen Spielplatz ihre Kinder toben und Touristen warten auf die nächste Abfahrt der Mondsee Schifffahrt. *Wir laufen noch schnell rüber zur Statue der Namensgeberin des Parks – Gräfin von Almeida, eine schillernde Persönlichkeit, die in den 1960ern zahlreiche Promi-Gäste um sich scharte – und nach einem Schnappschuss geht es wieder aufs Wasser.*

Der letzte Teil unserer Runde führt uns vorbei an sehr vielen Yachten und Segelbooten, netten Cafés sowie am **ALPENSEEBAD MONDSEE**. Den jungen SUP-Einsteiger, welchen wir unterwegs treffen, können wir im Wind nicht so hilflos liegen lassen. Wir schlagen ihm vor, sich mal mit den Füßen Richtung Bug auszurichten, statt Richtung Heck. Er lacht verlegen und hat sein Board gleich besser unter Kontrolle. Ja, es ist nicht leicht, bei Wind am Mondsee das erste Mal auf dem SUP zu stehen.

Auch für uns war die Tour eine kleine Herausforderung, denn der Wind hat uns ganz schön auf Trab gehalten. Die letzten Meter zurück zum **BADEPLATZ SCHWARZINDIEN** treibt uns der Gedanke an ein kühles Bier am Strandbuffet an. Und an das Nickerchen auf der Wiese danach.

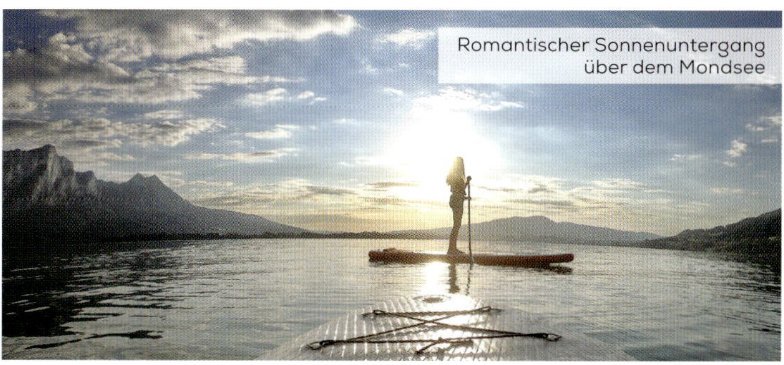

Romantischer Sonnenuntergang über dem Mondsee

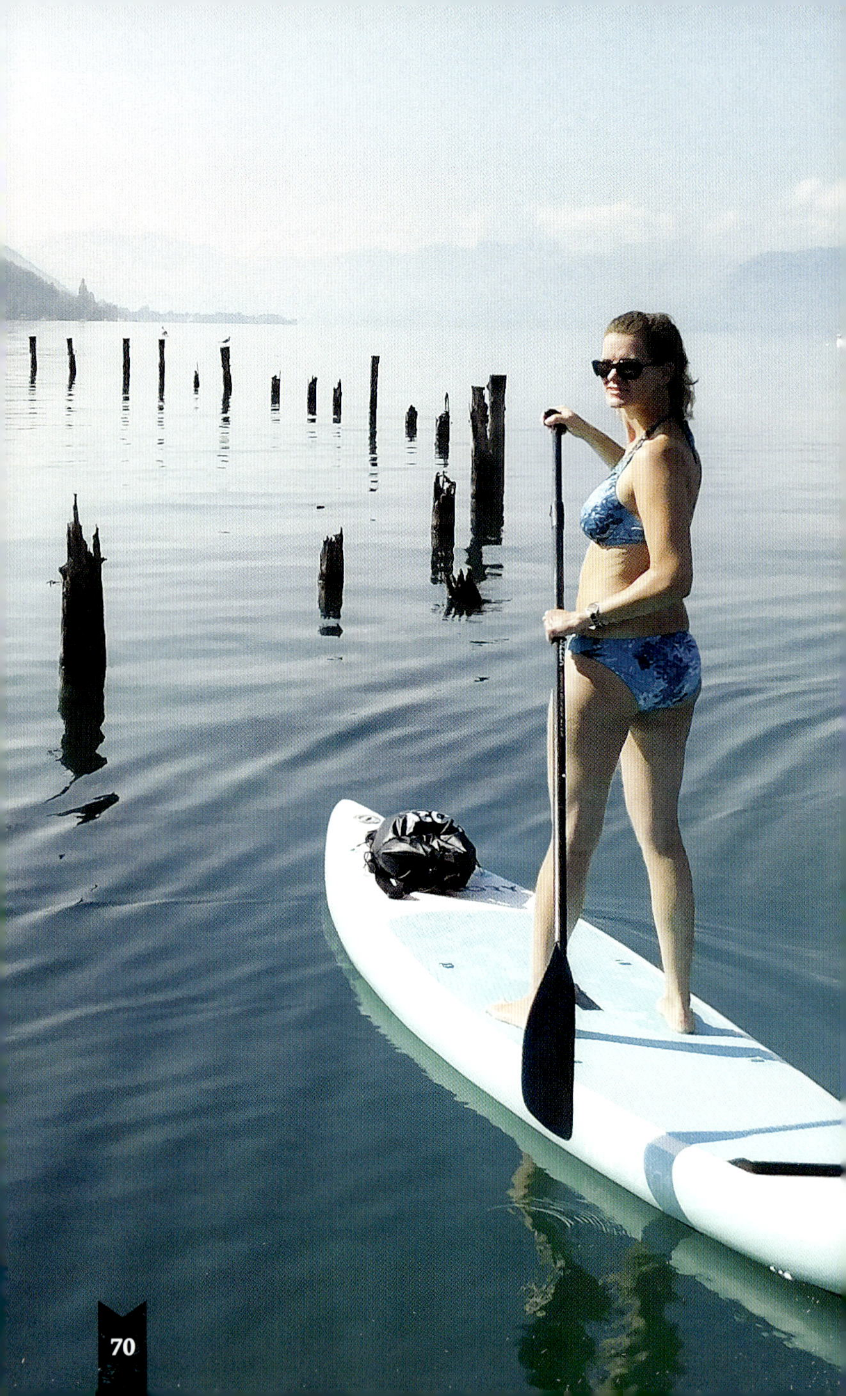

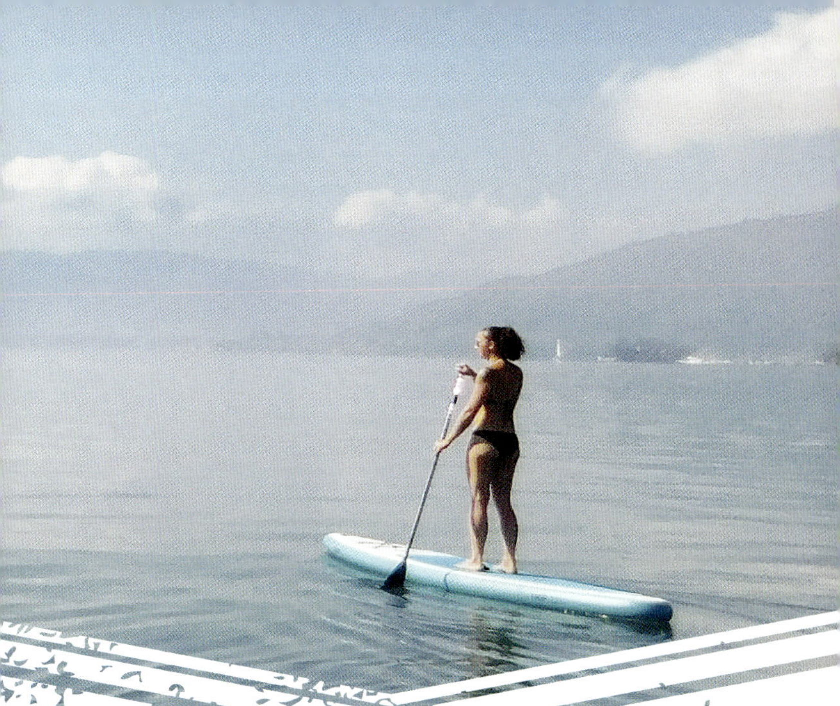

ATTERSEE

ANSPRUCH

EINKEHR

Mit 46 km² Wasserfläche ist Österreichs größter Binnensee ein Eldorado für Stand Up Paddler. Versteckte Buchten, türkises Wasser und ein vielfältiges Freizeitangebot locken in die Region, aus der schon Künstler wie Gustav Mahler oder Gustav Klimt während der Sommerfrische ihre Inspirationen zogen. Der Attersee steht für klares Wasser und weite Landschaft!

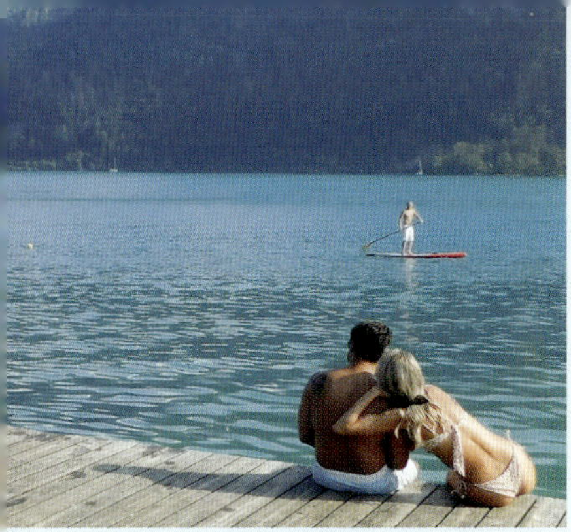

WIND & WETTER

Das gemäßigt warme Klima lässt die Wassertemperaturen im Sommer durchschnittlich auf bis zu 22 °C steigen, beschert jedoch auch viele Niederschläge (etwa 16 Regentage monatlich in den Sommermonaten). Gewitter ziehen generell nachmittags oder abends auf. Nach schwülwarmen Tagen auch mal nachts. In den Monaten Juni, Juli, hin und wieder auch im Mai und August, führt es bei Zusammenbrechen des Südföhns (Wettersturz) zu Gewittern mit Sturmböen und manchmal auch zu Hagel. Meist zeichnen sich dann die Gewitterwolken mit Blick nach Westen deutlich ab. Dann heißt es, so schnell wie möglich raus aus dem Wasser! In seltenen Fällen ist die Luftfeuchtigkeit zur Gewitterbildung nicht ausreichend und es entsteht eine „trockene Böe" mit Sturmstärke, allerdings ohne Gewitter.

Es herrschen hier ähnliche Thermikverhältnisse wie am Traunsee, sodass es bei Schönwetter gerne zu einer schwachen Brise mit ca. 10-15 km/h Windgeschwindigkeit kommen kann. Dies ist zwar deutlich geringer als am Traunsee, andererseits formt sich bei solcher Thermik am Attersee dabei ein im Vergleich deutlich höherer Wellengang, welcher auch das SUPen kippeliger und anstrengender macht.

Im Spätsommer und im Herbst kann der Nebel schon mal bis zur Mittagszeit über dem See liegen.

BEFAHRUNGSREGELN

Der See ist Teil des Europaschutzgebietes „Mond- und Attersee". Demnach gilt es, vor allem in Ufernähe, respektvoll mit Pflanzen und Tieren umzugehen und entsprechende Abstände einzuhalten.

Außerdem haben Badegäste und die Linienschifffahrt stets Vorrang.

GEFAHREN

Rund um das Schloss Litzlberg befinden sich sehr viele Holzpfähle im Wasser. Teilweise reichen diese recht knapp unter die Wasseroberfläche. Der Wellengang kann gerade bei vorbeifahrenden Motorbooten oder Passagierschiffen, aber auch wegen des Windes hoch sein. Daher zumindest 30 m Abstand zur Insel halten.

Das klare Wasser lockt viele Taucher an, welche es vor allem in Ufernähe zu beachten gilt. Andererseits ist der See im Juli und August für Motorboote gesperrt, was zu einem besseren und sichereren SUP-Erlebnis führt.

ANFAHRT MIT DEM PKW

Ab Salzburg die Autobahn A1 in Richtung Wien/Linz nehmen und bei Ausfahrt 242 (St. Georgen im Attergau) abfahren. Beim Eurospar am Ende der

Autobahnabfahrt nach links und weiter nach Attersee am Attersee fahren. Am Seeufer nach links auf die B 151 (Attersee Straße) einbiegen und am Ufer entlang nördlich bis nach Litzlberg fahren. Parkplatz und Freibad sind ausgeschildert und befinden sich rechter Hand.

PARKEN

Beim Freibad Litzlberg stehen genügend Parkplätze zur Verfügung. Von 10-17 Uhr ist der Parkplatz gebührenpflichtig. Zum Wasser sind es etwa 100 Meter.

ANFAHRT MIT ÖPNV

Von Salzburg Hbf mit der Westbahn WB 985 in Richtung Wien Westbahnhof bis „Vöcklabruck Bf" fahren. Dort auf den ÖBB Postbus Linie 561 umsteigen und bis „Litzlberg/Atterssee Ort" fahren. Von der Haltestelle geht es nochmals 220 m zu Fuß zurück zur Einfahrt vom Freibad Litzlberg.

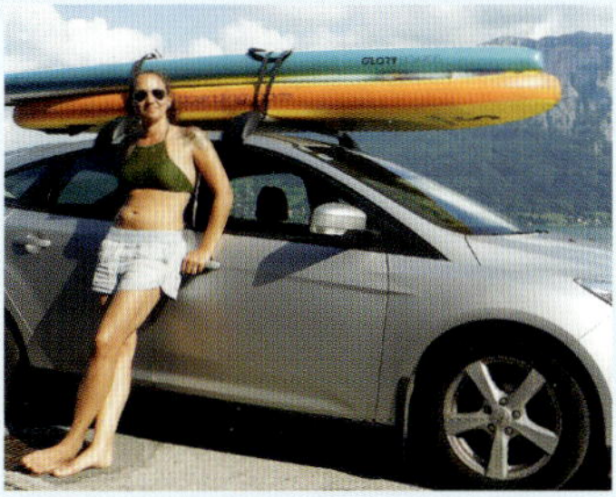

BADEN

Am See gibt es ein großes Angebot an kostenlosen, ganzjährig zugänglichen Badeplätzen und Freizeitanlagen mit abwechslungsreichem Unterhaltungs- und Sportangebot.

Außerdem können sieben Strandbäder mit der **Attersee-Bäder-Card** zum Vorteilspreis genossen werden (www.attersee-baeder.at).

» **Freibadeanlage Litzlberg,** *Beachvolleyball, Sanitäranlagen und Gastronomie,* gebührenpflichtig parken bis 17 Uhr.

» **Öffentlicher Badeplatz Kohlbauernaufsatz,** *Tauchkompetenzzentrum,* kostenlos parken.

» **Seebad Nussdorf,** *barrierefreies Gelände, Sanitäranlagen, Sportkurse und Gastronomie,* gebührenpflichtig parken.

» **Bundesforstebad,** *Sanitäranlagen, Tauchschule (Nautilus), Gastronomie, Kajak, Kanu, Surfen, SUP, Kiten, Tauchen, Scuben,* gebührenpflichtig parken.

» **Sprinzensteinpark,** Freibadeplatz, *Sanitäranlagen, Beachvolleyball- und Tennisplatz, Gastronomie*, gebührenpflichtig parken.

» **Badeplatz des Landes Oberösterreich,** *Gastronomie, Sanitäranlagen,* gebührenpflichtig parken.

» **Erlebnisbad Attersee,** *Sanitäranlagen, Wasserrutsche, Kinderspielplatz, Tischtennis, Sauna, Gastronomie.*

» **Freizeitgelände Unterach,** freier Eintritt im Freizeitgelände, das Strandbad ist gebührenpflichtig, *Sanitäranlagen, Minigolf und Beachvolleyball, Kletterwand, Gastronomie.*

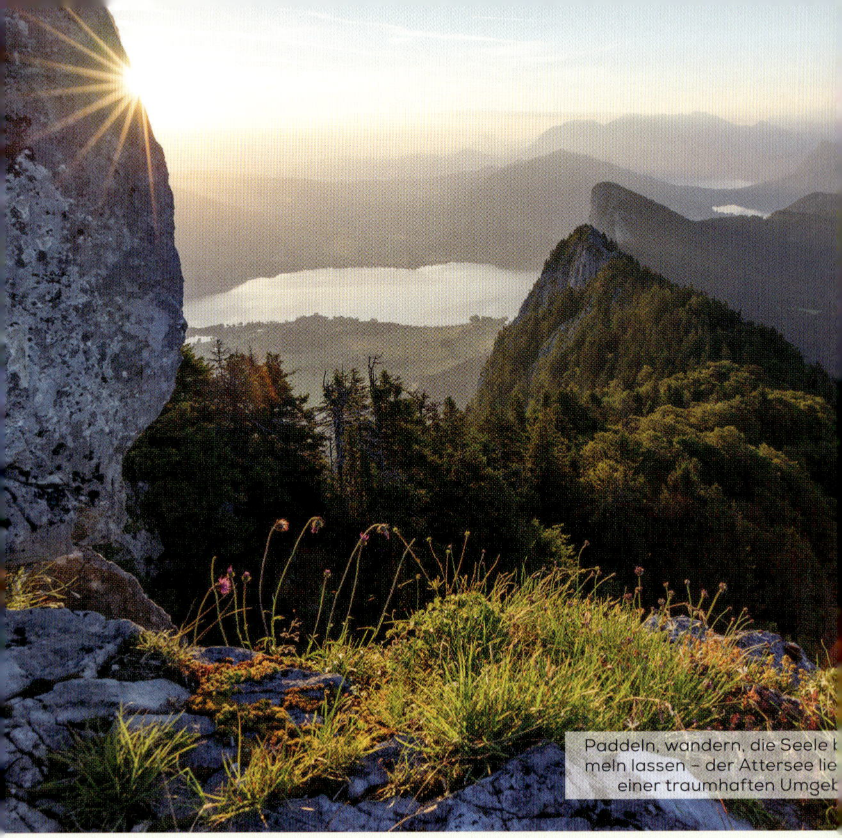

Paddeln, wandern, die Seele b
meln lassen – der Attersee lie
einer traumhaften Umgeb

EXTRA-TIPPS

» Wer Lust verspürt bis zu neun Meter hoch durch die Lüfte zu gleiten, kann sich beim **FlyBoardTeam** mit dem FlyBoard oder mit dem E-Jet (Hoverboard) seinen Adrenalinkick holen. www.e-jetsurfing.at

» Für den ganz anderen Kick an Adrenalin sorgt der **Hochseilgarten Attersee.** Auch Führungen mit Trainer sind möglich. www.hochseil.at

» In der **Bierschmiede** in **Steinbach** kann der Bierliebhaber eintauchen in die Welt des Bieres und des Brauhandwerks. Wer dabei hungrig und durstig wird, lässt sich danach in der Braustub'n verwöhnen. Telefonische Reservierung ratsam! www.bierschmiede.at

» Der 36 m hohe **Aussichtsturm Lichtenberg** bei **Straß im Attergau** führt über 208 Stufen auf eine Aussichtsplattform, die einen Weitblick auf den Traunstein, das Höllengebirge sowie den Attersee und den Dachstein bietet.

TOUREN

1 NORDRUNDE

(mit Tourbeschreibung Seite 77)

Vom Freibad Litzlberg zum Schloss Litzlberg, dann Seeüberquerung zum Ostufer. Hier das Ufer nordwärts, vorbei an Schloss Kammer nach Schörfling am Nordufer des Sees. Dann am Westufer zurück zum Einstieg.

| **LÄNGE** 8 km | **DAUER** 2-3 h

EIN- & AUSSTIEG

Freibadanlage Litzlberg.

2 SÜDRUNDE

Vom neuen Strandbadehaus mit Restaurant „Genussufer" (im Sommer auch Kiosk) in Unterach das Südufer entlang bis zur Halbinsel Burgbachau mit Mündung des Burggrabenbachs. Von dort vorbei an Unterburgau quer über den See zurück zum Einstieg.

| **LÄNGE** 5,5 km | **DAUER** 1:30-2 h

EIN- & AUSSTIEG

Strandbad Unterach.

3 ÜBERQUERUNG

Vom Freibadeplatz Sprinzensteinpark nach Süden zum Hafen des Yacht Club Attersee. Von dort über den See nach Weyregg und von dort wieder zurück zum Einstieg.

| **LÄNGE** 6 km | **DAUER** 1:30-2 h

EIN- & AUSSTIEG

Freibadeplatz Sprinzensteinpark.

SUP-VERMIETUNG

1 SUP-CENTER ATTERSEE
SUP-Stationen in den Strandbädern Unterach, Litzlberg
Tel. +43 (0)699 811 383 17
www.sup-attersee.at

2 SUP-CENTER ATTERSEE (SHOP)
Agerstraße 30, 4861 Schörfling
Tel. +43 (0)699 811 383 17
www.sup-attersee.at

3 GO AND SUP
c/o Bike & Boot AUSTRIA
Hauptstr. 8/2, 4861 Schörfling
Tel. +43 (0)660 418 07 40
www.goandsup.at

4 BEACHBOYS LOUNGE
Seefeld 69, 4853 Steinbach
Tel. +43 (0)664 547 63 75
facebook.com/beachboyslounge

5 SUP BOX
Vermietung, Touren, Firmenevents
im Freibadeplatz Sprinzensteinpark
Nußdorferstraße, 4864 Attersee
Tel. +43 (0)699 190 619 01
www.sup-box.at

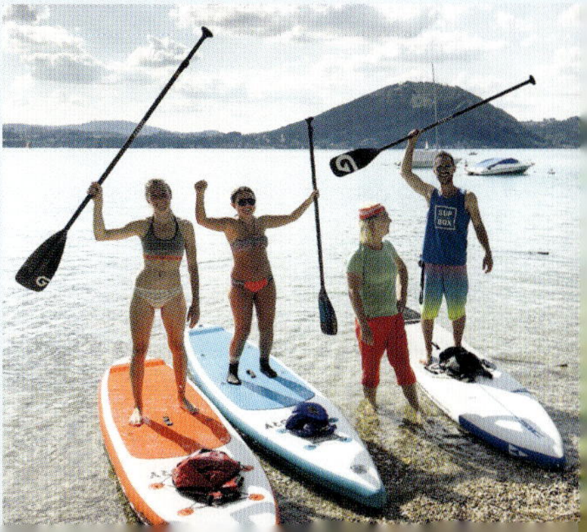

EINKEHR

1 CHRISTIE'S KITCHEN

Löckherstr. 30, 4880 St. Georgen
Tel. +43 (0)7667 217 14
www.christies-kitchen.at
Mi-So 17-21.30 Uhr

KLASSIKER
Hochgelobte Asiatische Küche

2 RABENBERGHOF

Halbmoos 7, 4861 Aurach am Hongar
Tel. +43 (0)676 313 24 02
www.rabenberghof.at
Fr & Sa 16-21 Uhr

KLASSIKER Geselchtes und Geräuchertes – Ein echter Geheimtipp!

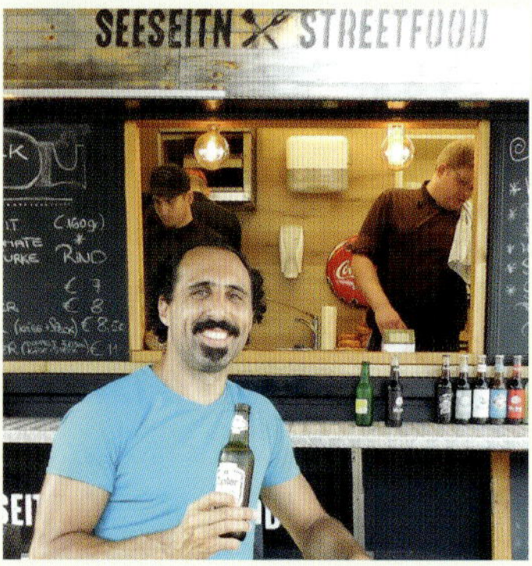

3 SEESEITN STREETFOOD

Hauptstraße 6, 4861 Schörfling
Tel. +43 (0)650 770 76 46
Di-So 11-18 Uhr, Mo Ruhetag

KLASSIKER Der Baronburger sucht am ganzen See seinesgleichen

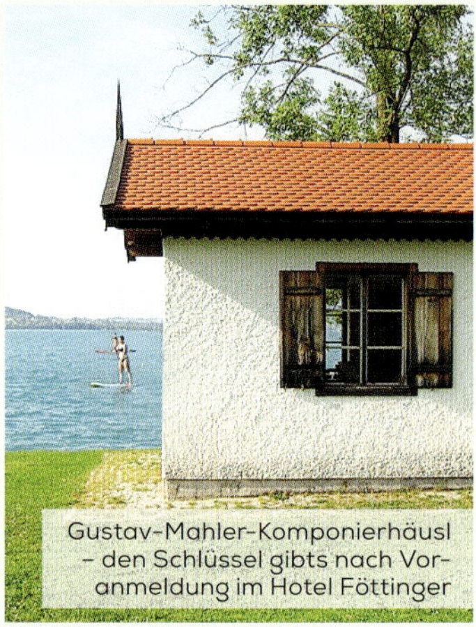

Gustav-Mahler-Komponierhäusl – den Schlüssel gibts nach Voranmeldung im Hotel Föttinger

ÜBERNACHTUNG

1 CAMPING GRABNER

(Camping, Fewo, Wohnwagen)
Seefeld 47, 4853 Steinbach
Tel. +43 (0)7663 89 40
www.camping-grabner.at

2 ACTIV-HOTEL FÖTTINGER

Seefeld 14, 4853 Steinbach
Tel. +43 (0)7663 81 00
www.hotel-attersee.at

3 HABERL HOTEL-RESTAURANT

Altenberg 17, 4864 Attersee
Tel. +43 (0)7666 81 14
www.haberl-attersee.at

4 FERIENBAUERNHOF NUSSBAUMER

Wiedmais 5, 4865 Nußdorf
Tel.+43 (0)7666 83 31
www.bauersepp.at

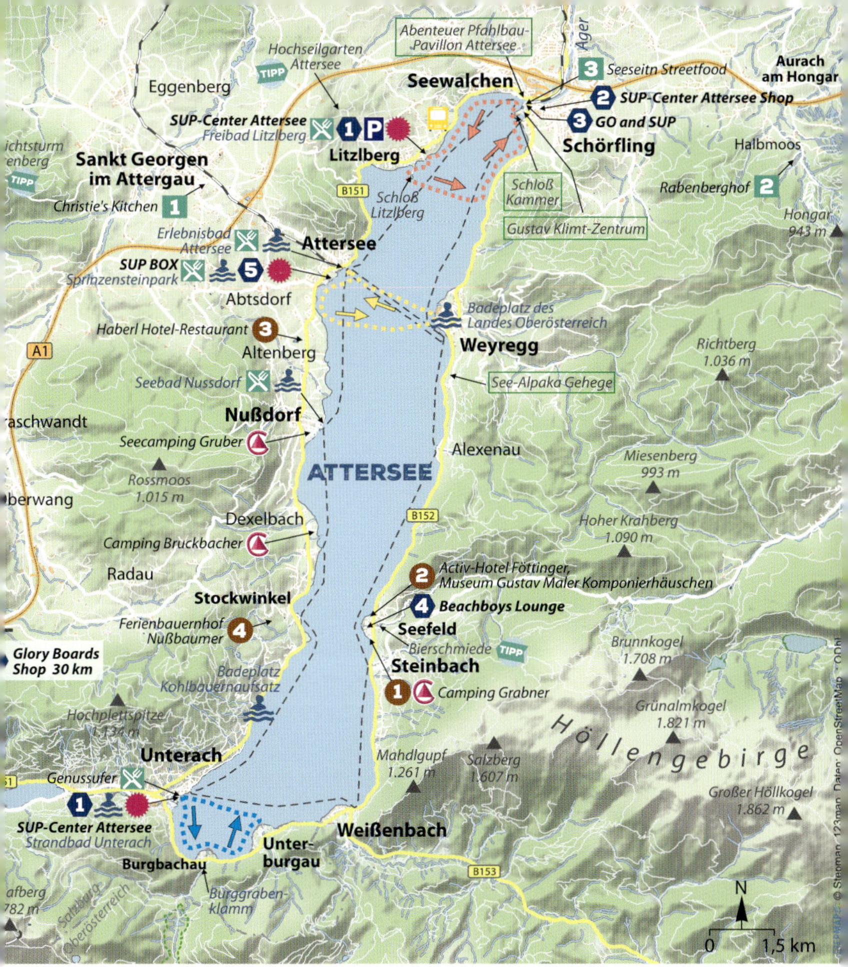

1 DAS „MEER" DES SALZKAMMERGUTS

Vor uns erstrecken sich schier unendliche Weiten. Wenn ein See bis zu drei Kilometer breit und 20 Kilometer lang ist, ergeben sich eine Unmenge möglicher Touren und Einstiegsstellen. Der bis zu 169 Meter tiefe See ist nicht nur für uns Stand Up Paddler ein Paradies, denn auch Taucher, Angler, Wasserskifahrer und Segler genießen das vielfältige Angebot, das dieser See zu bieten hat. Gut für uns, dass im Juli und August Motorboote nicht fahren dürfen. Dennoch

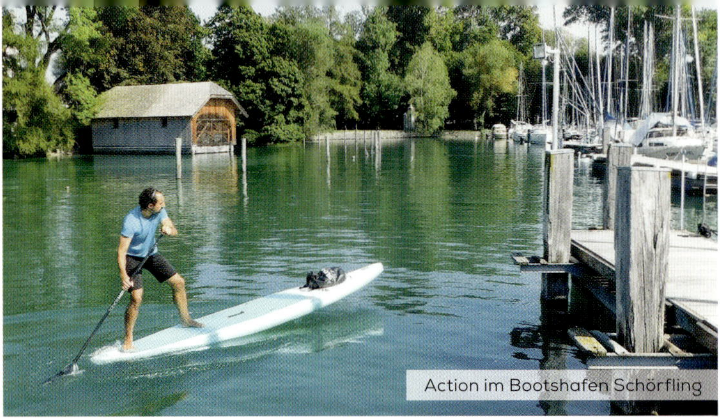

Action im Bootshafen Schörfling

sollte man sich auf kippelige Verhältnisse einstellen, denn schließlich ist ein „Meer“ anders zu befahren als ein kleiner See.

Wir starten unsere Tour beim **FREIBAD LITZLBERG**, unweit des pittoresken Schlosses Litzlberg, welches wir gleich umrunden wollen. Beim Einstieg ist etwas Vorsicht geboten, wenn man über die kleinen, flachen Felsen am Ufer ins Wasser geht. Andererseits gibt es auch einen 45 Meter langen Badesteg. Herrlich, das türkise Wasser entlang des Ufers! Erst als wir nach mehreren hundert Metern in tieferes Wasser kommen, wird es dunkler. Die Trinkwasserqualität an diesem klaren See gehört auch hier, wie auf fast allen österreichischen Seen, zum Naturerlebnis dazu. Zuerst kommen wir zum Hafen des **SEGELCLUBS KAMMERSEE**. Der Name mag für Verwirrung sorgen, liegt der Kammersee doch östlich des Grundlsees. Gleichzeitig ist dies jedoch unter Einheimischen eine alternative Bezeichnung des Attersees. *Die türkise Färbung verdankt der Attersee dem niedrigen Nährstoffgehalt sowie der sogenannten biologischen Kalkausfällung des Wassers, wie die Kalkablagerungen auch genannt werden.*

Genüsslich gleiten wir zum **SCHLOSS LITZLBERG** hinüber, das sich heute in Privatbesitz befindet. Es steht auf einer kleinen Insel und wird über einen fast 200 Meter langen Steg mit dem Festland verbunden. Wir paddeln darunter hindurch und bestaunen das zwischen Bäumen und Sträuchern stehende Kleinod, welches schon Anfang des 14. Jahrhunderts erwähnt wurde. Auf der Südostseite sehen wir vor der Insel Pfähle vom Seegrund emporragen. Dank des klaren Wassers sind sie gut sichtbar und man kann ihnen ausweichen, ins Wasser fallen sollte man hier jedoch nicht. Also halten wir entsprechenden Abstand zur Insel und überqueren sogleich den See in Richtung Ostufer. Wegen der zwei Kilometer langen Strecke sollte man eine Querung nur an

„Schönwettertagen" unternehmen. Auf der anderen Seeseite können wir ausgiebig vom eigenen Haus am Wasser träumen. Ein Privatdomizil reiht sich ans andere, mit eigenem Steg und Badewiese. Entsprechend gemütlich paddeln wir dahin und lassen die herrlichen Seegrundstücke auf uns wirken. Nach einem Kilometer entlang des Ostufers nähern wir uns dem Seeende. Der türkise Streifen wird wieder breiter, die Stege werden länger und die geankerten Segelboote nehmen an Zahl zu. Von der hübschen Marina in der Bucht vor **SCHÖRFLING** sind es nur wenige Schritte zum **GUSTAV KLIMT ZENTRUM** mit seinem allseits beliebten **KLIMT CAFÉ**. Der Park und die Esplanade vor dem **SCHLOSS KAMMER** nebenan sind stets gut besucht. Das Schloss selbst ist in Privatbesitz und der Öffentlichkeit nur zu speziellen Veranstaltungen zugänglich. Aber eine Schlossumrundung ist auch wunderbar und bietet genügend Fotomotive. Aufpassen sollte man hier jedoch auf die Holzpfähle, welche kreisförmig um Insel und Schloss angelegt sind und aus dem Wasser ragen. Wir paddeln im seichten Türkis um die Insel herum und treffen auf der anderen Seite auf die **AGER**, dem Abfluss aus dem großen See. Sie geht 25 Kilometer weiter nordöstlich in die Traun über, welche ihrerseits weiter bis zur Donau fließt. Wir können in Schörfling zwar unter der Brücke hindurchpaddeln, aber kurz danach geht es nicht mehr weiter. Eine Staustufe zwingt uns zum Umkehren und so kommen wir auf dem Weg zum Westufer noch am **PFAHLBAU-PAVILLON** vorbei. *Auf den Informationstafeln und den ausgestellten Miniaturmodellen kann man Interessantes über die Lebensweise der Menschen vor 6000 bis 4000 Jahren am Attersee erfahren.*

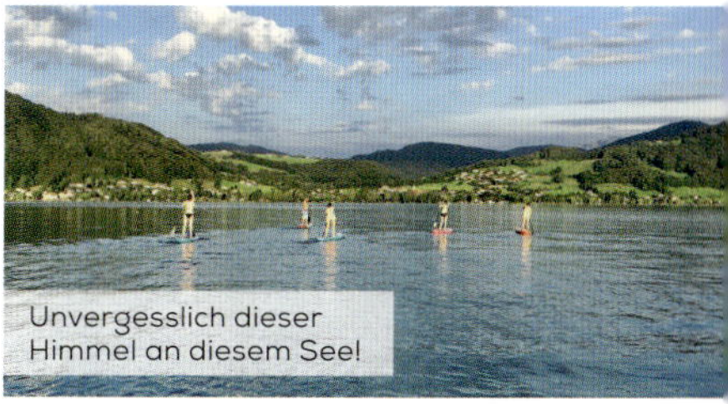

Unvergesslich dieser Himmel an diesem See!

Noch etwa drei Kilometer sind es von hier bis zurück nach **LITZLBERG**. Unterwegs fahren wir an Dutzenden moderner Pfahlbauten vorbei: Badestege, Bootshäuser und Anlegestellen vor einem Wasser-Farben-Spektakel welches den schönsten Stränden Griechenlands das Wasser reichen könnte. Wir lassen uns im klaren See bis nach Litzlberg tragen und gönnen uns im **FREIBAD** noch eine Abkühlung.

Zum krönenden Abschluss geht es mit dem Auto auf die andere Seeseite in die **BIERSCHMIEDE** TIPP nach **STEINBACH**, denn dort gibt es Craft Beer und eine herrliche Bierschmied-Jause. Am See bestehen allerdings sehr viele tolle Einkehr-Möglichkeiten – probiert sie selber aus.

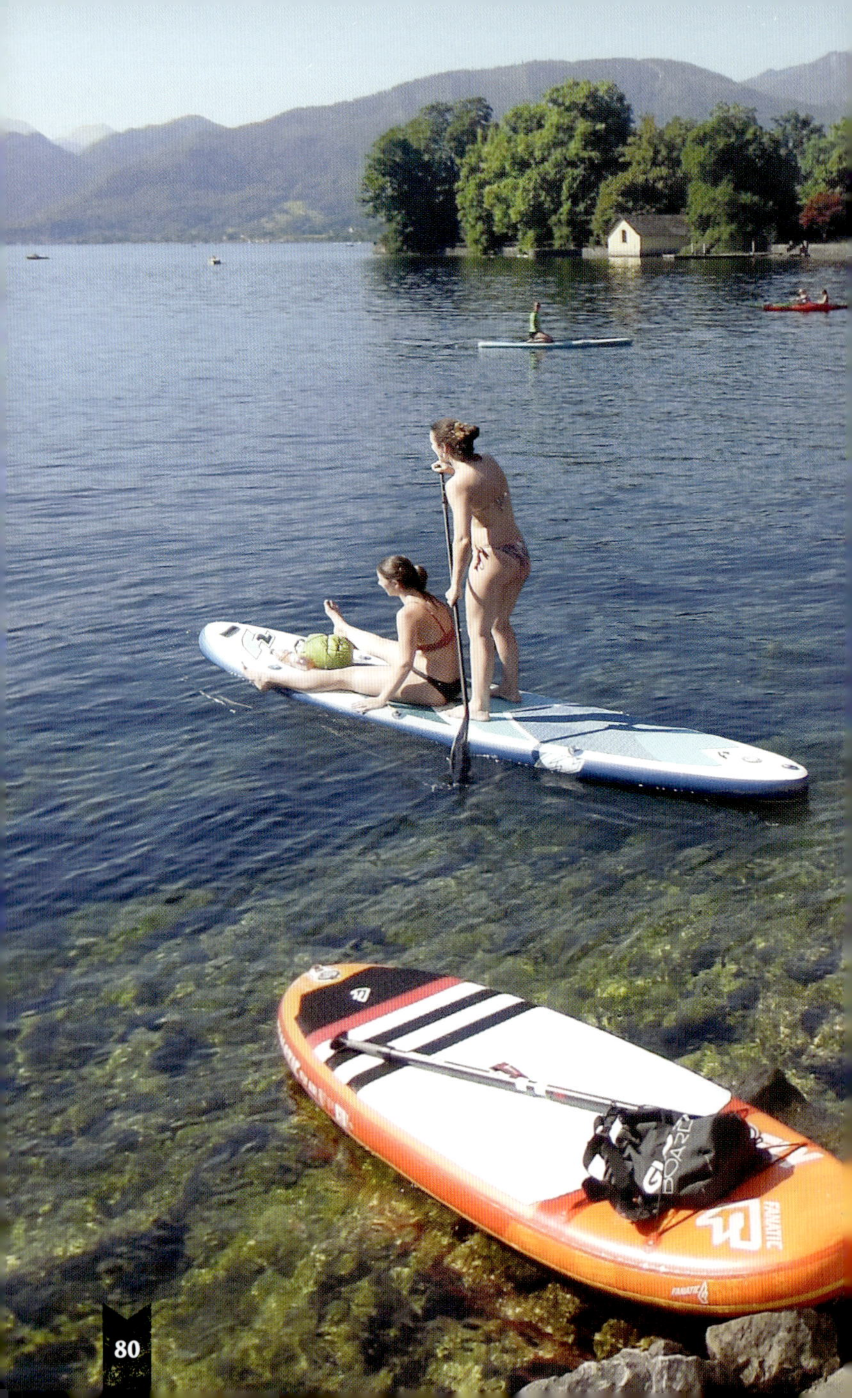
FANATIC

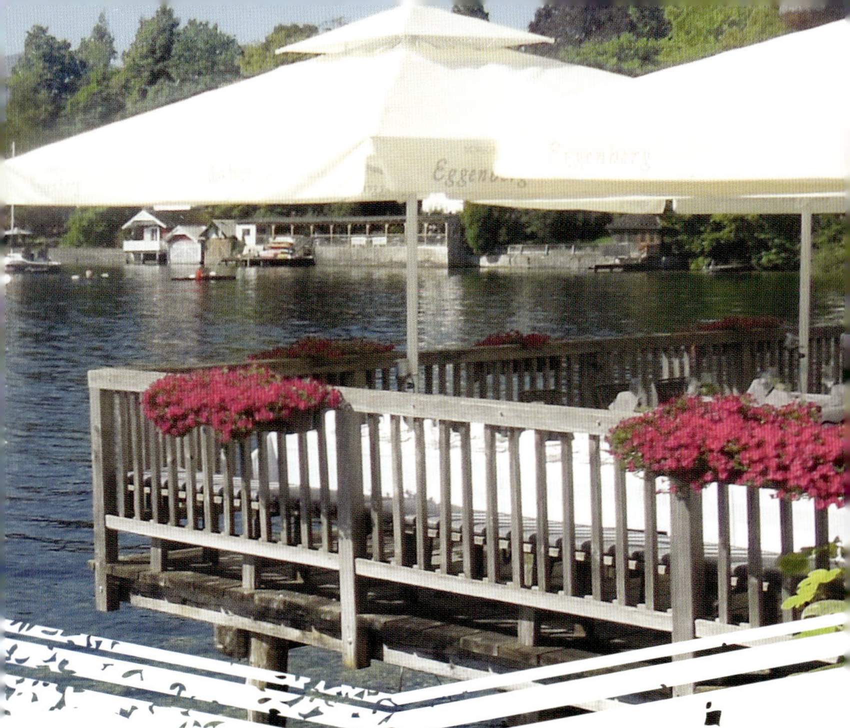

TRAUNSEE

ANSPRUCH | EINKEHR

Schon die alten Römer nannten ihn zärtlich Lacus felix – der glückliche See. Österreichs tiefster See, umgeben von schroffen Felswänden, grünen Bergen und malerischen Dörfern, bietet nicht nur eine Menge SUP-Touren mit atemberaubenden Ausblicken auf den 1.691 m hohen Traunstein, sondern auch verträumte Liegewiesen, top Gastronomie und ein vielfältiges Wassersportangebot.

WIND & WETTER

Der Traunsee ist ein Flachwasserrevier mit Winden aus Nord, Nordost sowie Ost. Da die Traun den See von Süden nach Norden durchquert, ist abseits der Ufer mit einer entsprechenden Strömung zu rechnen. Wenn kein Nordwind herrscht, sind Nord-Süd-Durchquerungen kraft- und zeitintensiver als Süd-Nord-Touren.

Im Sommer kann es bei Schönwetter schon mal zu Temperaturunterschieden zwischen 15-20 °C kommen, sodass sich die Berge zuerst aufheizen und es am See im Tal noch kühler ist. Dann zieht die Thermik meist von Traunkirchen südwärts in Richtung Ebensee auf. Für Wind- und Kitesurfer top, zum Stand Up Paddeln meist nicht mehr wirklich lustig.

Vor allem Rindbach am Südufer ist ein typischer Thermikspot mit 10-15 Knoten (4 Beaufort) Windgeschwindigkeit und wird daher gerne von Wind- und Kitesurfern angepeilt.

Im Bereich des Toscanaparks sind – vor allem ab Mittag – starke Ostwinde keine Seltenheit.

Das gemäßigte Klima bringt warme, aber niederschlagsreiche Sommer mit durchschnittlich sechs bis sieben Sonnenstunden täglich. Die Wassertemperatur erreicht im August maximal 25 °C, die Durchschnittswerte pendeln sich bei um die 20 °C ein. Der See ist auch im Winter prima mit dem SUP befahrbar, da er so gut wie nie zufriert.

Mit jährlich bis zu 30 Gewittertagen muss mit entsprechendem Wellengang gerechnet werden.

BEFAHRUNGSREGELN

Der See wird beinahe ganzjährig von Linienschiffen befahren, welche stets Vorrang haben. Die Saison läuft von Ende April bis Anfang Oktober sowie während der Adventzeit an den Wochenenden.

Im Sommer gilt es auch auf die vielen Badegäste, vor allem am Westufer, Rücksicht zu nehmen.

Untersagt ist das Paddeln in den Naturschutzgebieten „Orter Bucht" und „Hollereck" am Westufer des Sees.

Selbstverständlich ist ganzjährig auf alle Tiere und Pflanzen im und um den See Rücksicht zu nehmen.

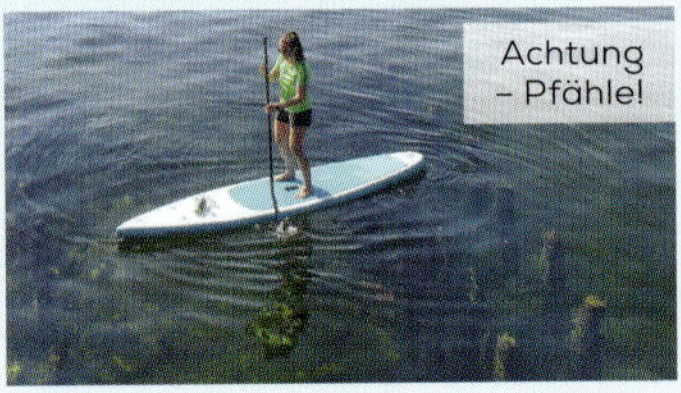

Achtung – Pfähle!

GEFAHREN

Der See gilt, wie das gesamte Salzkammergut, als gewittergefährdet. Die Gefahr besteht vor allem darin, dass die hohen Berge den Horizont teils verschließen und so ankommende Unwetter erst recht spät bemerkt werden.

Am Lehenaufsatz die Slipanlage zum Einstieg meiden, da extreme Rutschgefahr besteht.

Beim Schloss Ort befinden sich Pfähle im bzw. unter Wasser. Daher ist bei einer Schlossumrundung Vorsicht geboten, bestenfalls genügend Abstand zum Ufer halten.

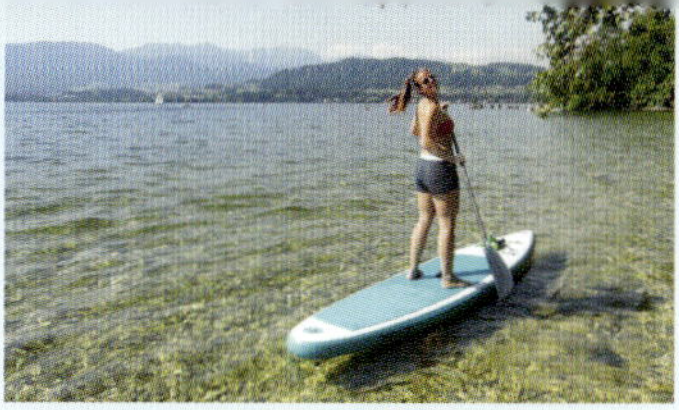

ANFAHRT MIT DEM PKW

Von Salzburg kommend die Autobahn A1 in Richtung Wien/Linz bis Regau (Abfahrt 224 Regau) nehmen. Dann der Beschilderung auf der B 145 (Salzkammergut Straße) in Richtung Gmunden folgen. Kurz vor dem Ortsschild Altmünster links Richtung Gmunden West in die Gmunder Straße abbiegen. Nach ca. 1 km befinden sich der Toscanapark und der Parkplatz rechter Hand an der Straße.

PARKEN

Vor dem Toscanapark gibt es einen großen, kostenfreien Parkplatz, auf dem sich auch das Gästezentrum des Tourismusverbandes befindet. Dort am besten im Bereich der Keramikstatue der Salzträgerin parken, damit der Weg zum Einstieg am Lehenaufsatz möglichst kurz ist (400-500 m).

ANFAHRT MIT ÖPNV

Von Salzburg Hbf mit dem Railjet RJ Richtung Wien bis nach „Attnag-Puchheim". Dort umsteigen in Regionalzug R 3410 und bis „Gmunden Bf" fahren. Von dort mit der Straßenbahn R 420 bis zur Haltestelle „Gmunden Kupferzeile". Zu Fuß geht es zum Seeufer und nach rechts die Esplanade entlang zum Lehenaufsatz (ca. 220 m).

BADEN

Der mit 191 m tiefste See Österreichs überzeugt Badegäste und Wassersportler mit einem großen Angebot an kostenlosen und frei zugänglichen Naturbadeplätzen und Seezugängen. Viele der öffentlichen Anlagen verfügen über Sportplätze und Gastronomie und sind optimal ans Straßennetz angebunden.

» **Solarbad Altmünster,** Hauptstr. 1, 4813 Altmünster. *Schwimmbecken am See, Kinderbecken, Beachvolleyball.*

» **Strandbad Gmunden,** Dr.-Franz-Thomas-Str. 13, 4810 Gmunden.

» **Naturbadeplatz Traunsee Lagune,** in Traunkirchen unweit der Johannesbergkapelle.

» **Freizeitanlage Rindbach,** Strandbadstraße, 4802 Ebensee *Sanitäre Einrichtungen, Kinderspielplatz, Surfgelände, Beachvolleyball- und Fußballplatz, Bootsvermietung, gebührenpflichtige Parkplätze.*

» **Naturbadeplatz Traunsee Kalkwerk,** am Ostufer südlich von Hoisn und nahe der Tauchschule Neptun bzw. am Parkplatz Traunstein.

» **Öffentlicher Badeplatz Hoisn,** *(Ostufer)* ca. 650 m nördlich Seegasthof Hotel Hois'n Wirt bzw. der Schiffstation Hoisn.

» **Öffentliche Liegewiese an der Seepromenade Altmünster,** Marktstraße 6, 4813 Altmünster.

» **Öffentlicher Badeplatz Bräuwiese,** Aueck 1, 4801 Traunkirchen. *Umkleidekabinen, Duschen, Fußball- und Kinderspielplatz, Imbiss.*

SEHENSWERT

- **Ohlsdorf:** Das **Thomas Bernhard Haus** wurde vom berühmten Schriftsteller 1972 erworben und neugestaltet. Das darin befindliche Museum kann besichtigt werden. www.thomasbernhard.at
- **Gmunden:** *Die* **Dreikönigskirche** *besteht aus einer dreischiffigen Basilika, deren älteste Teile bereits um 1300 erbaut wurden.* Bedeutendstes Kunstwerk ist der Dreikönigsaltar.
- **Altmünster:** *Das* **Eggerhaus** *zeugt als Museum von der ländlichen Bau- und Wohnkultur des 18. und 19. Jahrhunderts.* Das Haupthaus und der Stadl bieten Platz für Veranstaltungen und Ausstellungen.
- **Traunkirchen:** *Die* **Johannesbergkapelle** *stammt wahrscheinlich aus dem 14. Jahrhundert und liegt auf einer Erhebung über Traunkirchen.* Sie kann täglich besucht werden.

TIPP EXTRA-TIPPS

- Eine Aussichtsplattform der besonderen Art kann man am **Baumwipfelpfad** am **Gmundner Grünberg** besteigen. Der spiralförmige Aufstieg erstreckt sich über 1.400 m und endet mit einer herrlichen Fernsicht über den Traunsee. Runter nimmt man dann die Tunnelrutsche.
- Für Ausdauersportler und Frühaufsteher bietet sich alljährlich Anfang Juli der **Traunsee Bergmarathon** an. Die rund 70 km lange Strecke führt über 4500 Höhenmeter rund um den Traunsee. Start ist um 3 Uhr in der Früh, Finish verständlicherweise flexibel. www.bergmarathon.at
- Am Ostufer des Sees startet beim Hois'n Wirt die kurze und nicht anstrengende Rundwanderung durch die **Kaltenbachwildnis** am Fuße des Traunsteins in den oberösterreichischen Voralpen. Die drei Kilometer lange Strecke über 230 Höhenmeter ist idealer Ausgleich zum SUPen und eine der schnellsten Möglichkeiten, in eine spektakuläre Gebirgslandschaft zu kommen.
- Vom **Feuerkogel-Plateau** bei Ebensee genießt man zu jeder Jahreszeit auf 1.600 m einen der schönsten Rundblicke über das Salzkammergut. Erreichbar sind Bergstation und die vier Gastronomiebetriebe zu Fuß (drei Stunden Aufstieg) oder per Seilbahn.
- In Plankau, südlich des Traunsees, wurde im Mai 2020, nach jahrelanger Planung, die weltweit größte künstliche Flusswelle **„The River Wave"** eröffnet und bietet nun eine großartige Möglichkeit, auch in den Alpen Wellen zu reiten. www.theriverwave.com

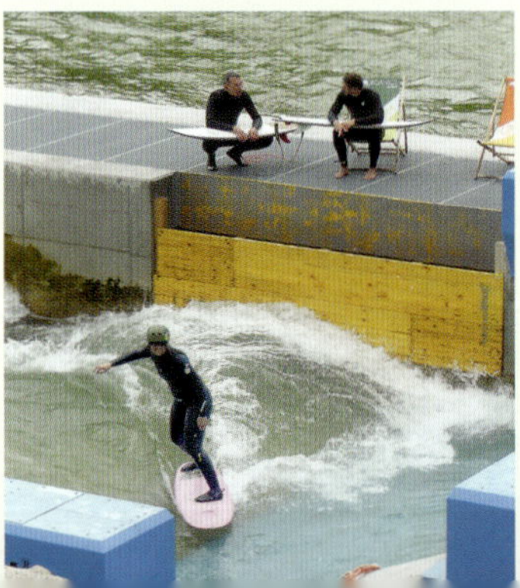

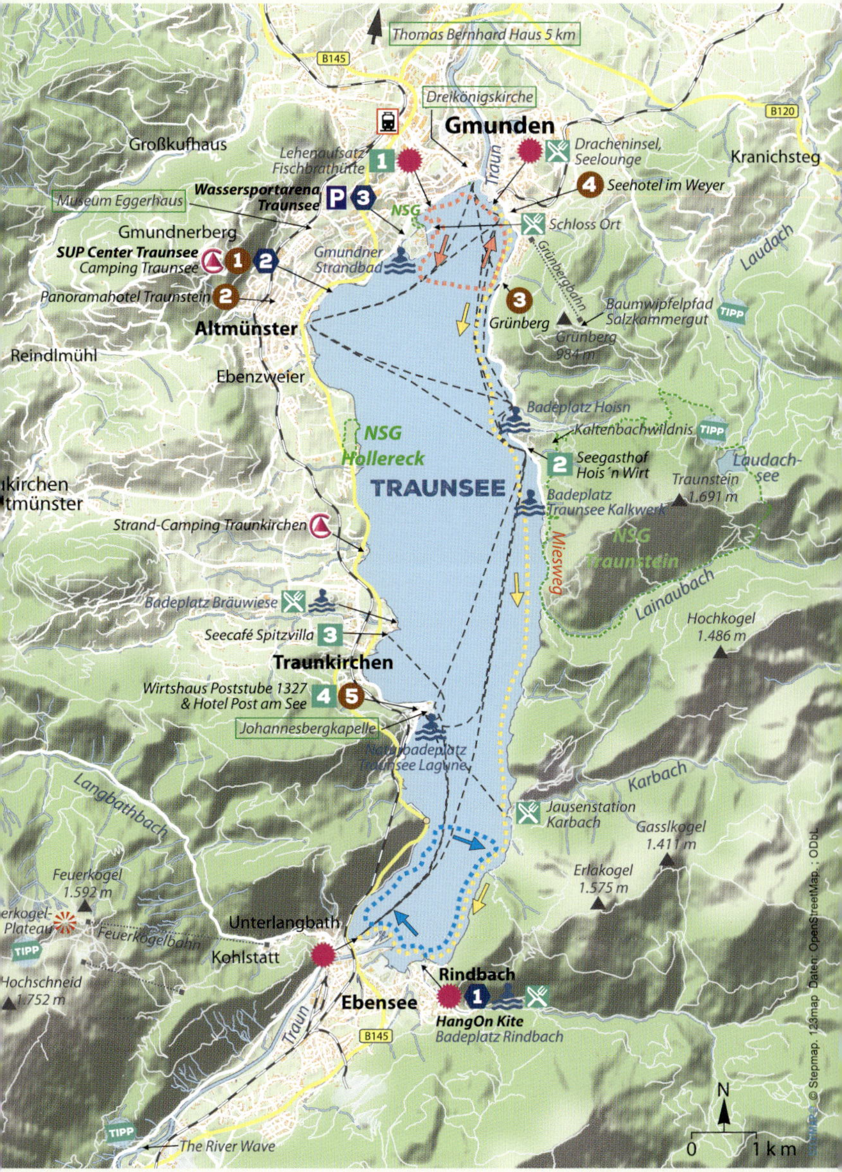

Thomas Bernhard Haus 5 km
Dreikönigskirche
Gmunden
Großkufhaus
Lehenaufsatz Fischbrathütte
Dracheninsel, Seelounge
Kranichsteg
Seehotel im Weyer
Wassersportarena Traunsee
Museum Eggerhaus
NSG
Schloss Ort
Gmundnerberg
SUP Center Traunsee
Camping Traunsee
Gmundner Strandbad
Grünbergbahn
Laudach
Panoramahotel Traunstein
Baumwipfelpfad Salzkammergut
Altmünster
Grünberg
Grünberg 984 m
Reindlmühl
Ebenzweier
Badeplatz Hoisn
Kaltenbachwildnis
NSG Hollereck
Seegasthof Hois'n Wirt
Laudach-see
TRAUNSEE
Traunstein 1.691 m
Badeplatz Traunsee Kalkwerk
Strand-Camping Traunkirchen
NSG Traunstein
Miesweg
Lainaubach
Badeplatz Bräuwiese
Seecafé Spitzvilla
Hochkogel 1.486 m
Traunkirchen
Wirtshaus Poststube 1327 & Hotel Post am See
Johannesbergkapelle
Naturbadeplatz Traunsee Lagune
Karbach
Langbathbach
Jausenstation Karbach
Gasslkogel 1.411 m
Erlakogel 1.575 m
Feuerkogel 1.592 m
Feuerkogelbahn
Unterlangbath
Kohlstatt
Rindbach
Hochschneid 1.752 m
Ebensee
HangOn Kite
Badeplatz Rindbach
Traun
B145
B120
TIPP
The River Wave
0
1 km
© Stepmap, 123map Daten: OpenStreetMap, ODbL

TOUREN

1 NORDRUNDE

(mit Tourbeschreibung Seite 88)

Einstieg am Lehenaufsatz nahe des Toscanaparks und Umrundung von Schloss Ort und Toscanapark. Querung zur Schiffsanlegestelle Grünberg am Ostufer und über das Nordufer wieder zurück zum Einstieg.

| **LÄNGE** 7 km | **DAUER** 2:30-3 h

EIN- & AUSSTIEG

Am Lehenaufsatz in Gmunden

2 SÜDRUNDE

Von der Freizeitanlage Rindbach geht es entlang des Südufers am Zufluss der Traun und am Westufer bis zum Löwendenkmal. Hier erfolgt die Querung und es geht am Ostufer wieder südwärts Richtung Rindbach.

| **LÄNGE** 6 km | **DAUER** 1:30-2 h

EIN- & AUSSTIEG

An der Freizeitanlage Rindbach

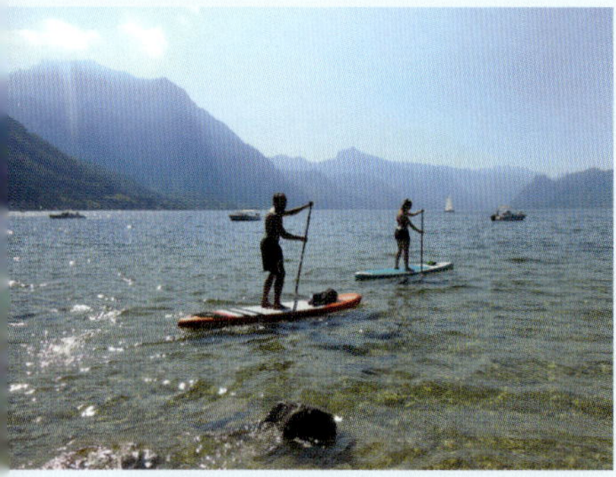

3 NORD-SÜD-DURCHQUERUNG

Von der Dracheninsel in Gmunden paddelt man am Ostufer entlang den ganzen See nach Süden runter bis zur Schiffstation Ebensee.

| **LÄNGE** 12 km | **DAUER** 3:30-4:30 h

EIN- & AUSSTIEG

EINSTIEG Dracheninsel Gmunden.
AUSSTIEG Schiffstation Ebensee.
ZURÜCK ZUM EINSTIEG Vom Ebensee Landungsplatz (Bahnhof) geht es mit dem Zug oder vom Hotel Post mit dem Bus zurück nach Gmunden. Oder, wenn's zeitlich passt, mit dem Schiff: www.traunseeschifffahrt.at

SUP-VERMIETUNG

1 HANGON KITE & WIND SURF & SUP
Strandbadstraße 15, 4802 Ebensee
Tel. +43 (0)699 146 126 66
www.hangon-kiteboarding.com

2 STAND UP PADDLE CENTER TRAUNSEE
beim Campingplatz Traunsee
Hauptstraße 14 a, 4813 Altmünster
Tel. +43 (0)664 545 43 70
https://sport-abenteuer.at/de/sup
Shop, Mobiles SUP-Center

3 WASSERSPORTARENA TRAUNSEE
Toscanapark 1, 4810 Gmunden
Tel. +43 (0)7612 744 51
www.wassersportarena.at

EINKEHR

1 FISCHBRATHÜTTE AM LEHENAUFSATZ

Esplanade 30, 4810 Gmunden
Mai-Okt nur bei Schönwetter
Täglich 14-22 Uhr

KLASSIKER Frischer Saibling vom Holzkohlegrill

2 HOIS'N WIRT

Traunsteinstraße 277
4810 Gmunden
Tel. +43 (0)7612 773 33
www.hoisnwirt.at
Täglich 9-22 Uhr

KLASSIKER Gebackene SurSchweinskoteletts mit Erdäpfelsalat

3 SEECAFÉ SPITZVILLA

Uferstraße 18
4801 Traunkirchen
Tel. +43 (0)7617 34 78
www.spitzvilla.at
Im Sommer Mi-So 11-21 Uhr

KLASSIKER Der Ausblick und die frische Reinanke sind ein Traum!

4 WIRTSHAUS POSTSTUBE 1327

Ortsplatz 5, 4801 Traunkirchen
Tel. +43 (0)7617 23 07
www.traunseehotels.at
Tägl. 12-21.30

KLASSIKER Knusprige Ährenfische, Kutschergulach, Kaiserschmarrn – hier kommt das Beste der Region auf den Teller!

ÜBERNACHTUNG

1 CAMPING TRAUNSEE

Hauptstraße 14a, 4813 Altmünster
Tel. +43 (0)7612 893 13
www.camping-traunsee.at
(etwas laut wg. Bundesstraße)

2 PANORAMAHOTEL TRAUNSTEIN

Abteistraße 10, 4813 Altmünster
Tel. +43 (0)7612 874 02
www.hotel-traunstein.at

3 GRÜNBERG

Traunsteinstr. 109, 4810 Gmunden
Tel. +43 (0)7612 777 00
www.gruenberg.at

4 SEEHOTEL IM WEYER

Traunsteinstr. 23, 4810 Gmunden
Tel. +43 (0)7612 704 88
www.seehotelimweyer.at

5 POST AM SEE

Ortsplatz 5, 4801 Traunkirchen
Tel. +43 (0)7617 23 07
www.traunseehotels.at

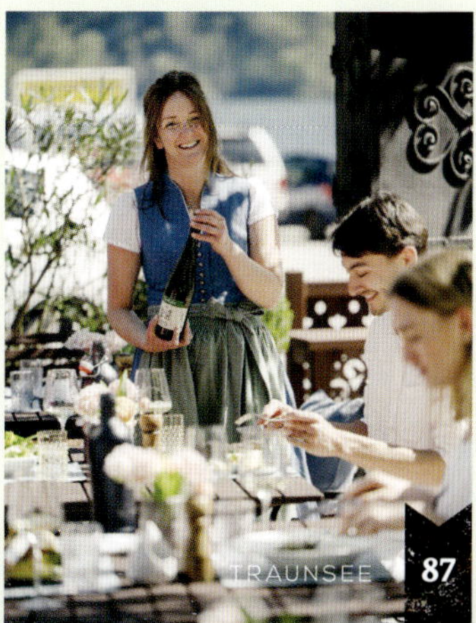

©www.traunseehotels.at/ChristofWagner

1 SUP-ERLEBNIS AM GARDASEE DER ALPEN

Der See der Gegensätze verzaubert uns in kürzester Zeit. *Wahrscheinlich nannten ihn die alten Römer darum den glücklichen See: Glücklich ist derjenige, der trotz all seiner Gegensätze eine Einheit bilden kann.* Im Osten befindet sich der steil abfallende **TRAUNSTEIN**, sozusagen der „Wächter" des Salzkammerguts, welcher bei klarer Sicht auch noch aus 150 Kilometer Entfernung zu sehen ist. Das ruhige und beschauliche Südufer hingegen, scheint zwischen den Bergen eingekeilt zu sein. Dann sind da noch die herrlichen Wiesenlandschaften und romantischen, türkisen Buchten des Westufers. Und schließlich das lebhafte Nordufer mit dem Südflair der Stadt **GMUNDEN**. Hier stechen wir in See und erkunden die abwechslungsreiche Nordseite des Traunsees.

Da man nicht über den Toscanapark einsteigen darf, entscheiden wir uns, am nahegelegenen **LEHENAUFSATZ** zu starten. Der Lehenaufsatz liegt am Ende der Esplanade, Gmundens sympathischer Uferpromenade. Das Auto kann man dazu kostenfrei und bequem am Toscanapark abstellen, der ca. 500 m entfernt liegt. Wenn gerade keine Motorboote an der Slipanlage ins

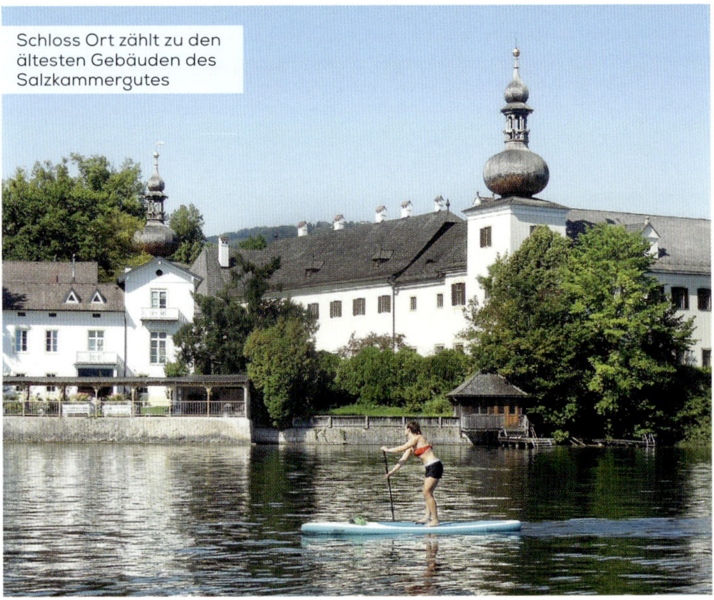

Schloss Ort zählt zu den ältesten Gebäuden des Salzkammergutes

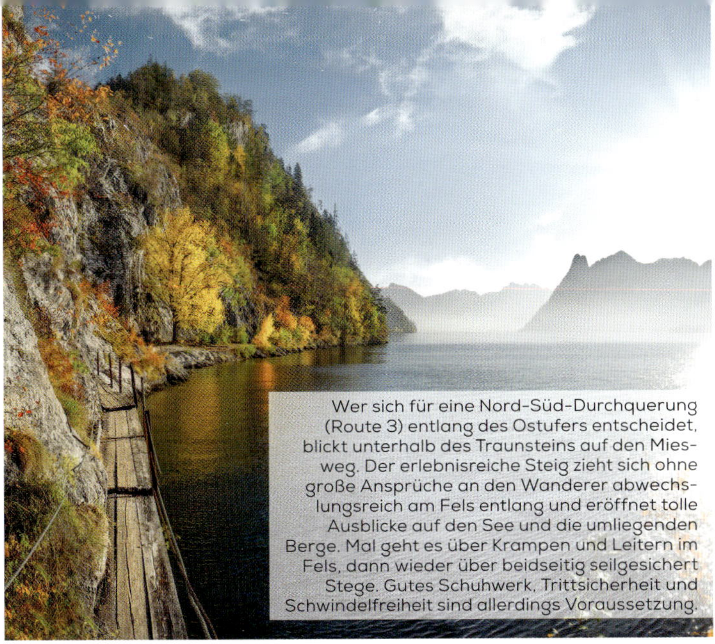

Wasser geschoben werden, könnte man hier sein Board besteigen, jedoch ist es extrem glitschig und die Rutsch- und Verletzungsgefahr daher hoch. Besser steigt man ein paar Meter weiter direkt am Badeplatz über die kleine Metallleiter ins kristallklare Wasser.

Von hier aus geht's gleich mal zum Highlight der Runde, zu dem 250 m vor uns auf einer kleinen Insel liegenden 1.100 Jahre alten **SCHLOSS ORT**. Während wir auf den Holzsteg, der die Insel mit dem Ufer verbindet, zusteuern, macht der Wind das Paddeln zu einer kippeligen Sache. Dies ist neben dem Altausseer See bereits unser zweiter Filmschauplatz im Salzkammergut. *Von 1996 bis 2004 wurde die bekannte TV Serie „Schlosshotel Orth" hier gedreht. In Wirklichkeit war es aber nie ein Hotel.* In der **ORTHER STUB'N**, direkt im Schloss, kann man gut speisen oder sich die Sonne auf die Stirn brennen lassen. Hier finden außerdem regelmäßig Veranstaltungen statt und das Schloss ist, gemeinsam mit dem Toscanapark, der Hochzeits-Hotspot der Region – beinahe täglich wird hier geheiratet.

Im **TOSCANAPARK** sehen wir zwischen hübschen Bäumen und wilden Wiesen die Villa in der Mitte des Parks – ein obligatorisches Fotomotiv für alle Brautpaare. Wir staunen über das klare Ufer mit den langgezogenen Einstiegen und paddeln hinaus aufs offene Wasser zum Ostufer. Als Orientierung dient uns die **SCHIFFSTATION GRÜNBERG**, von der wir dann wieder entlang des Ostufers Richtung Gmunden fahren. Je nach Windverhältnissen ist die Überquerung mal kippeliger oder recht gemütlich. Im Salzkammergut kann sich das sehr schnell ändern.

Der **GRÜNBERG**, Gmundens Hausberg, wirkt neben dem massiven Traunstein eher wie ein kleiner Hügel. Er bietet ein weitläufiges Naherholungsgebiet und kann mit der **GRÜNBERGBAHN** schnell erreicht werden. Wer lieber wandert, kann sich auch auf eine der unzähligen Wanderrouten begeben. Seeseitig gibt es am Fuße des Bergs eine Menge reizvoller Villen zu bestaunen.

Mit Blick auf die Marinas der hiesigen Yacht- und Segelclubs vergessen wir kurzzeitig, dass wir ja in Österreich sind, und nicht an der Adria. An der sogenannten **DRACHENINSEL** (unser Einstieg der Route 3) befindet sich wieder einer der vielen freien Seezugänge, wo man gemütlich in die Bucht fahren, dort sein Board ablegen und in der **SEELOUNGE GMUNDEN** einen Drink genießen könnte.

Wir fahren auf die aus dem See Richtung Donau abfließende **TRAUN** zu. An der Esplanade entlang haben wir Rückenwind und treiben gemütlich am ge-

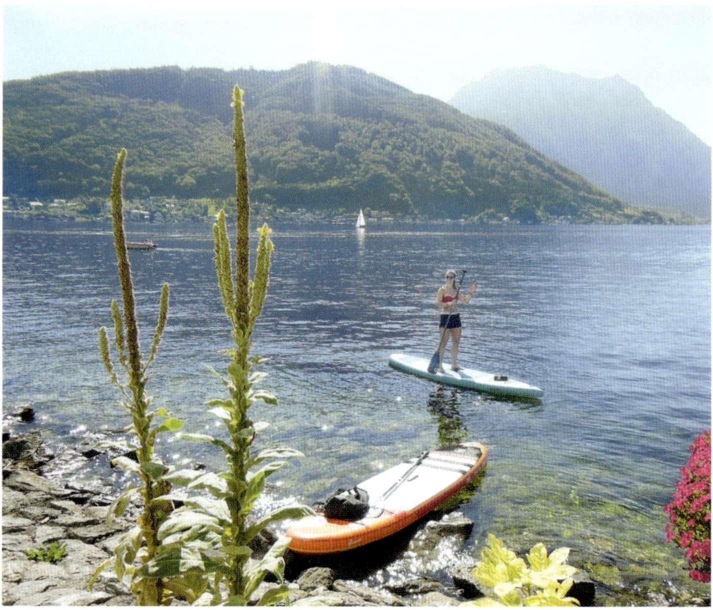

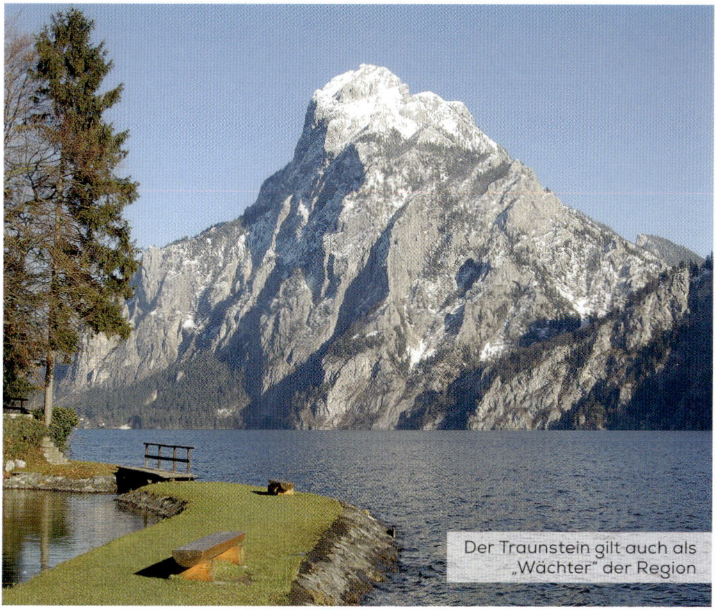

Der Traunstein gilt auch als „Wächter" der Region

pflegten Kurpark mit seinen kleinen Cafés vorbei zum Hafen des Union Yacht Club Traunsee. Hier ist generell Vorsicht geboten, da es viele Bootsanlegestellen gibt und an schönen Tagen reger Betrieb auf dem Wasser herrscht. Gleich hinter dem Yachthafen sind wir dann auch schon nach unserer zweieinhalb Stunden dauernden Fahrt am **LEHENAUFSATZ** zurück.

Schnell sind die SUPs aus dem Wasser gezogen, denn es duftet verführerisch – der **FISCHGRILL** 1 im Park bietet genau das, was wir jetzt brauchen: ein kühles Getränk und Steckerlfisch mit Kartoffelsalat. Den Sonnenschein und das hellblaue Wasser können wir schließlich auch hier im Sitzen genießen.

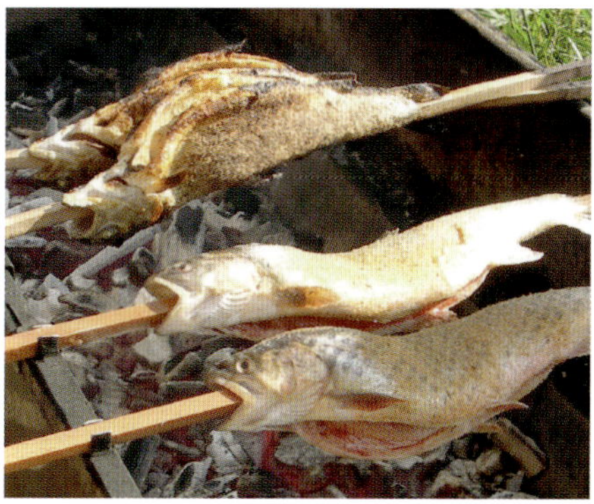

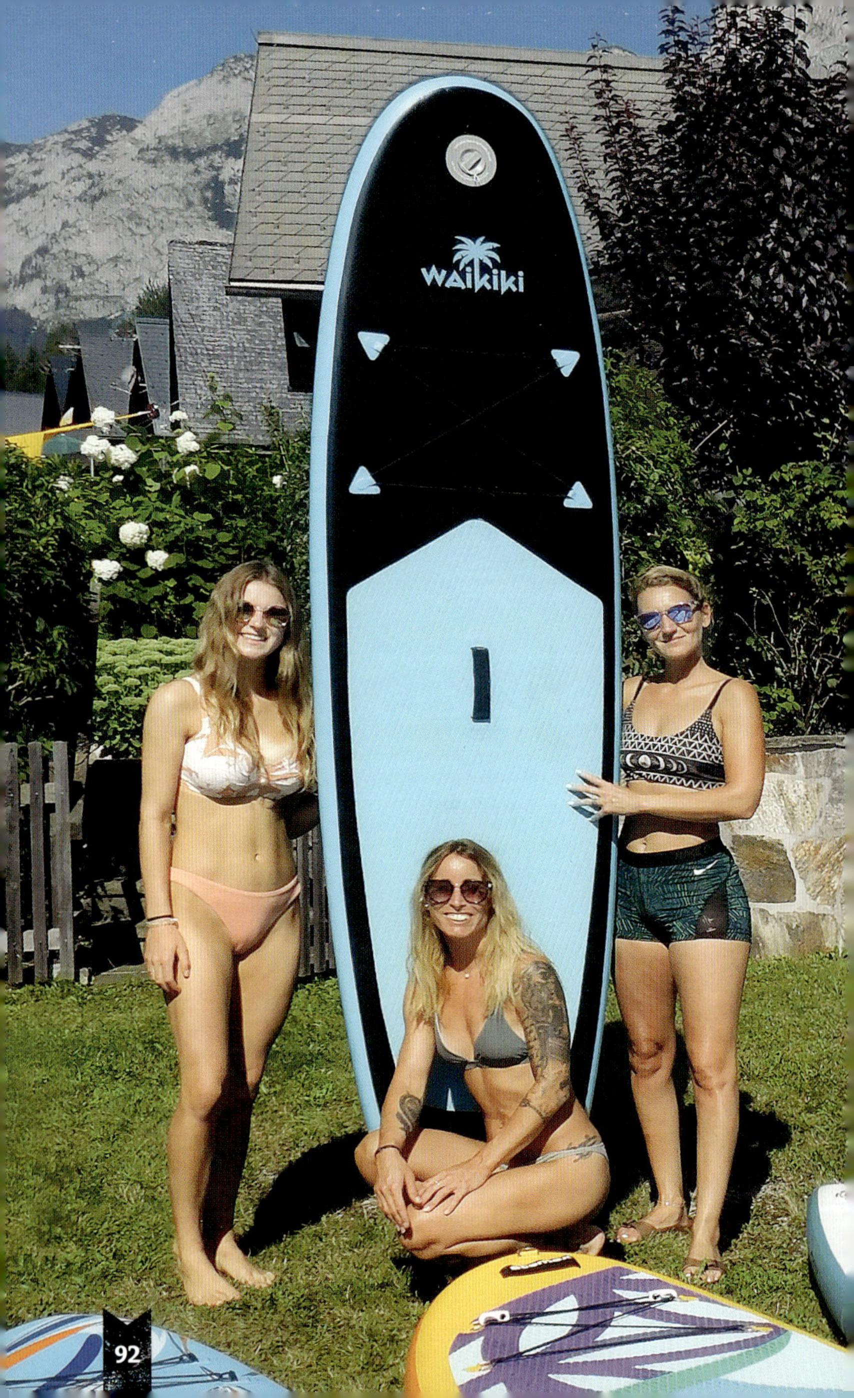
waikiki

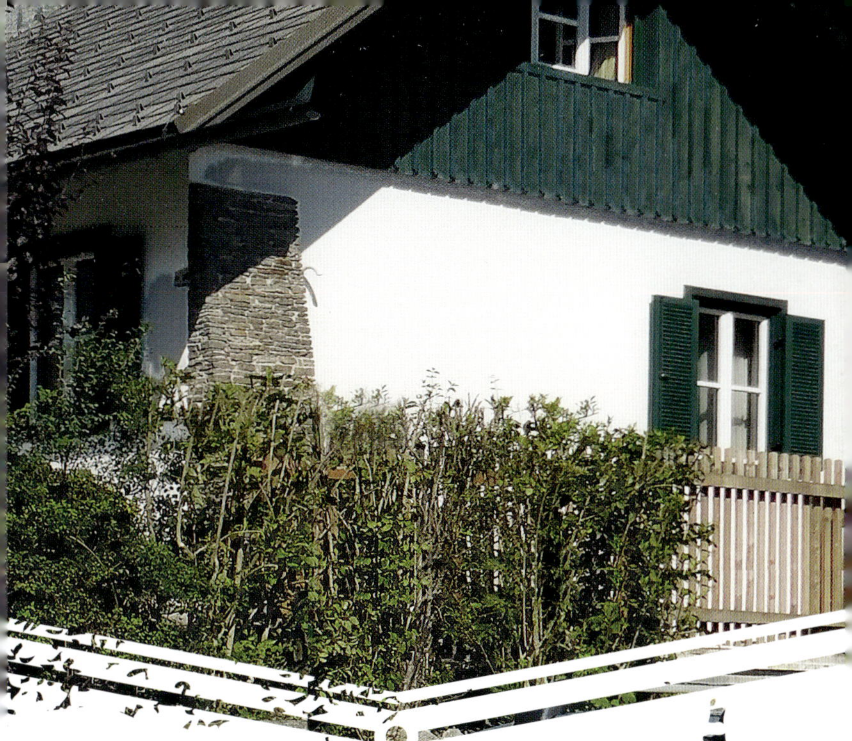

GRUNDLSEE

ANSPRUCH

EINKEHR

Eingebettet zwischen den Bergen des Toten Gebirges liegt der größte See der Steiermark, dessen Ufer großteils frei zugänglich sind und ihn daher für SUPer und Badebegeisterte zum absoluten Highlight machen. Wir paddeln genussvoll in nahezu unberührter Natur, genießen bodenständige Hausmannskost und staunen über die Klarheit dieses sauberen Gebirgssees, der uns unzählige tolle Fotomotive bietet.

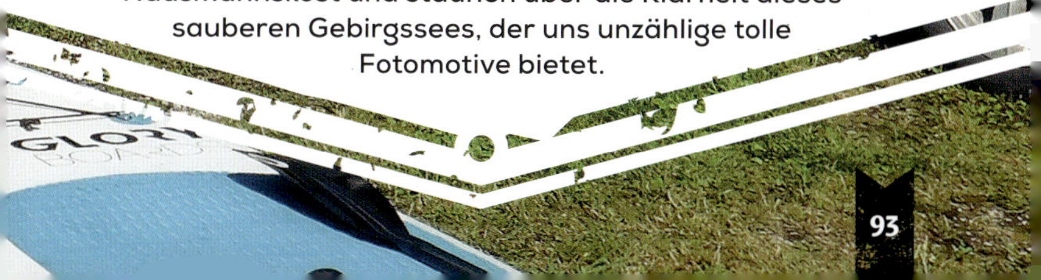

WIND & WETTER

Das Ausseer Becken bestimmt enorm das Klima des Grundlsees, vor allem aufgrund der Hochlage und des sogenannten Nordstaugebietes.

Bei Strömungslagen von Westen bis Norden führt dies zu ausgeprägten Niederschlagsperioden zu jeder Jahreszeit, sodass es im Sommer bis zu 18 Regentage im Monat geben kann und die Tageshöchsttemperaturen kaum über 25 °C steigen.

Man sollte auf schnelle Wetterumschwünge vorbereitet sein. Die stärksten und am häufigsten auftretenden Winde hier am See kommen aus Süden und Nordwesten, gefolgt von gelegentlichen Südost- und Südwest-Winden.

BEFAHRUNGSREGELN

Neben den Badegästen haben vor allem die Plätten, Elektroboote sowie die Grundlsee Schifffahrt Vorrang.

Ebenso gilt es Nist- und Brutplätze von Tieren nicht direkt anzufahren.

Am nahen Toplitzsee ist das Paddeln untersagt.

GEFAHREN

Keine

ANFAHRT MIT DEM PKW

Von Salzburg kommend über die B 158 am Fuschlsee und Wolfgangsee vorbei bis nach Bad Ischl. Hier auf die B 145 Richtung Bad Goisern und Bad Aussee wechseln. Im Zentrum am Kurhausplatz mit Blick aufs Rathaus nach links abbiegen und dem Straßenverlauf (Grundlseer Straße) 3,7 km aus dem Ort hinaus folgen. In Archkogel an der ersten größeren Kreuzung nach links einbiegen und der Straße Archkogl bis in den Wald folgen. Nach ungefähr 1,3 km zweigt der Kronhütterweg nach links zum See hinunter ab. An dessen Ende befinden sich ein Parkplatz, das Freibad Grundlsee und eine kleine Siedlung.

PARKEN

Direkt über dem Freibad befindet sich ein kostenfreier Parkplatz inklusive öffentlicher WC-Anlage. Ein Schotterweg führt von hier ca. 80 m zum See runter.

ANFAHRT MIT ÖPNV

Von Salzburg Hbf mit dem ÖBB-Postbus Linie 150 nach „Bad Ischl Bf". Umsteigen in Regionalzug R 3410, der in 0:10 h „Bad Goisern" erreicht. Erneut umsteigen auf den ÖBB-Postbus Linie 952, der bis „Bad Aussee" fährt. Weiter geht es mit dem Bus 956 bis zur Bushaltestelle „Archkogel". Von hier sind es jedoch noch 1,7 km zu Fuß: Man geht wenige Meter zurück zur Kreuzung und links in die Straße Archkogl. Dieser folgt man 1,3 km bis in den Wald und biegt beim Kronhütterweg links zum See ab.

BADEN

Der mit fast 4,5 km² Fläche größte See der Steiermark verfügt über eine knapp 14 km frei zugängliche Uferlinie. Das „Steirische Meer" ist bis auf einige Privatgrundstücke unverbaut und bietet eine Menge an freien Zugängen. Der See weist Trinkwasserqualität auf und im Hochsommer kann seine Wassertemperatur zwischen 18 und 25 °C betragen.

» **Freibad in Archkogl,** am Südwestufer.

» **Gößl Strandbad und Freizeitzentrum** am Ostufer/Seeende mit *Wasserrutsche und Kinderspielplatz.*

» **FKK Badestrand,** am Nordufer nahe Gasthaus Murbodenhüttl. Der Strand ist ausgeschildert. Vom Parkplatz an der Straße geht es ca. 200 m zur Liegewiese am See.

SEHENSWERT

» Die kleine, aber feine **Dorfkirche Gößl** ist im Privatbesitz von 14 Familien aus Gößl. *Sie wurde von den Gößlern selber gebaut und 1821 fertiggestellt, nachdem alle zuständigen öffentlichen Stellen den Bau abgelehnt hatten.*

» Die **Ranftlmühle,** eine historische Wassermühle an der Stimitz, wurde 1850 aus Holz errichtet und steht nahe des Ortes **Gößl**. *Sie ist nach dem Maler des Wiener Biedermeier Johann Matthias Ranftl (1804-1854) benannt, der sich gerne und oft hier aufhielt.* Sie ist Schauplatz im Altaussee-Krimi „Letzter Saibling".

» Das auch Villa Roth genannte **Schloss Grundlsee** *wurde zwischen 1879 und 1883 am Seeufer als Jagdschloss erbaut. Es wurde nach dem Anschluss Österreichs auch von Joseph Goebbels und seiner Familie genutzt.* Heute in Privatbesitz, ist es jedoch mit dem SUP gut anzufahren und vom Wasser aus zu besichtigen.

» *Gegen Ende des 2. Weltkriegs beherbergte die 1881 am Südufer des Sees erbaute* **Villa Castiglioni** (heute in Privatbesitz) *kurzzeitig Hitlers Privatbibliothek. Während dieser Zeit verschwanden einige Originalpartituren Richard Wagners und blieben bis heute unauffindbar.*

TIPP EXTRA-TIPPS

» Nördlich des Grundlsees kann man von **Gaiswinkl, Schachen** oder **Gößl** einige sehr abwechslungsreiche Wanderungen ins **„Tote Gebirge"** unternehmen. Ein sehr schönes Ziel sind die **Seidlhütte** auf der **Zimitzalm** und der beeindruckende **Zimitz-Wasserfall**. Wer weitere und anspruchsvollere Touren sucht, wird vielleicht hier fündig: www.bergwelten.com

» Zum Saisonauftakt findet jeden Juni das **Saiblingsfest** statt und die Gastronomen rund um die Seen **Grundlsee, Altausseer See** und **Ödensee** feiern unter dem Motto **„Ein Fisch, drei Seen, vier Tage"** diese Fischspezialität gebührend.

» Die **Grundlsee Schifffahrt** bietet neben diversen Sonder- und Erlebnisfahrten (Vollmondfahrt) die beliebte **Drei-Seen-Tour** an. Per Schiff geht es über den **Grundlsee**. Danach folgt ein 30-minütiger Spaziergang zum **Toplitzsee**, wo es mit einer Plätte entlang von Wasserfällen zum **Kammersee** geht – dem Ursprung der Traun. Insgesamt dauert die Tour 3-4 Stunden. www.schifffahrt-grundlsee.at

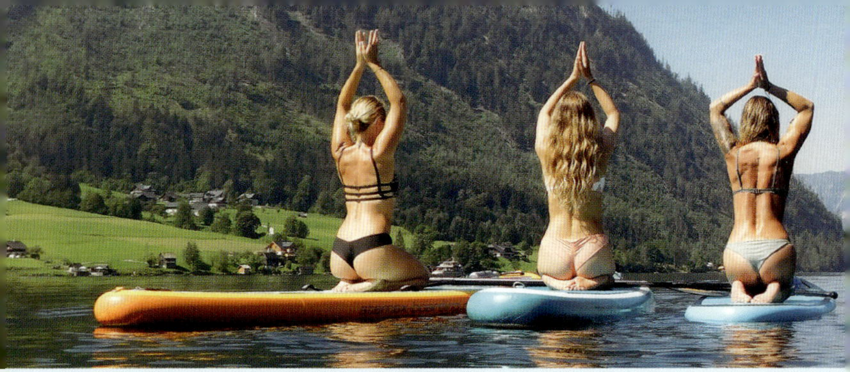

TOUREN

1 SEEUMRUNDUNG

(mit Tourbeschreibung Seite 99)

Vom Freibad am Südufer entlang nach Gößl. Weiter über FKK Strand und Murbodenhüttl entlang des Nordufers nach Grundlsee und Bräuhof. Hier Seeüberquerung und zurück zum Einstiegspunkt.

| **LÄNGE** 12 km | **DAUER** 3-4:30 h

EIN- & AUSSTIEG
Freibad Grundlsee

2 SÜDRUNDE

Vom Freibad Grundlsee geht es rechts weg zur Au. Nach der Au erhebt sich der Ressen mit seinen 1.303 m. Hier überquert man den See Richtung Nordufer und fährt über Grundlsee und das Südost-Ufer wieder zurück zum Freibad.

| **LÄNGE** 4 km | **DAUER** 1-1:20 h

EIN- & AUSSTIEG
Freibad Grundlsee

3 NORDRUNDE

Vom Ruderclub geht es rechts weg um die Bucht, vorbei am FKK Strand und zum Murbodenhüttl. Hier überquert man den See und fährt am Südufer Richtung Gößl und zum Einstiegspunkt zurück.

| **LÄNGE** 5 km | **DAUER** 1:20-1:40 h

EIN- & AUSSTIEG
Bootshaus Schachensiedlung

SUP-VERMIETUNG

1 SUP CENTER SALZKAMMERGUT
im Freizeitzentrum, Gößl 231, 8993 Grundlsee, Tel. +43 (0)664 358 37 47
www.sup-salzkammergut.at

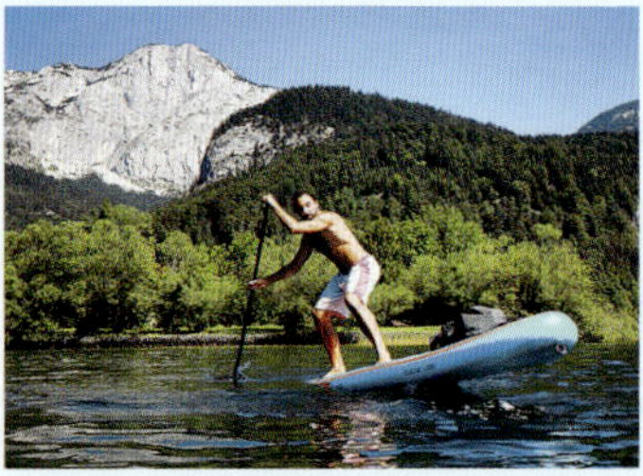

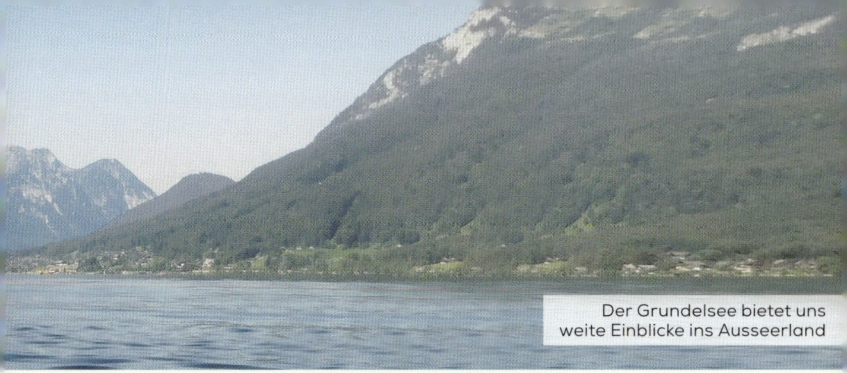
Der Grundelsee bietet uns weite Einblicke ins Ausseerland

EINKEHR

1 MOSTSCHENKE RESSENSTÜBERL

Archkogl 3, 8993 Grundlsee
Tel. +43 (0)664 106 06 85
www.ressenstueberl.at
Tägl. 11-20, Di Ruhetag (nicht Jun- Aug)

KLASSIKER Super Brettl-Jausen, Heidelbeernockerln

2 FISCHERHÜTTE AM TOPLITZSEE

Goessl 172, 8993 Grundlsee
Tel. +43 (0)3622 829 60
Do-Di 9.30-22 Uhr

KLASSIKER Leckerer Saibling mit Knoblauch in idyllischer Lage

3 MURBODENHÜTTL

Gößl 224, 8993 Grundlsee
Tel. +43 (0)3622 85 88
www.murbodenhuettl.com
Tägl. 10-21 Uhr, Mo Ruhetag

KLASSIKER Kaaspresslaberln gegen den kleinen Hunger

4 DORFWIRTSHAUS STÖCKL

Bräuhof, 8993 Grundlsee
Tel. +43 (0)3622 84 71
www.gasthausstoeckl.at
Tägl. 12-21 Uhr, Mo Ruhetag

KLASSIKER Ennstaler Käsesuppe

ÜBERNACHTUNG

1 CAMPING GÖSSL

Gößl 17, 8993 Grundlsee
Tel. +43 (0)3622 201 55
www.campinggoessl.com

2 SEEHOTEL GRUNDLSEE

Mosern 22, 8993 Grundlsee
Tel. +43 (0)3622 860 44
www.seehotelgrundlsee.at

3 APARTMENTS RESSENSTÜBERL

Archkogl 3, 8993 Grundlsee
Tel. +43 (0)664 106 06 85
www.ressenstueberl.at

4 JUFA HOTEL GRUNDLSEE

Gößl 149, 8993 Grundlsee
Tel. +43 (0)5708 35 30, www.jufa.eu

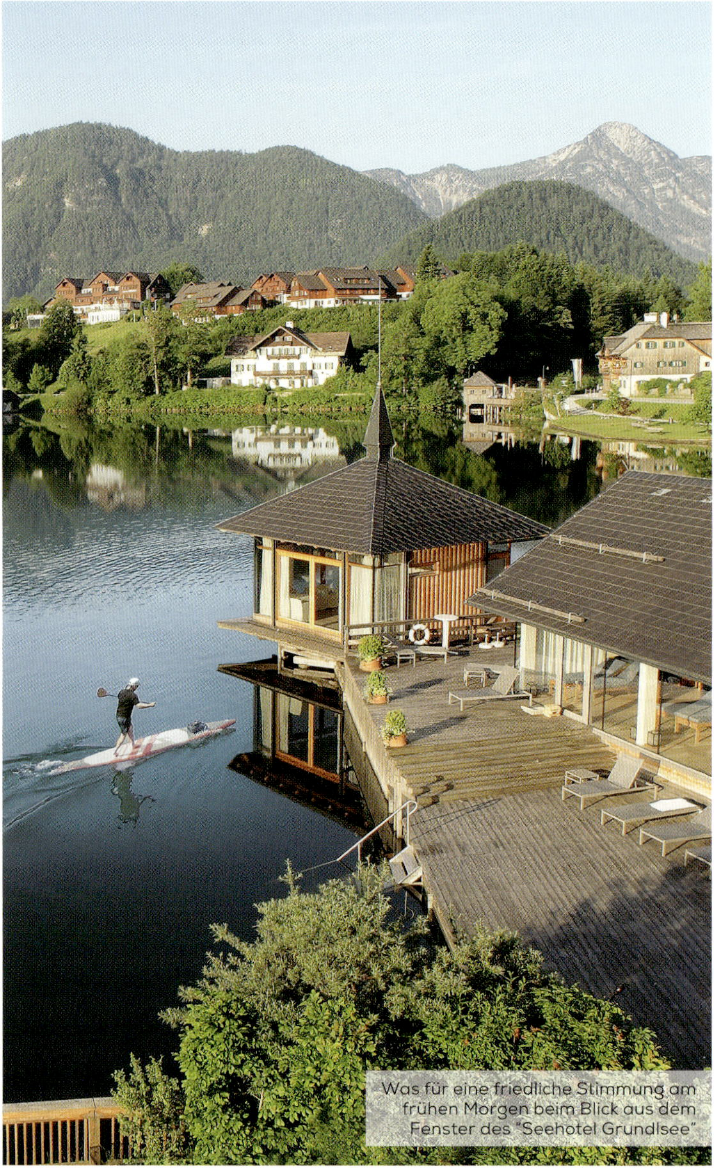
Was für eine friedliche Stimmung am frühen Morgen beim Blick aus dem Fenster des "Seehotel Grundlsee"

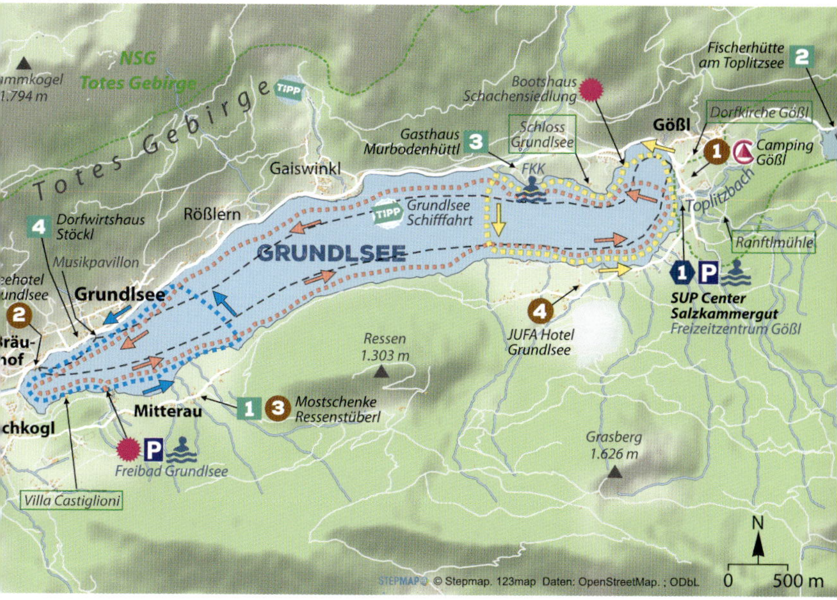

1 SUP-MARATHON AM BINNENMEER

Heute steht eine längere Tour auf unserer Salzkammergut-To-Do-Liste: Die Umrundung des Grundlsees wird je nach Windlage vier Stunden oder auch etwas länger dauern. Unser Einstieg befindet sich am Südufer beim **FREIBAD GRUNDLSEE**, da wir uns hier keine Gedanken über Parkgebühren machen müssen und in aller Ruhe unsere Boards startklar machen können. Grundsätzlich ist der gesamte See frei zugänglich, gerade entlang des Nordufers gibt es viele (gebührenpflichtige) Parkplätze mit kostenlosem Seezugang. Hier, am Strand des Freibades, finden wir glasklares Wasser in karibischen Farbtönen – der See hat Trinkwasserqualität – und einen flachen Einstieg vor. Wie auf allen Seen des Inneren Salzkammergutes herrscht für Boote auch hier ein Verbot für Verbrennungsmotoren. Nur die Berufsfischerei sowie die Linien- und Gelegenheitsschifffahrt sind davon ausgenommen.

Wir paddeln das weniger besiedelte Südufer entlang, vorbei an der sogenannten **AU** und auf den **RESSEN** zu. Dieser erhebt sich zur Mitte der südlichen Uferlinie auf ca. 1.300 Höhenmeter und seine bewaldete Nordseite fällt bis

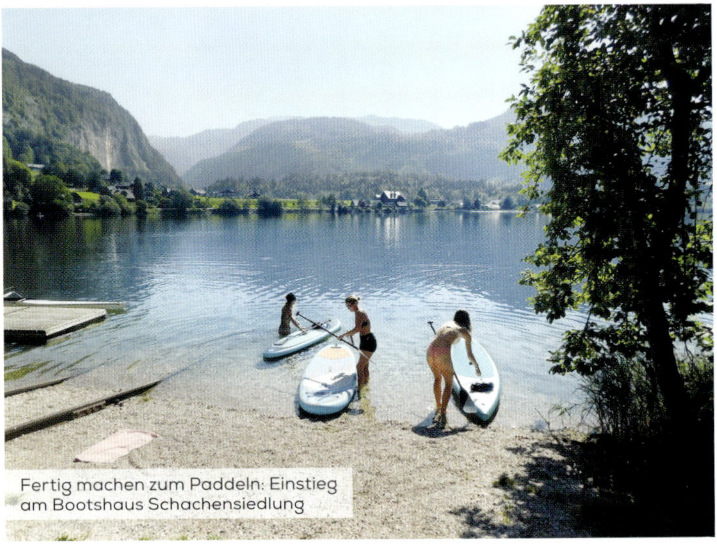

Fertig machen zum Paddeln: Einstieg am Bootshaus Schachensiedlung

direkt zum See ab. An den meisten Stellen geht es vom Ufer weg senkrecht nach unten, immerhin misst der See an seiner tiefsten Stelle 64 m. Aufgrund der Klarheit des Wassers kann man vom SUP aus sogar noch in bis zu zwei Metern Tiefe den steil abfallenden Untergrund mitsamt seinen Steinen, Ästen und Fischen detailliert sehen, als hätte man eine Taucherbrille auf.

Das Ostufer in der Ortschaft **GÖSSL** bietet einen flachen, langgezogenen See-Einstieg. Hier befinden sich eine große Badewiese mit Tauchschule, der **CAMPINGPLATZ GÖSSL** 1 und natürlich auch eine Anlegestelle der Linienschiffe. Wir dürfen unsere Boards kurz bei der Tauchschule Grundlsee ablegen und begeben uns für ein paar Schnappschüsse knapp 500 m zu Fuß zur **DORFKIRCHE GÖSSL.** Den Renaissance-Altar von 1663 kann man allerdings nur bei Messen besichtigen, ansonsten ist die Kirche verschlossen.

Wieder auf dem Board geht's weiter zum **SCHLOSS GRUNDLSEE**, welches gegenüber der Gößler Badewiese am Nordufer des Sees liegt. Da in Privatbesitz, kann es nur vom Wasser aus bestaunt werden. Nach der nächsten Bucht gleiten wir schon am einzigen offiziellen FKK-Strand des Salzkammerguts vorbei und legen unsere Bretter am Ufer vor dem **GASTHAUS MURBODENHÜTTL** 3 ab. Wir sind nun doch schon über zwei Stunden unterwegs und wollen uns ein Bild von den dort kredenzten Kaaspresslaberln machen. Kaas ist Käse und ein

Laberl ein faschiertes Laibchen (Frikadelle). Den Rest kann man sich denken. Ausgezeichnet, um unsere Energiespeicher wieder zu füllen und uns auf die letzten vier Kilometer der Tour vorzubereiten.

Entlang der Ausläufer des **TOTEN GEBIRGES** TIPP, welches ja bekanntlich bis nach Oberösterreich reicht, müssen wir uns leider mit etwas Gegenwind aus Westen herumschlagen, was von uns aber sowieso einkalkuliert wurde. Da das Wetter im Salzkammergut schnell umschlagen kann, haben wir in den Drybags stets entsprechende Kleidung dabei. Wir arbeiten uns bis zum nicht zu übersehenden **MUSIKPAVILLON GRUNDLSEE** heran. Er ist im Sommer Schauplatz von Konzerten und anderen Veranstaltungen und fungiert zeitgleich als Anlegestelle für die **GRUNDLSEESCHIFFFAHRT** TIPP.

Mit letztem Motivationsschub geht es geradeaus aufs türkise Wasser des seichten Westufers zu. Von hier aus blicken wir sechs Kilometer hinter uns Richtung Gössl zurück und sind stolz, tatsächlich den gesamten See umrundet zu haben. Jetzt sind es nur noch ein paar Minuten zum Einstiegspunkt beim **FREIBAD**. Es erwartet uns ein erfrischendes Bad und die Vorfreude auf eine zünftige Brettljause bei Heidi und Christian Preßl in der nahen **MOSTSCHENKE RESSENSTÜBERL** 1 3. Dort übernachten wir in einem der zwei großzügigen Apartments, damit wir morgen für die nächste Ausfahrt fit sind.

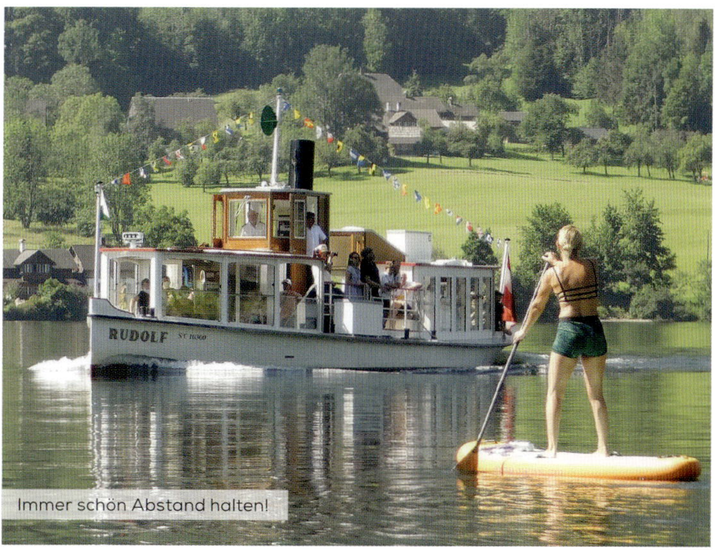

Immer schön Abstand halten!

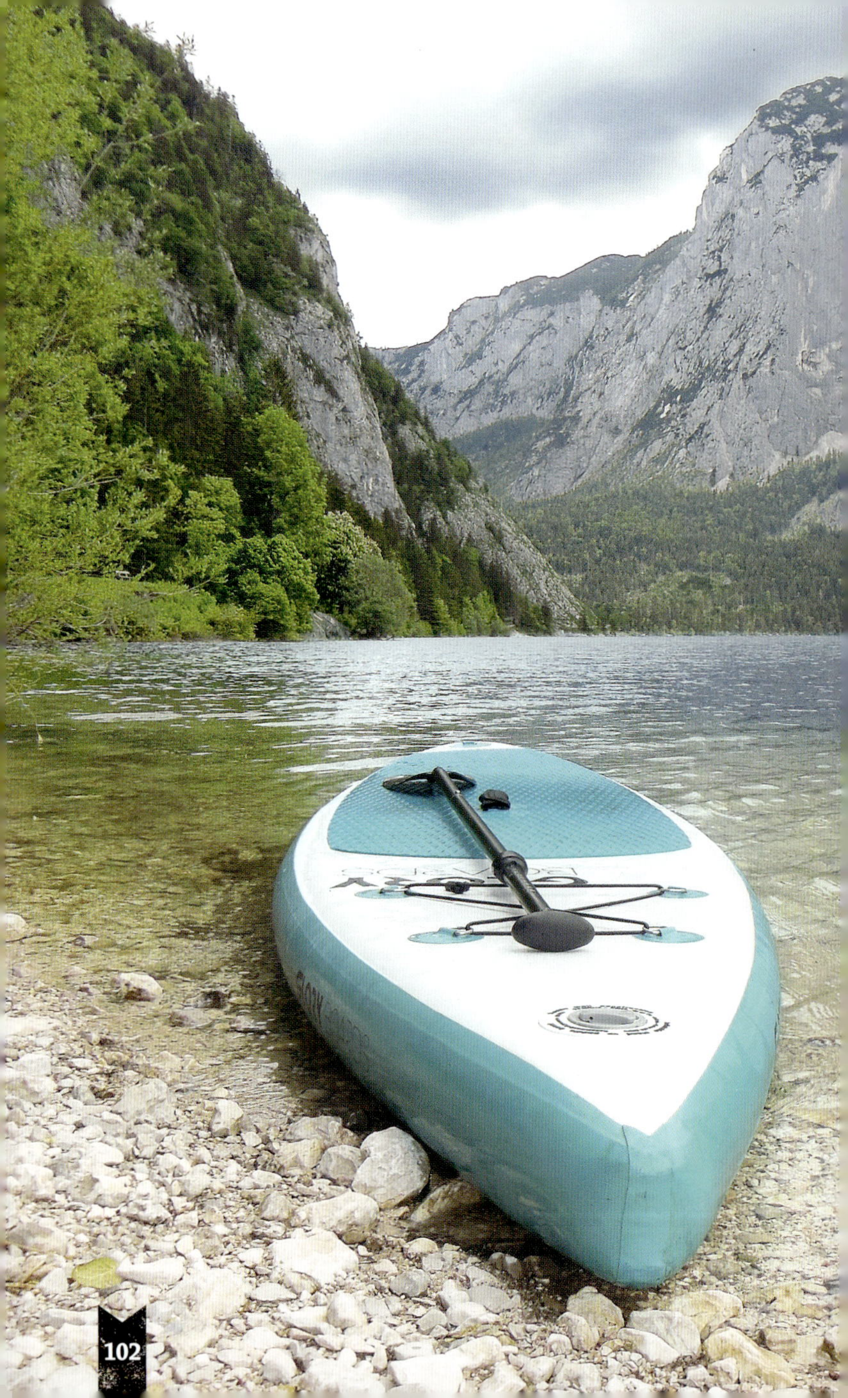

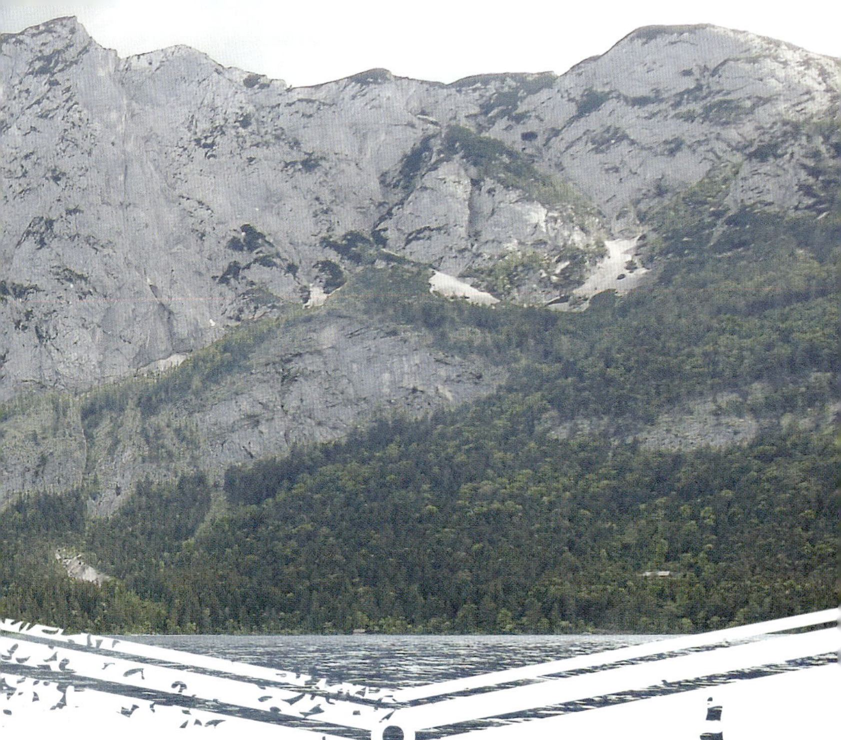

ALTAUSSEER SEE

ANSPRUCH | EINKEHR

Der glasklare See am Fuße des Losers bietet mit seinem komplett frei zugänglichen Ufer viel Spielraum für eine flexible Routenplanung und liegt zudem inmitten einer herrlichen Berglandschaft mit kalkhellen Gipfeln, Bergwäldern und Blumenwiesen. Der verträumte Luftkurort Altaussee lockt schon seit jeher Maler, Schriftsteller und Musiker hierher und jetzt auch uns SUPer.

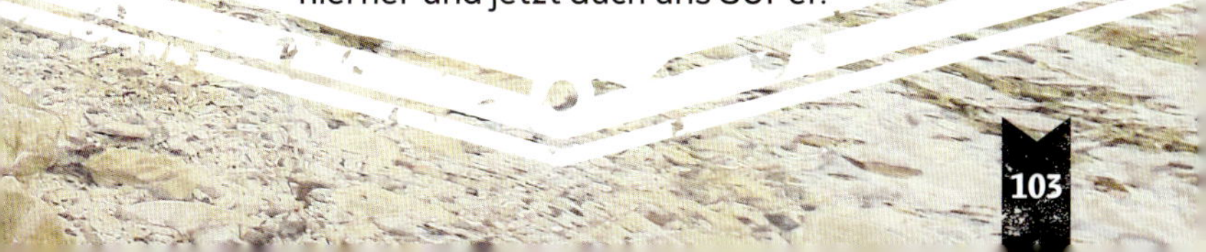

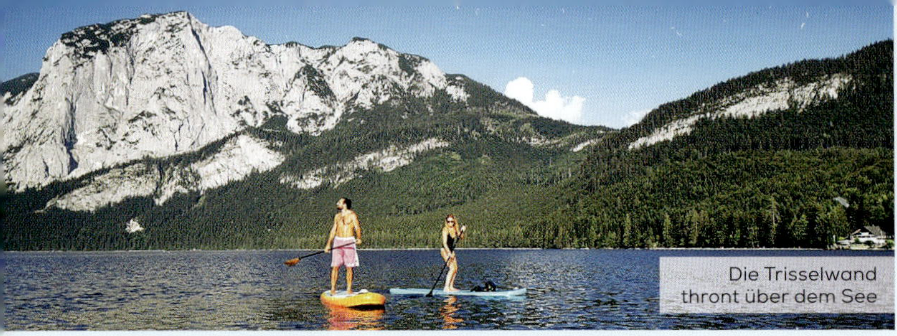

Die Trisselwand thront über dem See

WIND & WETTER

Aufgrund der Seehöhe von 725 m ist das Klima um den Altausseer See gemäßigt bis kalt sowie niederschlagsreich (bis zu etwa 1.400 mm Niederschlag pro Jahr). Im Hochsommer kann man mit ca. 24 °C Lufttemperatur und Wassertemperaturen bis an die 19 °C rechnen. Aufgrund der ca. 17 Regentage pro Monat sollte man stets mit der entsprechenden Ausrüstung (Regenjacke im DryBag) in See stechen. Westwinde sind am See keine Seltenheit und können das Paddeln zum Kraftakt machen. Wer den Gegenwind etwas umgehen möchte, paddelt bei entsprechender Wetterlage am Ufer entlang.

BEFAHRUNGSREGELN

Badegäste, Passagierschiffe & -Boote haben stets Vorrang.

GEFAHREN

Beim Einstieg am kleinen Park vor dem Hotel Seevilla ist beim Wegpaddeln Vorsicht geboten! Linker Hand befinden sich Befestigungspfähle direkt unter der Wasseroberfläche für die Plätten, wie die traditionellen, hölzernen Arbeitsschiffe des Alpen-Donauraums heißen. Wer dort mit den Finnen hängenbleibt, liegt schnell im kühlen Wasser und könnte sich an den Pfählen verletzen. An der Nordostbucht gibt es vor der Seewiese unter der Wasseroberfläche größere und kleinere Gesteinsformationen knapp unter der Wasseroberfläche. Das Wasser ist dort klar und die Felsen gut sichtbar, jedoch empfiehlt es sich, die letzten paar Meter zum Ufer kniend zu absolvieren.

ANFAHRT MIT DEM PKW

Ob von Salzburg oder aus dem steirischen Ennstal kommend, nimmt man auf der B 145 bei Voglbichl die Abzweigung nach Altaussee und folgt dem leicht nach links gerichteten Straßenverlauf für ca. 1,2 km bis zur ersten Kreuzung. Hier links abbiegen und nochmals ca. 1,2 km gerade dem Straßenverlauf folgen, bis das Hotel Seevilla und der öffentliche Parkplatz rechter Hand zu sehen sind.

PARKEN

Der öffentliche Parkplatz neben dem Hotel Seevilla liegt direkt vor der Einstiegsstelle am See. Dieser ist täglich von 9-18 Uhr gebührenpflichtig. Kontaktlos kann man lediglich zwischen Parkdauer vier Stunden (4 €) oder der Tagesgebühr (8 €) wählen. Wir hatten Probleme mit der Münzannahme, darum zur Sicherheit eine Bankomat- oder Kreditkarte mitnehmen.

ANFAHRT MIT ÖPNV

Von Salzburg Hbf mit der Bus-Linie 150 nach „Bad Ischl". Dort auf den Regionalexpress REX 3412 umsteigen und bis „Bad Aussee Hbf" fahren. Von hier fährt die ÖBB-Postbus-Linie 955 bis zur Haltestelle „Altaussee Kurhaus". Der Rest des Weges wird dann zu Fuß zurückgelegt (ca. 600 m).

BADEN

Der knapp 2,5 Kilometer lange und einen Kilometer breite See mit dem glasklaren Wasser kann im Sommer bis zu 24 °C warm werden. Das Tolle daran ist, daß alle Seezugänge, Badewiesen und -strände das ganze Jahr durchgehend frei zugänglich sind. Keine überfüllten Strandbäder, dafür aber atemberaubende Natur und freie Wahlmöglichkeit an unzähligen Seezugängen.

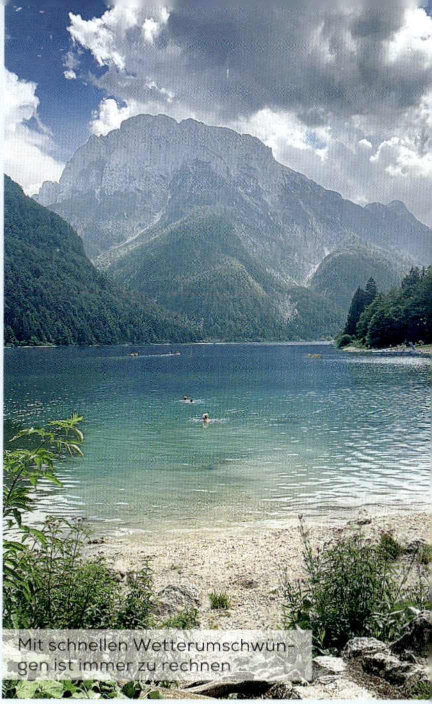

Mit schnellen Wetterumschwüngen ist immer zu rechnen

SEHENSWERT

» Die **Pfarrkirche Altaussee,** *1224 erstmals erwähnt, jedoch vermutlich deutlich früher erbaut, ist dem Hl. Ägidius geweiht und birgt ein 500 Jahre altes spätgotisches Sakramentshäuschen.*

» Das **Literaturmuseum Altaussee** im Kur- und Amtshaus ist Literaten wie Hugo von Hofmannsthal, Arthur Schnitzler, Friedrich Torberg und Jakob Wassermann gewidmet, die hier gewirkt haben. www.literaturmuseum.at

» Im größten aktiven **Salzbergwerk** Österreichs, den **Salzwelten Altaussee**, wird das „Weiße Gold" seit 1147 abgebaut (www.salzwelten.at). *Spannend dazu ist der nach wahren Begebenheiten gedrehte Hollywood-Streifen „Monuments Men", mit Stars wie George Clooney, Matt Damon und Bill Murray – Nazis versteckten im Bergwerk in Europa geraubte Kunstschätze vor den Alliierten. Im Angesicht der Niederlage wollten sie 1945 all diese Schätze zerstören, was mutige Ausseer Bergmänner verhinderten.* Sehenswert!

» Das **Kammerhofmuseum** in **Bad Aussee** setzt als Heimatmuseum seine Schwerpunkte auf Archäologie, Salz- und Ortsgeschichte, Tracht, Volksmusik, Brauchtum, Fossilien und Höhlenkunde. www.kammerhofmuseum.at

EXTRA-TIPPS

» Westlich von Altaussee liegt auf 945 m Seehöhe die Ruine der spätmittelalterlichen **Burg Pflindsberg.** Sie war der einzige große Wehrbau der Region und bietet heute eine Aussichtswarte mit Rundblick über die Region.

» Wenn jeden August die Berge mit Fackeln beleuchtet und die Plätten am See mit Lampions geschmückt werden, heißt es **Berge in Flammen.** Den Abschluss bildet das große Feuerwerk.

» Der Hausberg der Altausseer lockt mit der verträumten (mautpflichtigen), neun Kilometer langen **Loser-Panoramastraße** und einer tollen Aussicht auf See und Umland.

» Der acht Kilometer lange **Rundgang um den Altausseer See** wird locker in zwei bis zweieinhalb Stunden Gehzeit bewältigt. Dabei passiert man auch das **Jagdhaus Seewiese,** Drehort des James Bond-Films „Spectre". Ein kleines, aber feines **Naturmuseum** informiert hier über Flora und Fauna der Region und die reichhaltige Jausenkarte hat für jeden was parat (geöffnet ab 11 Uhr, Di+Mi Ruhet., Tel. +43 (0)664 338 76 22, www.jagdhaus-seewiese.com).

» In geheimer Mission führt die dreistündige, geführte **007 SUP-Tour** zu den Originaldrehplätzen des James Bond-Films „Spectre" auf dem Altausseer See – natürlich auch zum Jagdhaus. Infos unter www.supshop-austria.at

» Jedes Jahr findet von Ende Mai bis Anfang Juni mit dem **Narzissenfest** Österreichs größtes Blumenfest in **Bad Aussee** statt. Die ganze Region, inklusive der Boote am See, ist in ein beeindruckendes Blumengewand gekleidet. www.narzissenfest.at

» Der **Altausseer Kirtag** (Kirchtag) bildet jedes Jahr Anfang September den krönenden Saisonhöhepunkt. Der Eintritt ist frei, dafür alles unplugged und in Tracht.

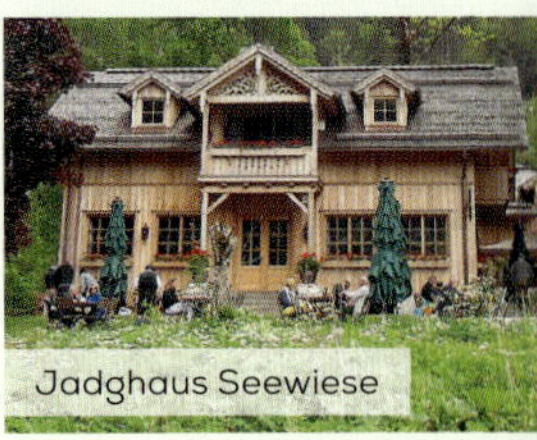
Jadghaus Seewiese

TOUREN

1 SEEUMRUNDUNG

(mit Tourbeschreibung Seite 108)

Vom Romantikhotel Seevilla das Nordufer entlang bis zur Seewiese am Ostufer und über das Südufer wieder zurück zum Einstiegspunkt.

| **LÄNGE** 6 km | **DAUER** 1:30-2 h

EIN- & AUSSTIEG

Beim kleinen Park neben dem Romantikhotel Seevilla *(Navi: Fischerndorf 60, 8992 Altaussee).*

SUP-VERMIETUNG

1 SUP SALZKAMMERGUT
Bahnhofstraße 283
8990 Bad Aussee
Tel. +43 (0)664 358 37 47
www.supshop-austria.at

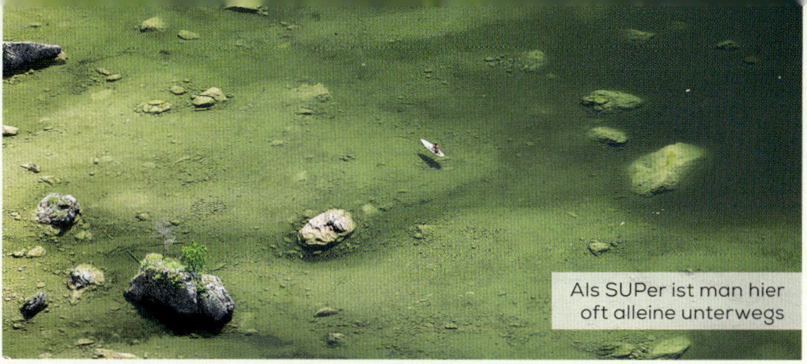

Als SUPer ist man hier oft alleine unterwegs

EINKEHR

1 JAUSENSTATION KAHLSENECK

Fischerndorf 168
8992 Altaussee
Tel. +43 (0)664 410 25 45
www.kahlseneck.at
Saisonabhängig Fr-Di 10-20 Uhr

KLASSIKER Saibling-Spezialitäten

2 SEEWIESE ALTAUSSEE

Fischerndorf 77
8992 Altaussee
Tel. +43 (0)3622 712 05
www.seewiesealtaussee.at
Mi-So 10-18 Uhr, ab Juni Mi-Mo

KLASSIKER Das Speckbrot und das Steirer Kasbrot

3 WIRTSCHAFT ALTAUSSEE

Fischerndorf 191
8992 Altaussee
Tel. +43 (0)676 395 74 01
www.wirtschaftaltaussee.com
Mi-Fr ab 11, Sa & So ab 8 Uhr

KLASSIKER Backhendl mit Kartoffel-Vogerlsalat

ÜBERNACHTUNG

1 CAMPING TEMEL

Puchen 137, 8992 Altaussee
Tel. +43 (0)3622 719 68
www.camping-altaussee.com

2 ROMANTIK HOTEL SEEVILLA

Fischerndorf 60, 8992 Altaussee
Tel. +43 (0)3622 713 02
www.seevilla.at

3 HAUS SEEBLICK

Salzbergstraße 34, 8992 Altaussee
Tel. +43 (0)3622 717 24
www.altaussee-haus-seeblick.at

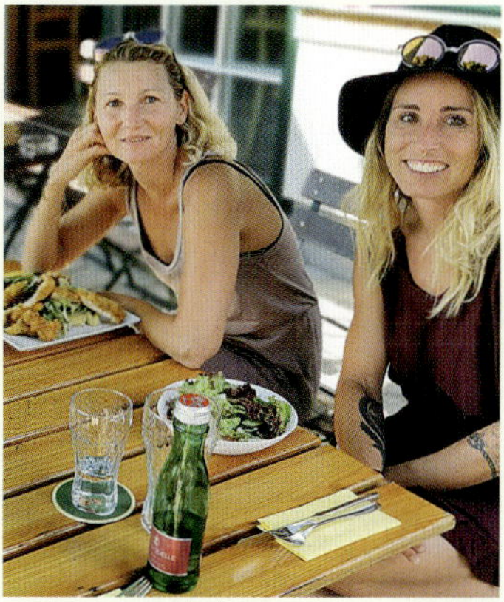

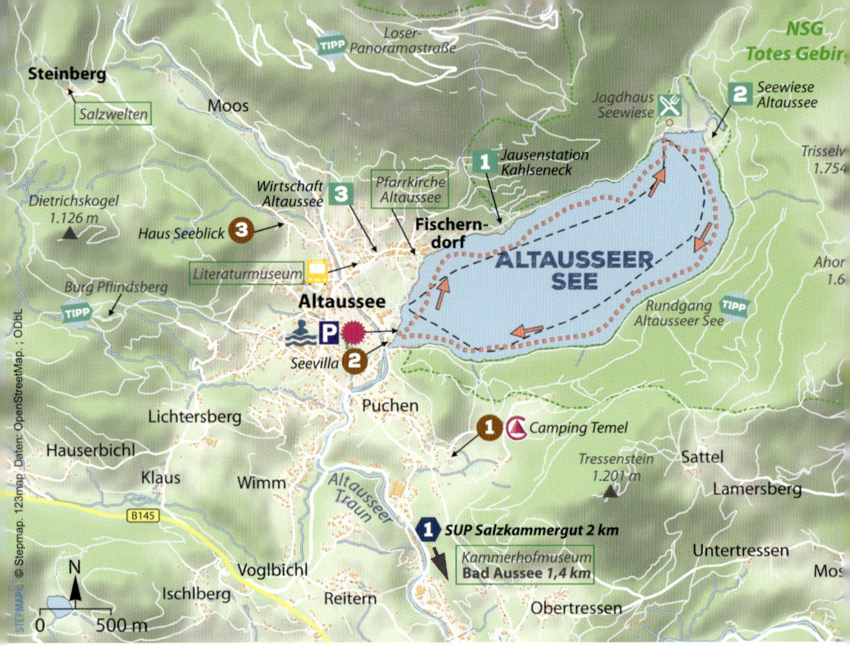

1 AUF JAMES BOND'S SPUREN

Der Altausseer See imponiert nicht nur wegen seiner eindrucksvollen Bergkulisse, sondern auch, weil Hollywood hier 2015 eine Woche lang Teile des **JAMES BOND-FILMS „SPECTRE"** drehte. Am See, vor dem verträumten Ort **ALTAUSSEE**, erwartet uns somit nicht nur eine herrliche Naturkulisse, sondern auch einige „Ahas" auf den Spuren des bekanntesten Geheimagenten der Filmgeschichte – sofern man den Film zuvor schon mal gesehen hat.

Wir steigen am kleinen Park vor dem **ROMANTIK HOTEL SEEVILLA** 2 am südwestlichen Ufer des Sees ein. Hier beginnt die Altausseer Traun als Abfluss des Sees, der später in die Traun einfließt. Der öffentliche Parkplatz liegt direkt am See und auf der kleinen Wiese am Wasser bietet sich genügend Platz, um die Ausrüstung einsatzbereit zu machen. Der Zugang ist hier besonders angenehm, da er eine Anlegestelle für Plätten, wie die im Ausseerland typischen Boote heißen. Vorsicht ist jedoch vor den im Wasser stehenden Holzpfählen geboten. Von hier aus fahren wir gleich in großem Bogen links weg an den Holzpfählen vorbei. So paddeln wir Richtung Ortsmitte, wo man die aus dem 13. Jahrhundert stammende **PFARRKIRCHE** zwischen den Dächern herausragen sieht.

Obwohl es entlang des Sees etliche Hotels gibt, ist das ursprüngliche Ortsbild erhalten geblieben. Das ist auch gut so, denn fast die gesamte Region steht unter Naturschutz und man ist bestrebt, Ökologie und Ökonomie im Einklang zu halten. Unter uns plätschert das pechschwarze Wasser des bis zu 72 m tiefen Sees, vor uns erhebt sich die rund 600 Meter aufragende Felswand der 1.754 m hohen **TRISSELWAND** am gegenüberliegenden Seeufer, neben dem **LOSER** ein weiterer Hausberg der Gemeinde. Im See spiegeln sich die Berge und Wälder der Umgebung, welche dem See an vielen Stellen, zusammen mit den pflanzlichen Mirkroorganismen, eine markante Grünfärbung bescheren – passend zum steirischen Wappentier, dem grünen Panther.

Schnell lassen wir Altaussee hinter uns und finden uns direkt unter steil abfallenden Felsformationen wieder. Der **SEE** kann zu Fuß **UMRUNDET WERDEN** TIPP und zwischen den Bäumen ziehen wir immer wieder die Blicke der Wanderer auf uns. Ihr Ziel ist meist auch die Seewiese mit seinen zwei Hütten. Entlang des Wanderweges findet man in regelmäßigen Abständen urige Holzbänke mit Seeblick, die zum Verweilen, Entspannen und Plaudern einladen.

Nach gut vierzig Minuten erreichen wir das seichte und glasklare Ufer an der sogenannten **SEEWIESE** im Nordosten des Sees und erkennen deutlich jeden Felsen unter der Wasseroberfläche, navigieren aber sicherheitshalber kniend an ihnen vorbei, denn der Wind hat etwas zugelegt und das Wasser unruhiger gemacht. Ein Sturz ins Wasser könnte schmerzhaft enden. Dann ziehen wir unsere Boards ans Ufer und stapfen über die sattgrüne Wiese zum hölzernen **JAGDHAUS SEEWIESE**. *Hier wurden mit dem Schauspieler Daniel Craig etliche Szenen des James Bond Films „Spectre" gedreht und viele Touristen kommen einzig aus diesem Grund hierher.* Zurück auf dem Board paddeln wir knapp 200 m weiter zur Einkehr in die **SEEWIESE ALTAUSSEE** 2, bekannt für seine hervorragende Fischsuppe. Auf der Terrasse genießen wir den Blick über den See und stärken uns für die Rückfahrt. Die Stärkung werden wir wegen des Westwindes auch benötigen, denn nun müssen wir zeitweise etwas härter paddeln. Darauf sollte man am See stets vorbereitet sein! Das südliche Seeufer ist gänzlich unverbaut und bis zum Wasser hinunter durchgehend bewaldet. Imposant ist der Blick auf den Altausseer Hausberg, den 1.837 m hohen **LOSER**. Wir fahren jedoch in Richtung des **SARSTEIN,** welcher sich hinter unserem Einstiegspunkt fast 2.000 m hoch aufbaut. Wirklich eindrucksvoll: links der hohe Sarstein mit seinen 1.975 Metern, rechts der Niedere Sarstein mit seinen 1.877 Metern. Direkt dahinter fällt das Gebirge steil ab zu einem unserer nächsten Ziele in der Region – dem Hallstätter See.

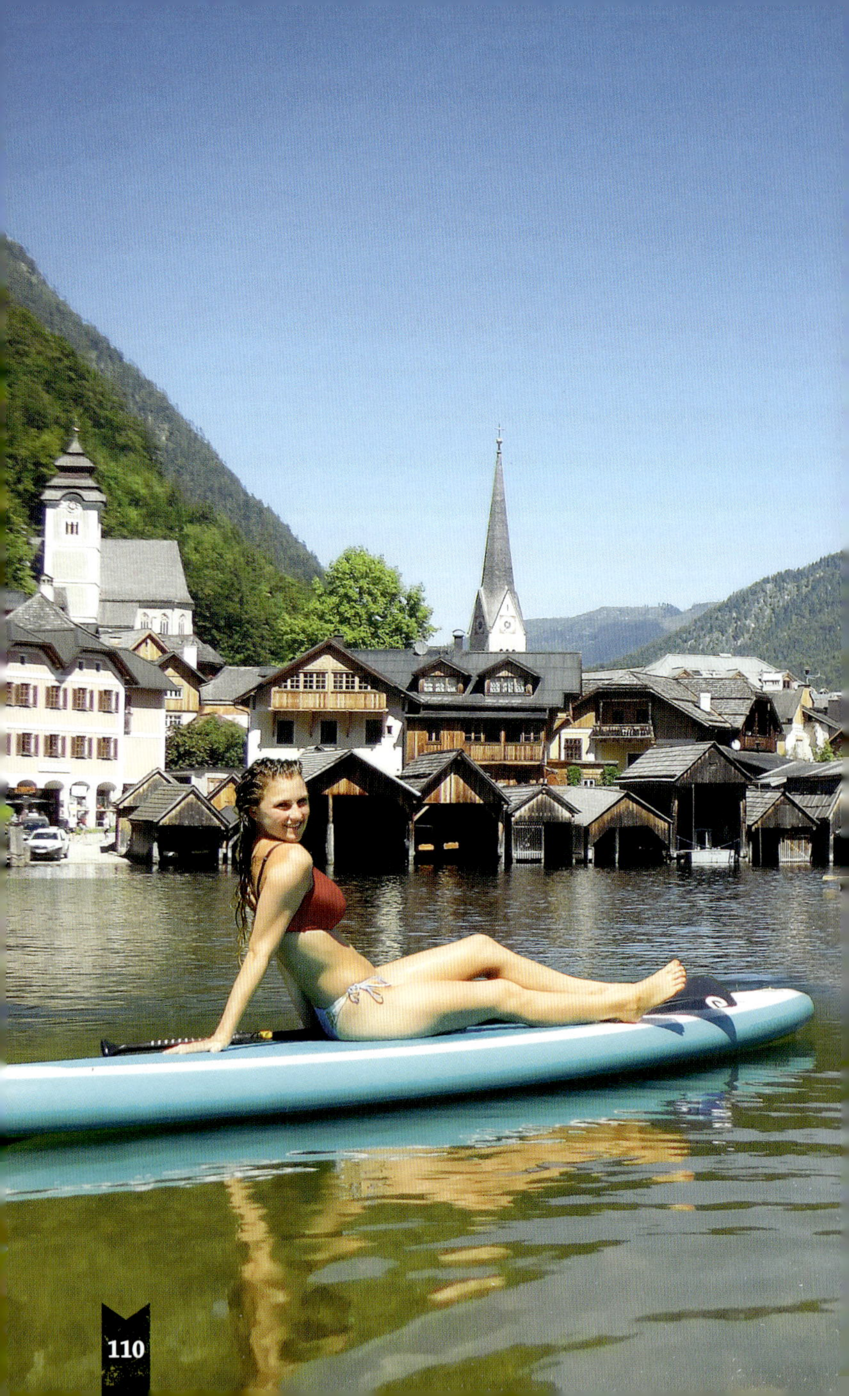

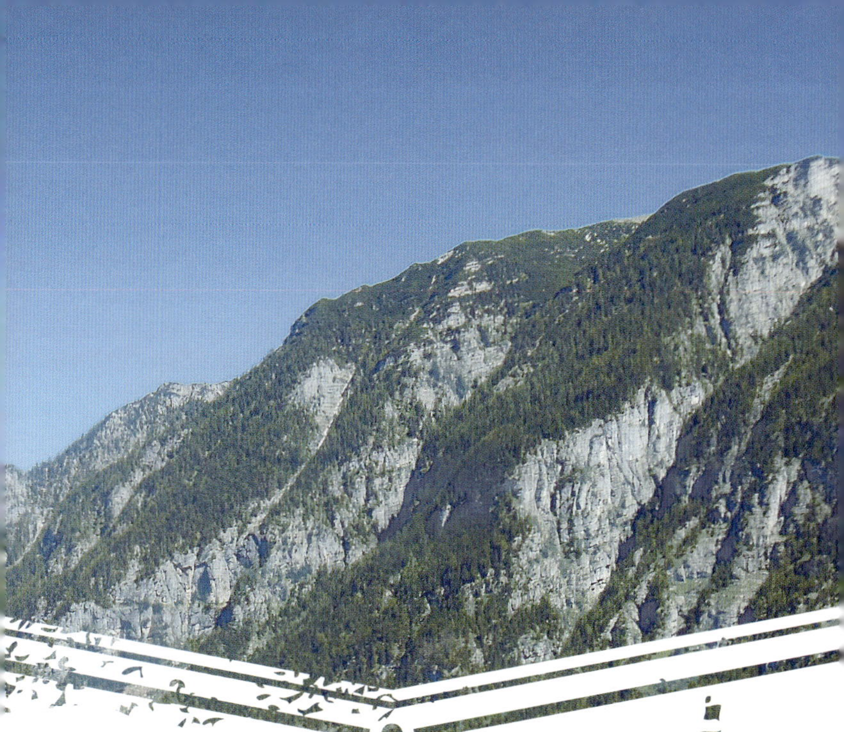

HALLSTÄTTER SEE

ANSPRUCH | EINKEHR

Unvergessliche SUP-Erlebnisse inmitten atemberaubender Berglandschaft garantiert uns der fjordartige See auf rund 20 km Uferlänge. Die umliegenden Berge spiegeln sich am Morgen auf der glatten Oberfläche des Sees. Die Region Hallstatt wurde mit dem weltweit ältesten Salzbergwerk von der UNESCO zum Weltkulturerbe erklärt.

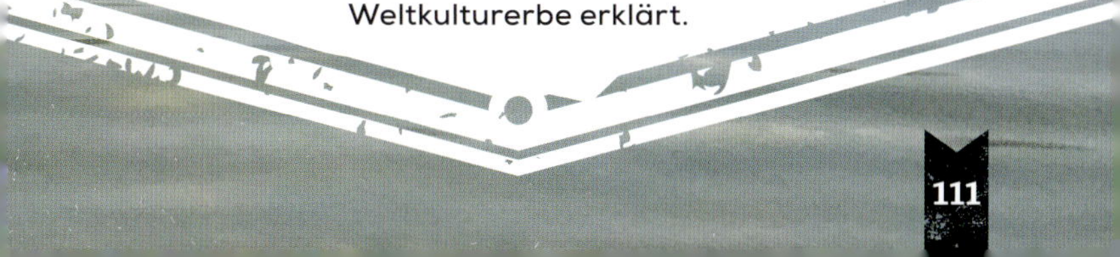

WIND & WETTER

Wegen der hohen Felswände rundherum ist der See ziemlich windgeschützt. Je nach Wetterlage kann es jedoch immer wieder zu Sturm oder hohem Wellengang kommen. Sturmwarnleuchten (orangefarbene Blinkscheinwerfer) im Norden und Süden warnen. Schnelles Drehen bedeutet, dass der Sturm unmittelbar bevorsteht (See sofort verlassen!), langsames Drehen kündet von einem aufziehenden Sturm in nächster Zeit. **Notrufnummer: 130.**

GEFAHREN

Sturmgefahr – siehe „Wind & Wetter". Schiffsverkehr.

Gefährliches Wehr am Auslauf der Traun in Bad Goisern.

ANFAHRT MIT DEM PKW

Von Salzburg über die Bundesstraße B 158 fährt man Richtung Bad Ischl, um kurz nach der Ortschaft die B 145 in Richtung Bad Goisern zu nehmen. Nun geht es weiter Richtung Süden bis zur Auffahrt auf die B 166 Richtung Pass Gschütt. Man folgt dieser Straße weiter Richtung Süden entlang des Westufers des Hallstätter Sees, umrundet im Anschluss die Südspitze und gelangt schließlich nach Obertraun. Nach dem Bahnübergang geht es dann nach links auf die Seestraße. Nach 550 m wieder nach links auf die Bahnhofstraße bis zum Kreisverkehr fahren und die erste Ausfahrt nehmen. So gelangt man direkt zum Parkplatz des Strandbades Obertraun.

PARKEN

Parkplatz beim Strandbad Obertraun *(Navi: Obertraun 169, 4831 Obertraun).*

ANFAHRT MIT ÖPNV

Von Salzburg mit dem Zug RJ 769 Richtung Flughafen Wien bis „Attnang-Puchheim". Umstieg in den Zug REX 3432 Richtung Bad Aussee Bf und bis zur Station „Obertraun Dachsteinhöhlen" fahren. Nun noch etwa 500 Meter Fußweg Richtung Nordwesten bis zum Strandbad.
Achtung: knapp 2:30 h Anreisezeit!

BADEN

Trotz oder gerade wegen seiner relativ kühlen Temperaturen in den Sommermonaten ist der Hallstätter See mit seinem kristallklaren Wasser ein beliebter Badesee.

» **Badeinsel Hallstatt,**
Seelände 53, 4830 Hallstatt.
Toller Kinderspielplatz, Sprungbrett, WC-Anlagen, keine Gastronomie.

» **Strandbad Obertraun,**
Obertraun 302, 4831 Obertraun.
Grillstellen, Kinderspielplatz, Beachvolleyballplatz, Gastronomie, WC-Anlagen.

» **Strandbad Untersee,**
Ortschaft Untersee, 4822 Bad Goisern am Hallstätter See.
Kinderspielplatz, FKK-Bereich, Gastronomie.

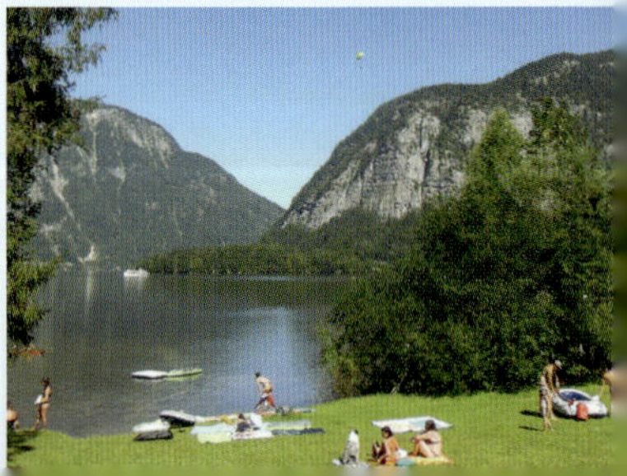

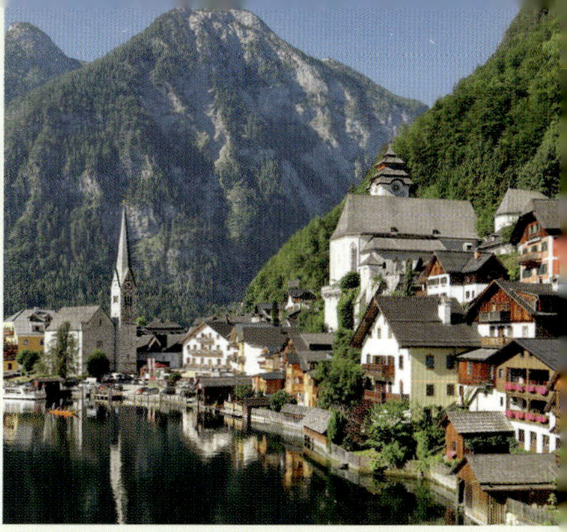

SEHENSWERT

- **Hallstatt: Katholische Kirche** *im gotischen Stil mit außergewöhnlichem* **Beinhaus,** *in dem Hunderte bemalter Totenschädel nach Familienverbänden geordnet lagern.* Beeindruckendes Memento Mori – wegen Platzmangels wurden die Toten mit dieser raumsparenden Methode aufbewahrt. **Welterbemuseum Hallstatt** mit spektakulären Funden aus dem ältesten Salzbergwerk weltweit und die berühmten Funde vom Hallstätter Gräberfeld.
- **Salzwelten Hallstatt:** Mit der Panoramaseilbahn auf den **Salzberg** zu den archäologischen Ausgrabungsstätten und dann ins **Schaubergwerk.** Abstieg auf geschwungenem Pfad, über den „Salztrageweiber" früher Salz ins Tal transportierten. www.salzwelten.at
- **Bad Goisern:** Das **Heimat- und Landlermuseum** gewährt seinen Gästen einen umfassenden Einblick in die Geschichte des Handwerks und der Volkskünste. Im **Holzknechtmuseum** können Besucher in der Holzknechtstube erfahren, wie Holzknechte einst gelebt und gearbeitet haben.

TIPP EXTRA-TIPPS

- **„5fingers"** am **Krippenstein** – spektakulärste **Aussichtsplattform** der Alpen über einem 400 Meter hohen Abgrund, die man zu Fuß in 25 Minuten von der Bergstation der Dachstein-Krippenstein-Seilbahn erreicht.
- Eine wirkliche Abkühlung erlebt man in der gigantischen **Mammuthöhle** und in der **Dachstein Rieseneishöhle,** wo das ganze Jahr über eisige Temperaturen herrschen. www.dachstein-salzkammergut.com >Sommer
- Von Hallstatt Lahn zum **Waldbachstrub Wasserfall** führt eine Wanderung. Der Aussichtsplatz dort war eines der Lieblingsausflugsziele von Kaiser Franz Joseph und Kaiserin Sissi (Dauer ca. 2 Stunden).
- Auf dem wunderschönen ebenen **Ostuferwanderweg** von **Untersee** bis nach **Obertraun** genießt man jede Menge schöner Ausblicke, weite Wiesen und ein kühles Bad im See (Dauer knapp 3 Stunden).
- Ein ganz besonderes Erlebnis sind die jährlichen **Seeprozessionen zu Fronleichnam** mit den sogenannten „Mutzen", große Holzboote auf denen sich der Altar und eine Musikkapelle befinden.
- **Senferei Annamax** in **Bad Goisern**, jedes Glas Senf reine Handarbeit, mehr als 20 Geschmackssorten, Schausenferei, Di-Sa 9-14, www.senferei.at

TOUREN

1 SÜDLICHES BECKEN
(mit Tourbeschreibung Seite 115)

Von Obertraun über Hallstatt nach Obersee zum Uferwirt Seeraunzn und am Ostufer zurück nach Obertraun.

| **LÄNGE** 13 km | **DAUER** 4 h

EIN- & AUSSTIEG
Strandbad Obertraun

2 OSTUFER-ERKUNDUNG

Von Obertraun nach Untersee.

| **LÄNGE** 8 km | **DAUER** 2-2:30 h

EIN- & AUSSTIEG
EINSTIEG Strandbad Obertraun.
AUSSTIEG Strandbad Untersee.
ZURÜCK Mit der Bahn.

3 NÖRDLICHES BECKEN

Vom Strandbad Untersee gegen den Uhrzeigersinn ums nördliche Becken.

| **LÄNGE** 6 km | **DAUER** 1:30-2 h

EIN- & AUSSTIEG
Strandbad Untersee

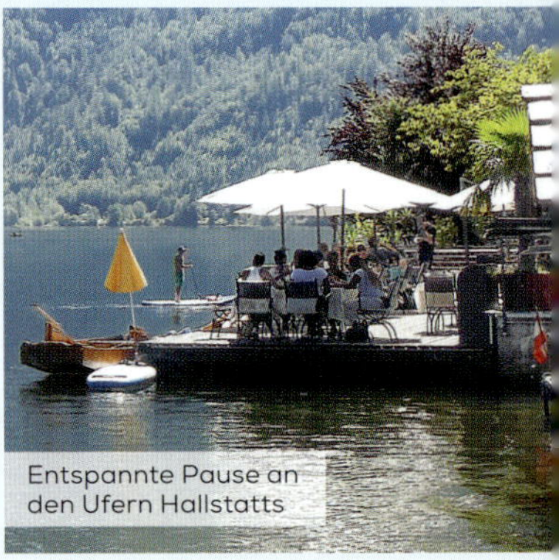

Entspannte Pause an den Ufern Hallstatts

SUP-VERMIETUNG

1 BOOTSVERLEIH KRUMBÖCK
Landungsplatz
4830 Hallstatt
Tel. +43 (0)6134 206 19
teresakrumboeck@gmx.at

2 PATHFINDER EVENTS
mobiler Service: bringt zu Steegwirt Bad Goisern, Strandbad Untersee, Parkplatz Gosaumühle
Ramsau 55
4822 Bad Goisern
Tel. +43 (0)664 252 70 59
www.pathfinder-events.at

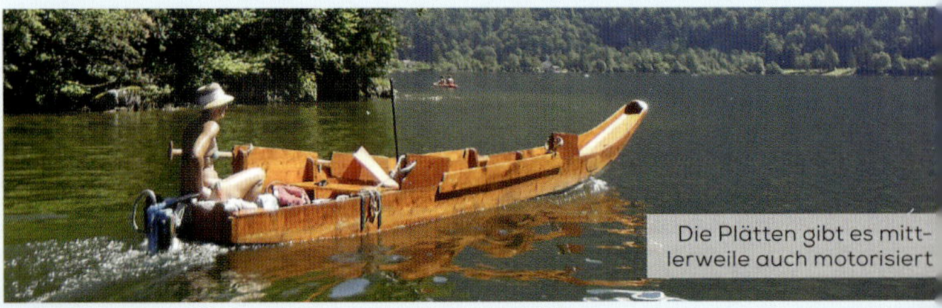

Die Plätten gibt es mittlerweile auch motorisiert

EINKEHR

1 UFERWIRT SEERAUNZN
Obersee 41, 4822 Bad Goisern
am Hallstättersee
Tel. +43 (0)676 433 12 63
www.seeraunzn.at
Do-Di 10-20 Uhr

KLASSIKER Backhendl, fangfrischer Fisch, reichhaltige Jausen, hausgemachte Mehlspeisen

2 WELTERBE WIRTSHAUS STEEGWIRT
Au 12, 4822 Bad Goisern
am Hallstättersee
Tel. +43 (0)6135 83 02
www.steegwirt.at
Tägl. 11.30-21 Uhr

KLASSIKER Regionale Haubengastronomie zu sehr fairen Preisen

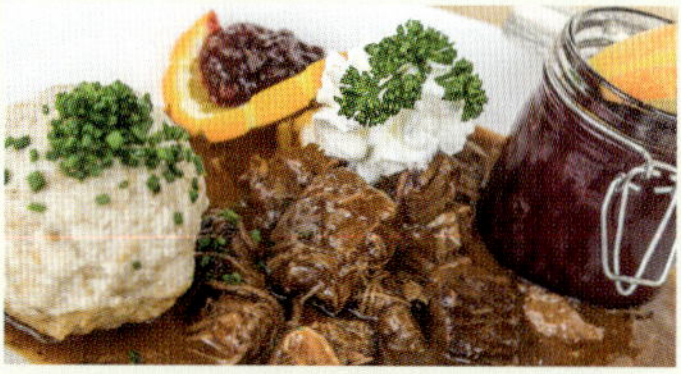

ÜBERNACHTUNG

1 PENSION SARSTEIN
Gosaumühlstr. 83, 4830 Hallstatt
Tel. +43 (0)6134 82 17

2 SEEHOTEL AM HALLSTÄTTERSEE
Seestr. 152, 4831 Obertraun
Tel. +43 (0)6131 462

3 PENSION HALLBERG
Seestr. 113, 4830 Hallstatt
Tel. +43 (0)6134 87 09
www.pension-hallberg-1.at

1 PADDELN AUF DEN SPUREN DES „WEISSEN GOLDES“

Den wunderschönen **HALLSTÄTTER SEE** finden wir am nördlichen Fuß des **DACHSTEINMASSIVS** im oberösterreichischen Salzkammergut. Sein tiefes Becken, das während der Eiszeiten vom Traungletscher geformt wurde, hat eine Länge von 5,9 Kilometern und ist 2,3 Kilometer breit. Durch einen vom Gosaubach aufgeschütteten Schwemmkegel wird der See in ein kleineres nördliches und ein größeres südliches Becken geteilt und genau dieses möchten wir heute per SUP erkunden.

Unsere Tour beginnen wir im **STRANDBAD OBERTRAUN**. Wie in allen anderen Strandbädern ist der Eintritt kostenlos, lediglich fürs Parken müssen wir einen kleinen Beitrag entrichten. Der gepflegte Badeplatz bietet ein großes Angebot an Freizeitaktivitäten sowie großzügige Liegewiesen mit Grillstellen und viel Schatten im angrenzenden Waldstück.

Über den ausladenden Steg gelangen wir bequem ins Wasser. Ein besonderes Angebot ist der Pool Lift, der es auch Rollstuhlfahrern ermöglicht, einfacher ins Wasser und somit auch aufs Board zu kommen. Gemütlich paddeln wir über die Traunmündung Richtung Südufer. Die dezente Schönheit der Natur beeindruckt uns. Von all den hohen Bergen, die den Ort umrahmen, ist der

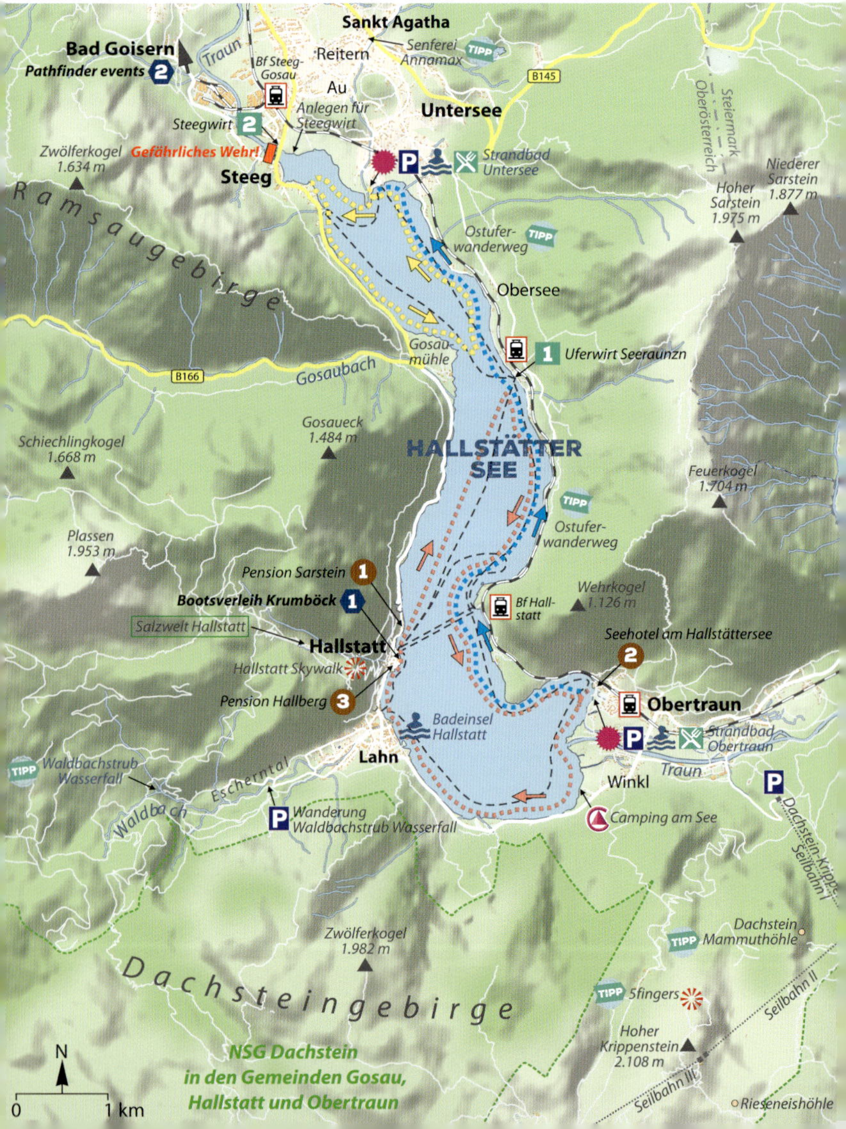

wohl markanteste der 2.100 Meter hohe **KRIPPENSTEIN**, dessen Anblick uns kurz in Ehrfurcht erstarren lässt.

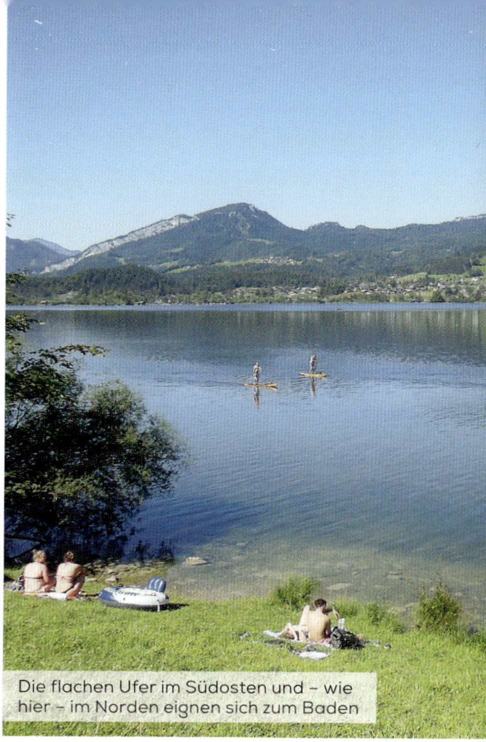

Die flachen Ufer im Südosten und – wie hier – im Norden eignen sich zum Baden

Wir paddeln weiter Richtung Westen, und zwar nicht „nach Hallstatt", sondern wie gebürtige Hallstätter, die nach Hause fahren, sagen würden, „in die Hallstatt", also in die Stätte des Salzabbaus. *Seinen Namen verdankt der Hallstätter See dem keltischen Wort „Hall", was soviel wie Salz bedeutet. Immer wieder begegnen uns sogenannte Zillen, das sind die für die Seen des Salzkammergutes typischen Holzboote. Gelenkt werde sie, ähnlich wie venezianische Gondeln, von einem einzigen stehenden Ruderer. Dienten diese Boote früher dem Salz- und Holztransport, so werden sie heutzutage eher von Touristen genutzt.* Mit Blick voraus auf die pittoreske **HALLSTÄTTER ALTSTADT** und die katholische Kirche, passieren wir die kleine, dem Ort vorgelagerte **BADEINSEL**, die über zwei Holzstege mit dem Festland verbunden ist. Vergnügte Familien genießen nach einem Sprung ins kühle Wasser ein Picknick.

Ein Landgang vor der evangelischen Kirche, direkt neben der Anlegestelle der Seerundfahrt, ist ein Muss auf unserer Rundtour. *Ein großartiger Anblick, wie sich die Häuser und Gässchen aus dem 16. Jahrhundert an den Berg schmiegen – dieser Ort bildet das archäologische Herz der Welterberegion.* Im **HALLSTÄTTER SALZBERG** TIPP befindet sich das älteste Bergwerk der Welt. Uns wundert es nicht, dass dieses einzigartige Flair Besucher aus aller Welt anzieht. Beim Schlendern durch den historischen Ortskern fühlt man sich an längst vergangene Zeiten erinnert und beim Blick hinunter auf den See kann man sich leicht vorstellen, wie früher die Menschen an diesem schwer zugänglichen Ort lebten und mit der „Fua", wie die Plätte im inneren Salzkammergut auch genannt wird, Waren in die umliegenden Siedlungen brachten.

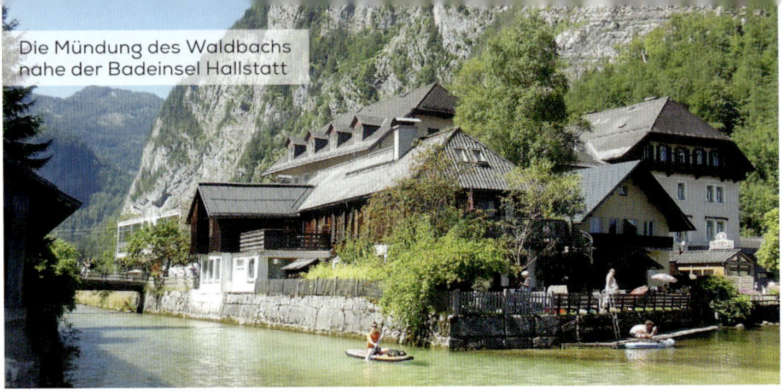

Die Mündung des Waldbachs nahe der Badeinsel Hallstatt

Nun machen wir uns daran, das südliche Becken zu queren und paddeln diagonal Richtung **OBERSEE** zum östlichen Ufer. In der Ferne winken uns fröhliche Touristen vom Deck der „MS Stefanie" zu, eines der Schiffe der Hallstättersee Schifffahrt. Durch die vom Schiff verursachten Wellen müssen wir uns kurz auf unsere Balance konzentrieren. Zurück in ruhigem Fahrwasser genießen wir den Blick ins glasklare Wasser und können heimische Fische wie Bachforellen, Seesaiblinge und Reinanken in der Tiefe des Sees beobachten – ein schönes Naturschauspiel.

Dann halten wir auf den hauseigenen Holzsteg vom **UFERWIRT SEERAUNZN** 1 zu. Auf der großen Sonnenterrasse mit Blick auf Hallstatt genießen wir gschmackige Bierkas-Nocken und fangfrischen Seesaibling. Gut gestärkt geht es entlang des Ostufers wieder Richtung Süden, wo nun massive Felswände direkt in den See abfallen. Nennenswerte Ufervegetation gibt es hier im Vergleich zu den Flachufern im Norden und Süden mit seinen Feuchtwiesen und Verlandungsmooren keine. Parallel zu unserer Paddelstrecke verläuft eine am Fels befestigte schöne Wanderweghängebrücke, Teil des **OSTUFERWANDERWEGES** TIPP. Zwischen Seeufer und Wehrgraben geht sie in eine Hängebrücke über, die über die tiefste Stelle (125 m) des Hallstätter Sees führt. Nach weiteren 30 Minuten gemütlichen Paddelns erreichen wir wieder den Ausgangspunkt unserer Tour und lassen den Tag im **STRANDBAD OBERTRAUN** gemütlich ausklingen.

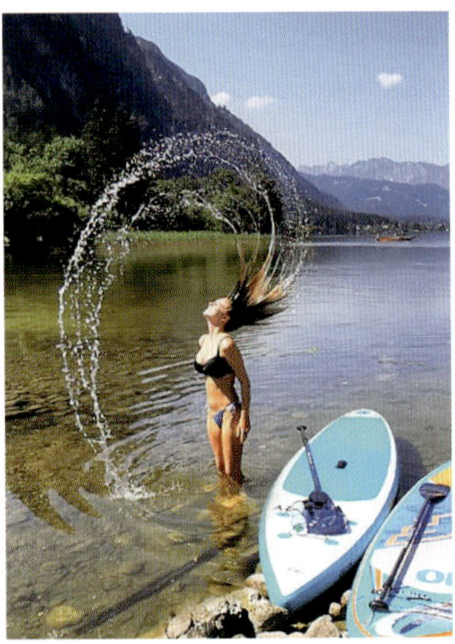

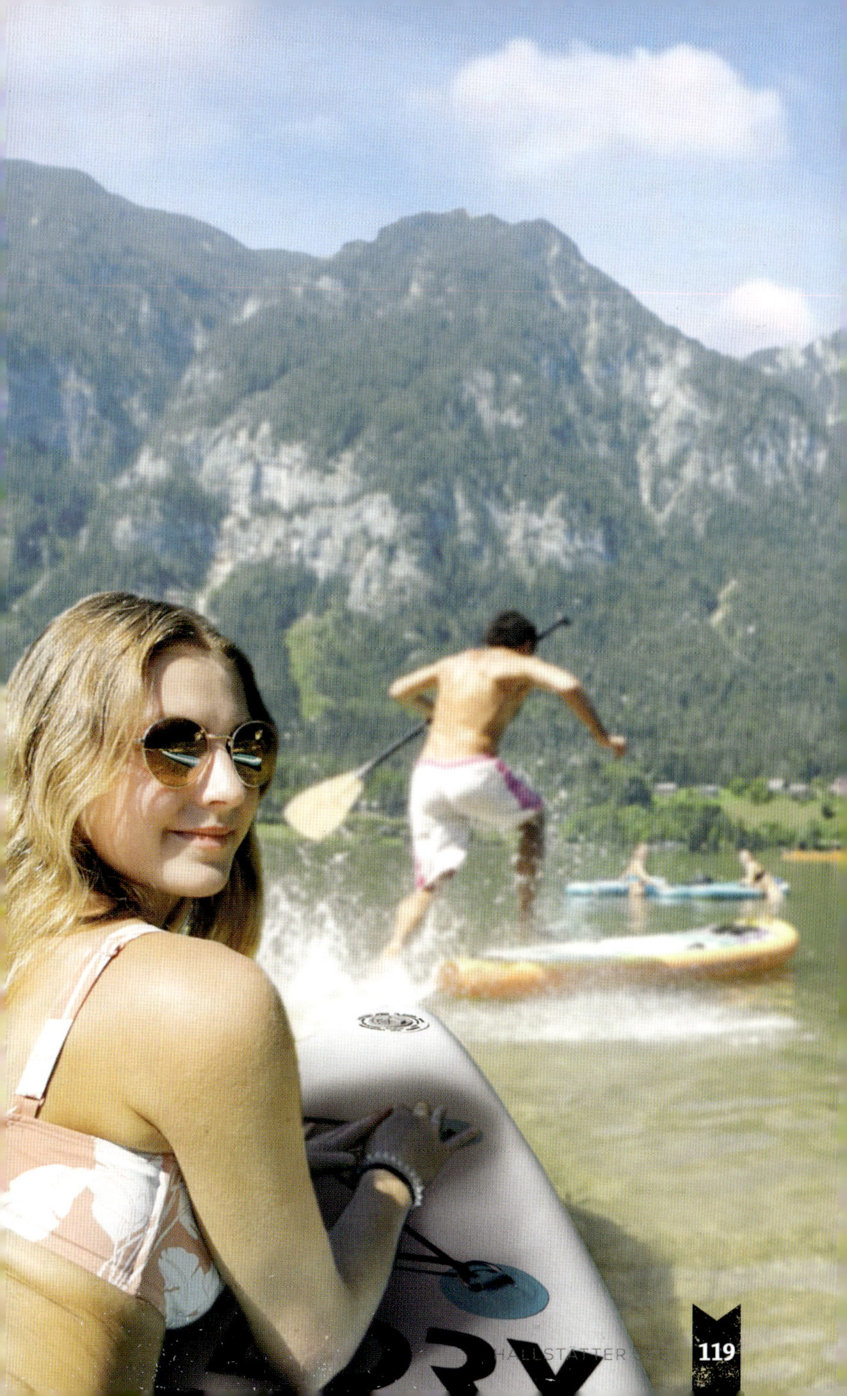

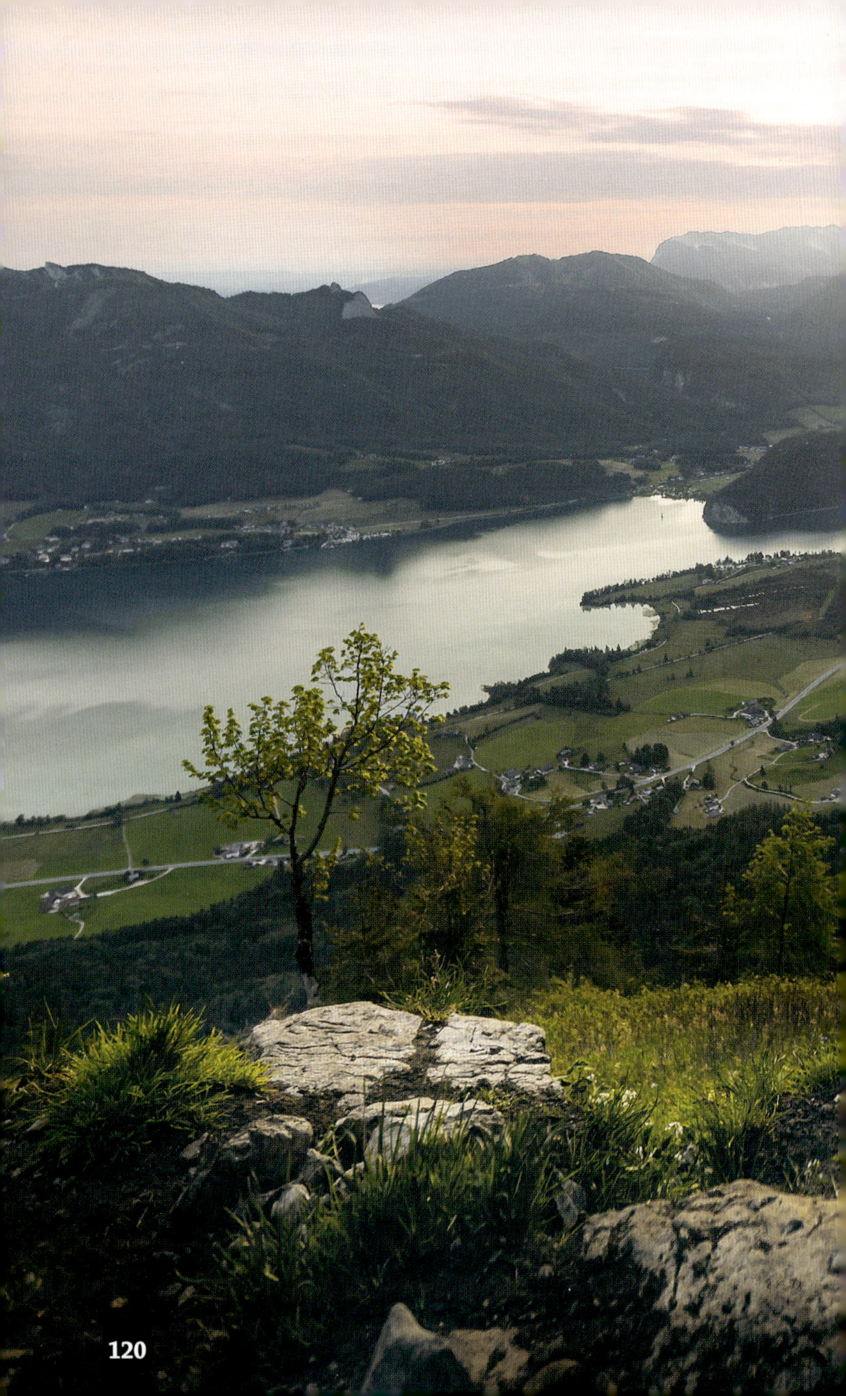

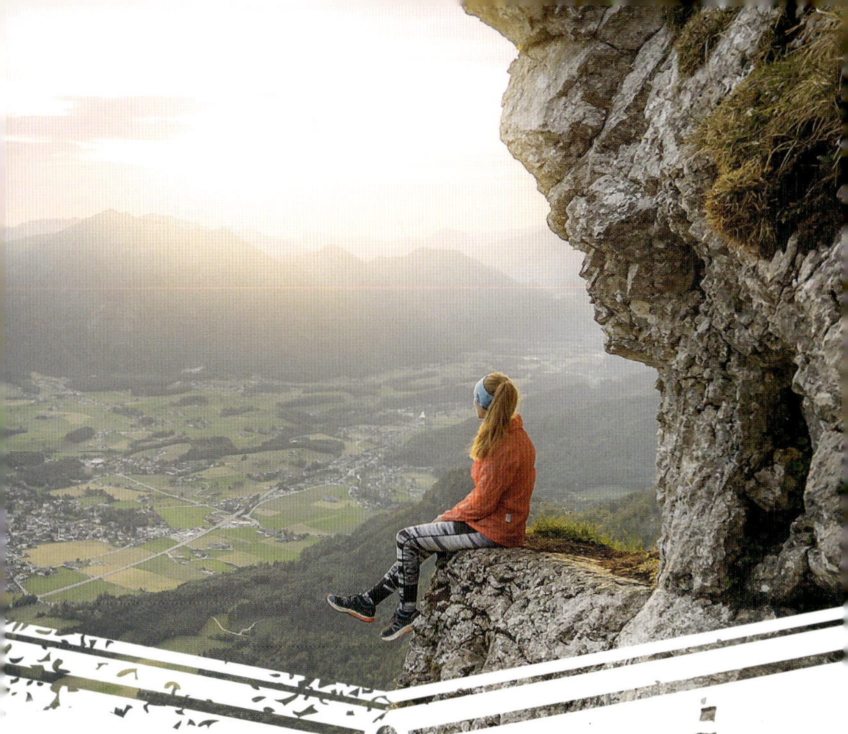

WOLFGANGSEE

ANSPRUCH

EINKEHR

Der für sein klares und extrem reines Wasser bekannte Wolfgangsee ist vor allem bei Tauchern ein beliebter Hotspot. Wir genießen das karibisch anmutende Spiel der Farben vom SUP aus und lassen uns von der fast schon kitschig-schönen Landschaft entlang der blauen Perle des Salzkammergutes zwischen Schafberg, Zwölferhorn und Postlalm verzaubern.

WIND & WETTER

Das gemäßigte und warme Klima beschert uns im Hochsommer Wassertemperaturen von bis zu 25 °C und durchschnittlich sechs Sonnenstunden täglich. Allerdings darf auch mit ca. 17 Regentagen gerechnet werden. Der Wetterbericht sollte vorab immer gecheckt werden, zumal das gesamte Salzkammergut bekannt für schnelle Wetterumschwünge ist.

Bei Westwetterlagen, beispielsweise wenn sich Gewitter aus Richtung München anbahnen, kann der Wind extrem stark werden. Windstärken von über 6 Beaufort (40 km/h bzw. 22-30 kn) sind keine Seltenheit. In diesen Fällen bricht der Wind meist nordwestlich St. Gilgens über den See rein und bläst Richtung St. Wolfgang. Weiter in Richtung Strobl am Wolfgangsee lässt die Windstärke dann meist deutlich nach.

Auch Südwind, hier der sogenannte „Brunnwind", ist bei Schönwetter nachmittags möglich und kann für starken Wellengang sorgen. Dieser thermische Wind mit max. 4 bft beginnt kurz nach St. Gilgen und wird von Nordwest-Strömung unterstützt.

BEFAHRUNGSREGELN

Motorboote, die kommerzielle Schifffahrt und Schwimmer haben stets Vorrang.

Das Befahren der Schilfgürtel des Schutzgebietes „Wolfgangsee-Blinklingmoos" am Südufer des Sees bei Strobl ist untersagt. Hinweistafeln weisen auf diese Schutzzone hin.

Bitte die Schonfristen für Fische und deren Laichgebiete beachten und dort nicht unbedingt herumpaddeln. Nähere Infos sind unter www.moorverein-wolfgangsee.at und www.salzburg.gv.at/Lebensraum_Schilf.pdf sowie in entsprechenden Foldern des Landes Salzburg erhältlich.

GEFAHREN

An der Einstiegsstelle Franzosenschanze ist der Übergang zum Wasser etwas felsig und die Steine an manchen Stellen rutschig. Es gibt zwei kleine Leitern, die ins Wasser führen, jedoch sind diese inklusive Geländer recht eng. Die SUPs am besten zu zweit ins Wasser legen.

Die Ufer sind meist flach, sodass man stecken bleiben kann. Daher genügend Abstand zum Ufer halten. Die Winde am Wolfgangsee können mitunter extrem stark sein und das Paddeln gerade für Einsteiger teils deutlich erschweren.

ANFAHRT MIT DEM PKW

Von Salzburg kommend nimmt man die Österreichische Romantikstraße B 158 und fährt am Fuschlsee vorbei in Richtung St. Gilgen am Wolfgangsee. Beim Kreisverkehr in St. Gilgen geradeaus in Richtung Strobl bzw. Bad Ischl weiterfahren und im Anschluss dem Straßenverlauf 4,5 Kilometer folgen. Der Badeplatz Franzosenschanze befindet sich vor dem Seegasthof Gamsjaga.

PARKEN

Beim Badeplatz Franzosenschanze gibt es zu beiden Seiten der Straße kostenpflichtige Parkplätze (6-20 Uhr für PKW 4,50 €).

ANFAHRT MIT ÖPNV

Vom Südtiroler Platz am Hbf Salzburg fährt man mit dem ÖBB Postbus 150 in einer Stunde zur Haltestelle „St. Gilgen/Schwand“. Von hier sind es zu Fuß ca. 300 m bis zum Badeplatz Franzosenschanze (Gamsjaga).

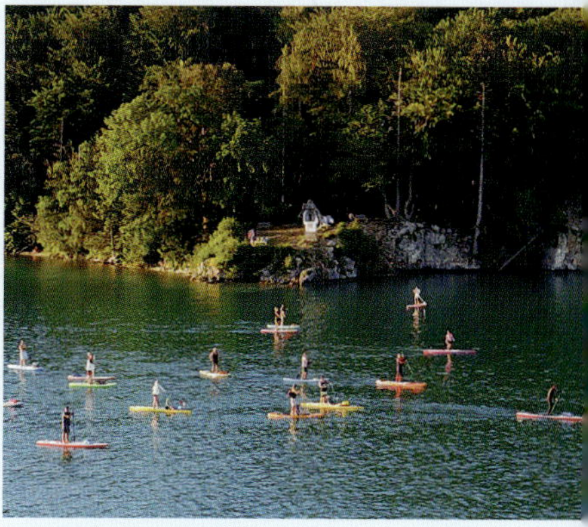

BADEN

Der 13 Quadratkilometer große See bietet genügend Einstiegsmöglichkeiten und zudem auch noch einen tollen Mix aus kostenfreien Zugängen und Strandbädern.

» **Naturbadestrand Bacheck,** Wundererweg (an der Zinkenbachmündung), 5342 Abersee.

» **Badewiese Sonnplatz,** Mondseestraße, 5340 St. Gilgen. *Kostenloser Zutritt.*

» **Badeplatz Franzosenschanze,** an der B158, 5342 Abersee. *Kostenloser Zutritt, WC.*

» **Badestrand Intermezzo,** Ried 52, 5360 St. Wolfgang. *Gastronomie.*

» **Gemeindebad,** Seestraße, 5350 Strobl. *Sanitäranlagen, Kinderspielplatz, Beachvolleyball, Gastronomie.*

» **Naturstrand Wasswiese,** Gschwendt 275, 5350 Strobl. *Sanitäranlagen, Kinderspielplatz, Gastronomie.*

» **Strandbad St. Gilgen,** Mondseestr. 12, 5340 St. Gilgen. *Kostenloser Zutritt, Sanitäranlagen, Gastronomie.*

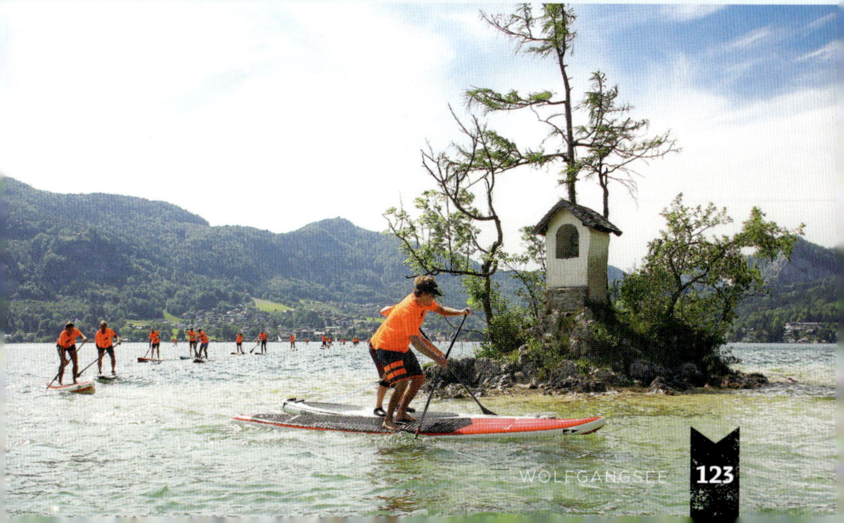

SEHENSWERT

- **St. Gilgen:** Im **Museum Zinkenbacher Malerkolonie** wird eine Gruppe österreichischer Künstler vorgestellt – unterschiedlichster sozialer Herkunft und Gesinnung – die in den 1920er und 30er Jahren am Wolfgangsee Urlaub machten und hier wirkten. Das **Heimatkundliche Museum** *wurde bereits 1655 erbaut und diente lange als Einsiedlerhäusl.* Heute zeigt es Objekte zur Geschichte lokaler Handwerkszweige, eine religiöse Sammlung, Möbel und Hausrat des 19. Jhs. sowie eine Dokumentation zu berühmten Gästen des Ortes. www.heimatkundliches-museum-sankt-gilgen.at

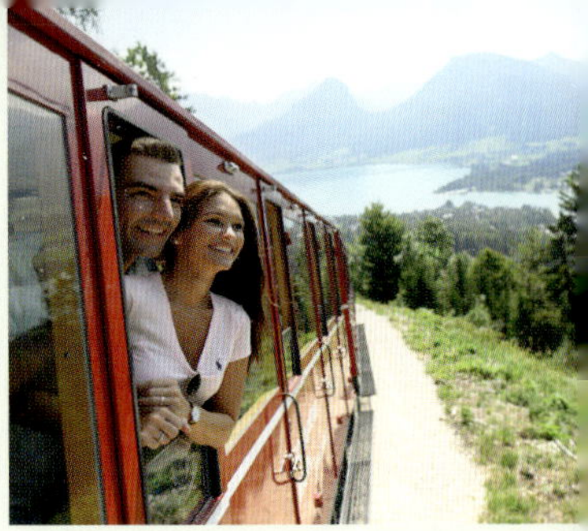

- Das **Mozart-Haus** (Museum) *war das Geburtshaus der Mutter sowie das Wohnhaus der Schwester Wolfgang Amadeus Mozarts.* www.mozarthaus.info
- **St. Wolfgang:** *Die wuchtige, auf einem Felsen stehende* **Katholische Pfarr- & Wallfahrtskirche** *mit dem berühmten, gotischen Flügelaltar von Michael Pacher geht mindestens auf das 12. Jahrhundert zurück.* Weltberühmte Kultstätte und einer der bedeutendsten Wallfahrtsorte Europas mit wichtigen Reliquien und Votivbildern.

TIPP EXTRA-TIPPS

- Fast schon ein MUSS während dieser SUP-Tour ist ein **Erinnerungsfoto** vor der wunderschönen Kulisse des **Ochsenkreuzes,** einem Bildstock, der auf der einzigen, fast schon kuriosen „Metzgerinsel" am Ostufer des Sees bei St. Gilgen steht. *Die Sage erzählt von einem Bauern, der seinen Ochsen zum Schlachten nach St. Gilgen entlang des Sees trieb. Durch herabfallende Steine scheute der Ochse, geriet in Panik und stürzte mit dem Bauern in den See. Der Bauer konnte nicht schwimmen, klammerte sich an den Schwanz des Ochsen und ließ sich zu der winzigen Insel ziehen. Aus Dankbarkeit ließ er diesen kleinen Bildstock errichten.*
- Seit 2018 wird jährlich zu Pfingsten das **Legend of Ox SUP Race** von Stand Up Paddle Salzburg gemeinsam mit der Gemeinde St. Gilgen veranstaltet. Jeder kann mitmachen und die Strecke führt vorbei am markanten Ochsenkreuz. www.legendofox.com
- In der **„Dorf-Alm"** zu St. Wolfgang befindet sich das **Puppenmuseum,** dessen älteste Exponate aus dem Jahr 1890 datieren. www.dorf-alm.at
- Mit der steilsten Dampf-Zahnradbahn Österreichs, der **Schafbergbahn,** kommt man seit 1893 bequem auf den 1.783 m hohen Schafberg. Deren Lokomotiven zählen zu den ältesten, noch fahrtüchtigen Loks der Welt und überwinden in 35 Minuten knapp 1.200 Höhenmeter. www.schafbergbahn.at

1 ZENTRALRUNDE

(mit Tourbeschreibung Seite 127)

Vom Badeplatz Franzosenschanze geht es nach rechts an Campingplätzen vorbei, bis zum Delta des Zinkenbachs. Dort überquert man den See zum gegenüberliegenden Ufer und fährt bis zur Schiffstation Ried/Falkenstein das Ufer wieder rauf. Dann quert man wieder und fährt geradeaus Richtung Einstieg zurück.

| **LÄNGE** 9 km | **DAUER** 2:30-3:30 h

EIN- & AUSSTIEG

Badeplatz Franzosenschanze

2 KLEINE NORDRUNDE

Von der Badewiese bei St. Gilgen geht es nach links Richtung Nordufer. Dann vorbei am bewaldeten Ufer des Saurüssels bis zum Ochsenkreuz. Dort quert man wieder nach St. Gilgen.

| **LÄNGE** 4,5 km | **DAUER** 1-1:30 h

EIN- & AUSSTIEG

Badewiese Sonnplatz

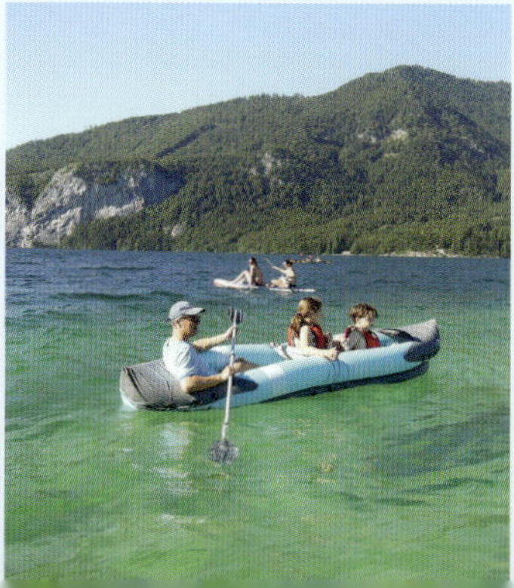

3 GROSSE SÜDRUNDE

Von der Wasswiese rechts entlang des Ufers Richtung Strobl. Von dort entlang des Ostufers zum Hotel „Im Weissen Rössl“ in St. Wolfgang. Hier wird der See gequert und am Westufer wieder zurück zum Einstieg.

| **LÄNGE** 9,5 km | **DAUER** 2:30-3:30 h

EIN- & AUSSTIEG

Naturstrand Wasswiese

SUP-VERMIETUNG

1 SPORTCAMP RAUDASCHL
(SUPen, surfen, segeln, biken)
Ried 155, 5360 St. Wolfgang
Tel. +43 (0)660 523 66 78
www.sportraudaschl.at

2 NAISH SUP CENTER WOLFGANGSEE
Seecamping Appesbach
Au 99, 5360 St. Wolfgang
Tel. +43 (0)6138 22 06 20
www.appesbach.at/sup-center

3 RADHAUS WOLFGANGSEE
(Fahrräder, kleine SUP-Vermietung)
Steinklüftstr. 2a, 5340 St. Gilgen
Tel. +43 (0)6227 203 85
www.radhaus-wolfgangsee.at

4 GLORY BOARDS
Boards können nach Vereinbarung in Seekirchen am Wallersee gemietet werden (35 km vom Einstieg entfernt)
Gewerbestraße 1, 5201 Seekirchen
Tel. +43 (0)664 887 511 00
www.gloryboards.com

EINKEHR

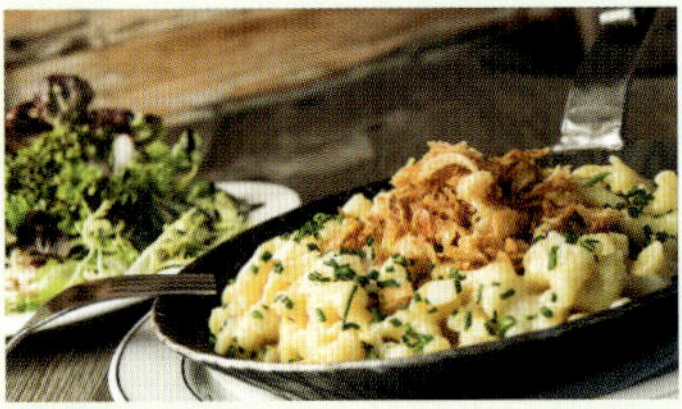

1 SCHMANKERLSTUBN

Schwarzenbach 16, 5360 St. Wolfgang
Tel. +43 (0)6138 25 43 40
www.berau.at
Tägl. 12-14 & 18-21 Uhr

KLASSIKER
Original Wolfganger Kasspatzn

2 JAUSENSTATION DORNERHOF

Ried 11, 5360 St. Wolfgang
Tel. +43 (0)664 520 32 51
www.jausenstation-dornerhof.at
Mai, Jun, Sep, Okt Fr-Di 12-20 Uhr
Jul & Aug auch Do ab 17 Uhr

KLASSIKER Herzhafte Brettljause sowie die „Kistenbratlabende" jeden Do im Jul, Aug

3 BACHERL'S SEECAFÉ - CAMPING APPESBACH

Au 99, 5360 St. Wolfgang
Tel. +43 (0)6138 22 06
www.appesbach.at
Mo-Do 12-18, Fr-Sa 8-22 Uhr
Juli und August kein Ruhetag

KLASSIKER Verwöhn-Frühstück vor dem SUP, Käsespätzle nach der Tour

4 BRENNEREI PRIMUSHÄUSL

Gschwendt 40, 5342 Abersee
Tel. +43 (0)664 150 21 11
www.primushaeusl.at
Mo-Sa 9-12 & 13-18 Uhr

KLASSIKER Prämierte Edelbrände aus eigener Produktion

ÜBERNACHTUNG

1 SEECAMPING APPESBACH

(Camping, Mietwohnwagen, Tinyhouse)
Au 99, 5360 St. Wolfgang
Tel. +43 (0)6138 22 06
www.appesbach.at

2 ROMANTIK CAMPING

Wolfgangsee Lindenstrand
Schwand 19, 5342 Abersee
Tel. +43 (0)6227 32 05
www.lindenstrand.at

3 SEEHAUS FAMILIE LEIFER

(Fewo, Zimmer, SUPs)
Markt 104, 5360 St. Wolfgang
Tel. +43 (0)664 847 43 30
www.seehaus-leifer.at

4 PENSION WENGLHOF

Wenglstraße 1, 5340 St. Gilgen
Tel. +43 (0)6227 24 76
www.wenglhof.at

5 SONNWIRTSTÖCKL

Mondseestraße 35, 5340 St. Gilgen
Tel. +43 (0)650 342 35 00
www.stgilgen.com

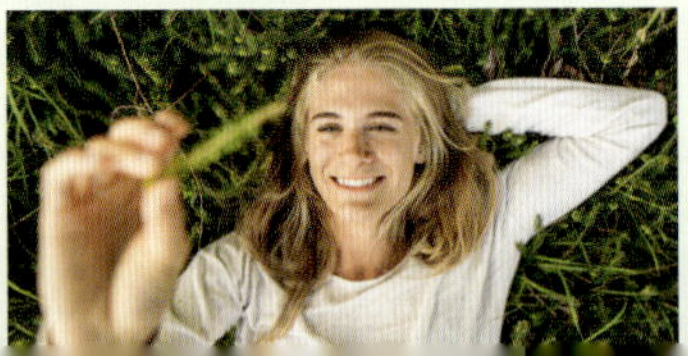

1 MEDITERRANER FLAIR AM BLAUEN „MEER"

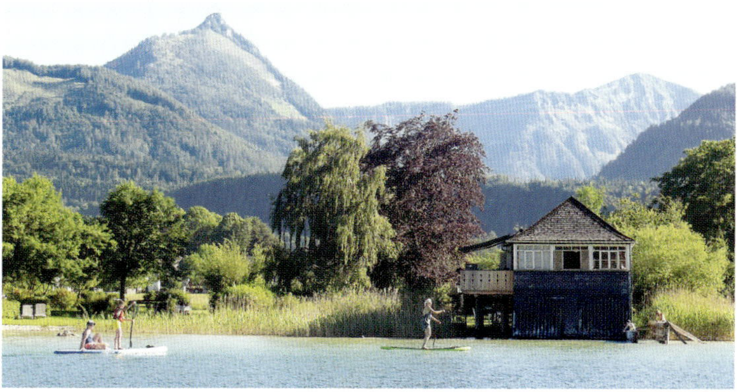

Heute steht eine kleine Herausforderung an, denn wir begeben uns auf eine längere Tour, welche uns mit dem hier am **WOLFGANGSEE** vorherrschenden „Brunnwind" bekannt machen wird. Dieser tritt meist nachmittags auf und bringt einen deutlichen Wellengang mit sich. Dennoch ist und bleibt der Wolfgangsee die ideale Destination für Familienurlaube, denn die Ufer sind flach und auch für Kinder geeignet. Rundherum gibt es genug Action-Angebote für Groß und Klein sowie qualitative Unterkünfte in allen Preisklassen. Eine herrliche Naturkulisse und eine Menge Lokale und Bars runden das Ganze ab. Außerdem ist der See aufgrund seiner hervorragenden Wasserqualität sogar Referenzgewässer für die gesamte EU. Das blaue Wasser entsteht durch die Absorption des Lichts durch Wassermoleküle. Da dem See jedoch das Calciumcarbonat fast vollständig fehlt, kommen Besucher der Region in den optischen Genuss dieser hellen Wasserfärbung.

Wir steigen am gut besuchten **FREIBAD FRANZOSENSCHANZE** . ein und müssen uns gleich mal an den Wellengang gewöhnen, der hier herrscht. Viele Windsurfer und einige Kiter befinden sich in Ufernähe und es ist ratsam, genügend Abstand zum Ufer und anderen Wassersportlern zu halten. Unser erstes Ziel ist der Zinkenbach, der aus südwestlicher Richtung in den See einströmt und ein malerisches kleines Delta bildet, welches auch von Badegästen genutzt wird. Wir fahren in Ufernähe vorbei an den sympathischen **CAMPINGPLÄTZEN**, die sich zwischen den Bäumen aneinanderreihen. Vor uns der 1.783 m hohe **SCHAFBERG** mit der steilsten **ZAHNRADBAHN** TIPP Österreichs,

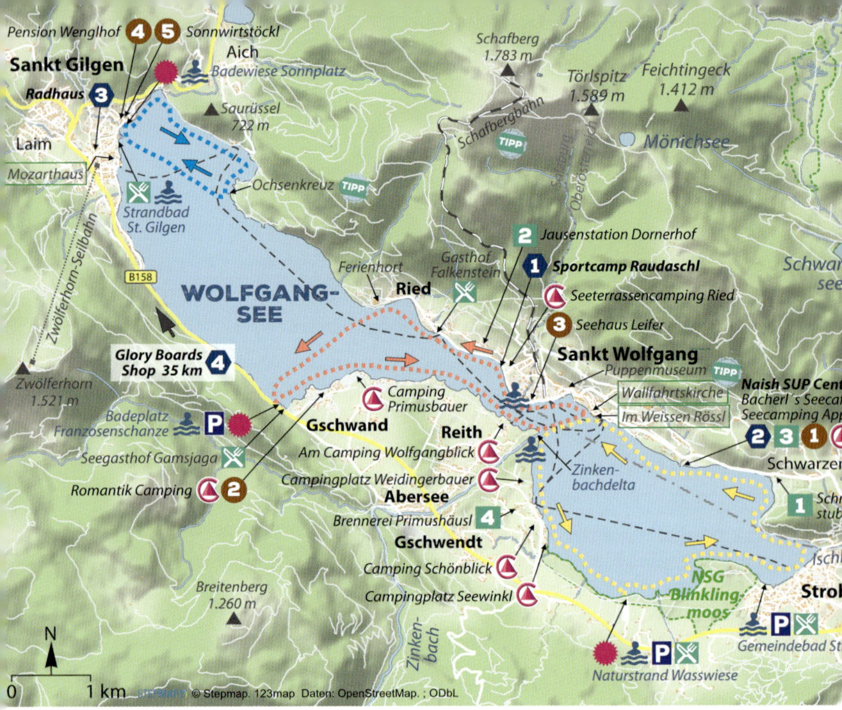

hinter uns das 1.521 m hohe **ZWÖLFERHORN** und die Sorgen des Alltags. Wir vergessen im Paddelflow, dass uns gestern auf dem Weg zum Ochsenhorn an anderer Stelle des Sees ein Paddel bei voller Fahrt gebrochen ist und dass wir im **RADHAUS** 3 in **ST. GILGEN** Ersatz gefunden haben. Wir genießen die wellenreiche Challenge und die Sicht auf einzigartige Bergformationen zu unserer Linken und beobachten auch das rege Treiben überall an den Ufern.

Je mehr wir uns dem **ZINKENBACH** nähern, desto schmaler wird der See und auch Wind und Wellengang lassen merklich nach. Plötzlich haben wir einen angenehmen Rückenwind und können uns bei Bedarf gemütlich vorwärtstreiben lassen. Der SUP-Sport ist am See eindeutig angekommen. Einige ziehen es aufgrund des Wellengangs vor, sitzend zu paddeln. Das Gebiet um den Zinkenbach ist für Anfänger eindeutig besser zum Üben geeignet als unser Einstieg an der Franzosenschanze oder die Gegend um das malerische **OCHSENKREUZ** TIPP an der Nordseite des Sees. Das **ZINKENBACHDELTA** könnte genauso gut ein kroatischer Badestrand sein. Klares, hellblau-türkises Wasser, weißer Schotterstrand und wenn Motorboote oder Schiffe vorbeifahren, gibt es leichte Wellen zum flachen Ufer – wie am Meer.

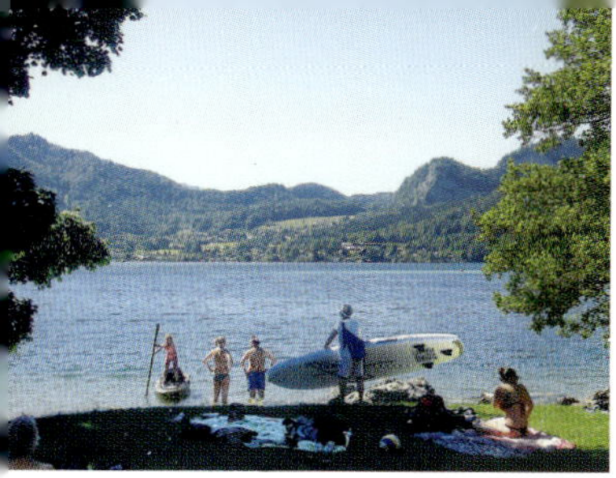

Von hier aus queren wir den See und fahren auf die markante **ST. WOLFGANG KIRCHE** zu. Dabei überfahren wir gleichzeitig die Landesgrenze zwischen Salzburg und Oberösterreich, die hier mitten durch den See verläuft und den Ort **ST. WOLFGANG** sogar auf zwei Bundesländer aufteilt. *Hier, in St. Wolfgang, begann auch die jahrzehntelange Begeisterung des langjährigen deutschen Bundeskanzlers Helmut Kohl für das Salzkammergut. Zum ersten Mal kam er 1968 hierher und stieg im Hotel Cortisen in St. Wolfgang ab. Später wurde St. Gilgen sein Urlaubsdomizil, das er über 30 Jahre besuchte und ihn 1985 zum Ehrenbürger ernannte.*

An der schmalsten Stelle des Sees liegen kaum mehr als 200 m zwischen den Ufern, aber es scheinen fast zwei unterschiedliche Welten zu sein. Zur einen Seite das belebte, zeitweise entlang der Uferstraße gar hektisch wirkende St. Wolfgang. Zur gegenüberliegenden Seite unverbaute Wiesen und ruhige Badestellen. Beides hat seinen eigenen Reiz und darum genießen wir auch unsere Fahrt bis rauf zum **GASTHOF FALKENSTEIN** und weiter bis zur imposanten Anlage des **FERIENHORTS** in **RIED**. Hier können Kinder und Jugendliche bereits seit 130 Jahren, betreut von ausgebildeten Pädagogen und Sportlehrern, qualitativ hochwertige Abenteuer- und Aktivferien genießen.

Die letzten 1,5 Kilometer vom Ferienhort zur **FRANZOSENSCHANZE** ● geben wir nochmal Gas und trotzen den herausfordernden Wellen. Der Ausstieg sollte wieder vorsichtig angegangen und die Boards zu zweit aus dem Wasser gehoben werden.

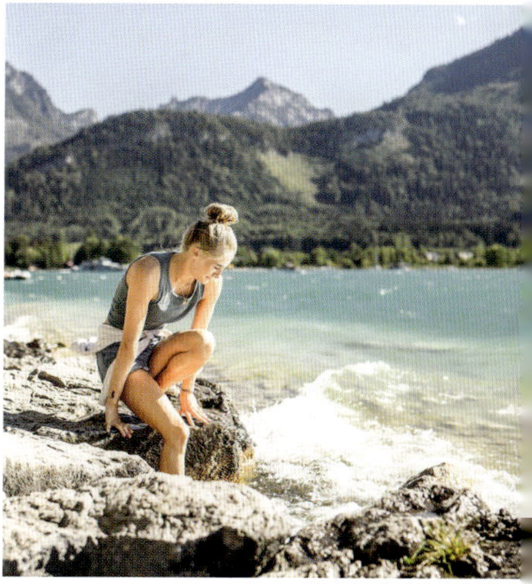

Insgesamt hat der Wolfgangsee für alle SUP-Levels geeignete Stellen parat und überzeugt mit seiner landschaftlichen Vielfalt und den herrlichen Farben, die an sonnigen und wolkenlosen Tagen zum Vorschein kommen. Der Tourismusverband Wolfgangsee bringt es auf den Punkt: „Meer braucht's ned".

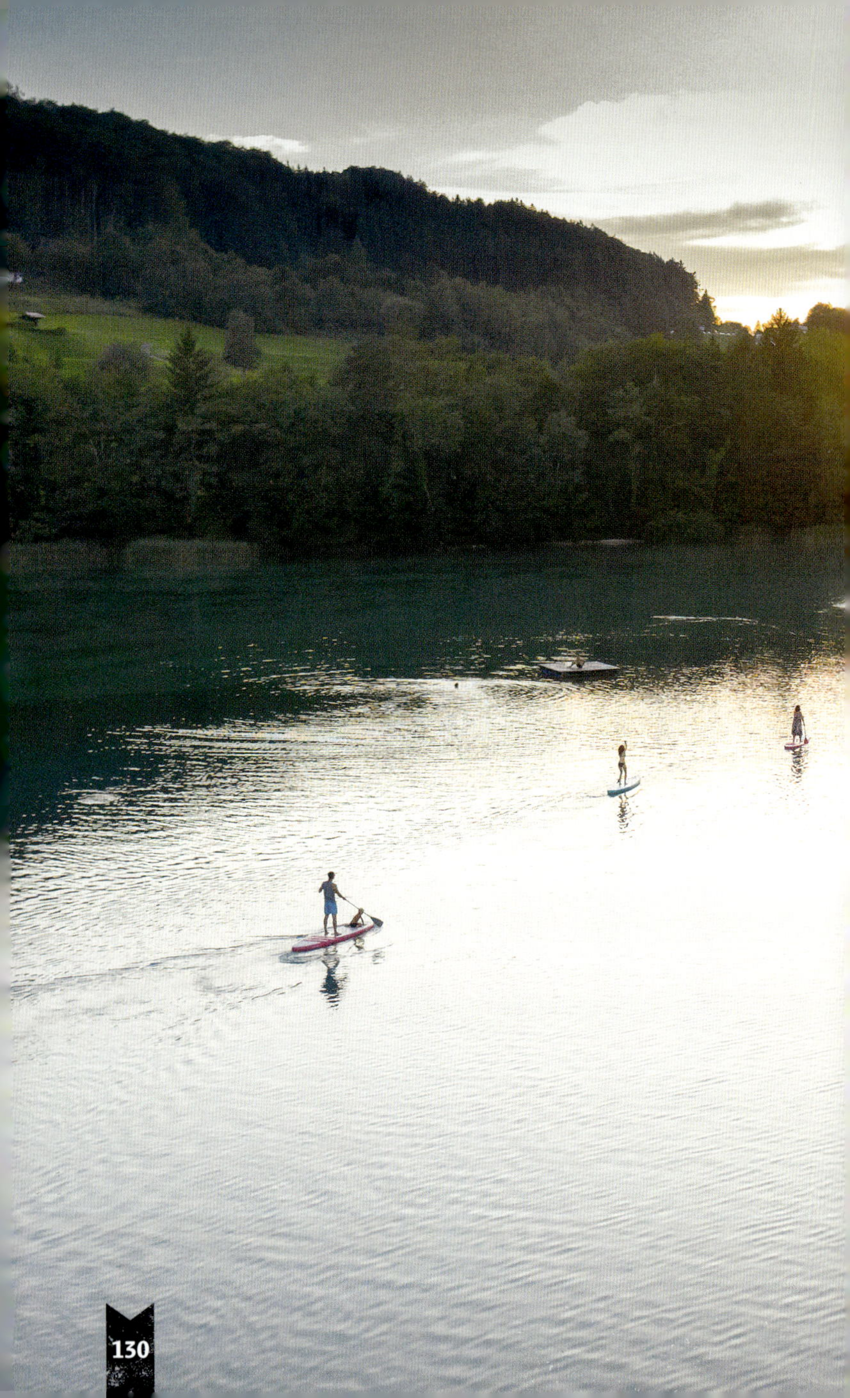

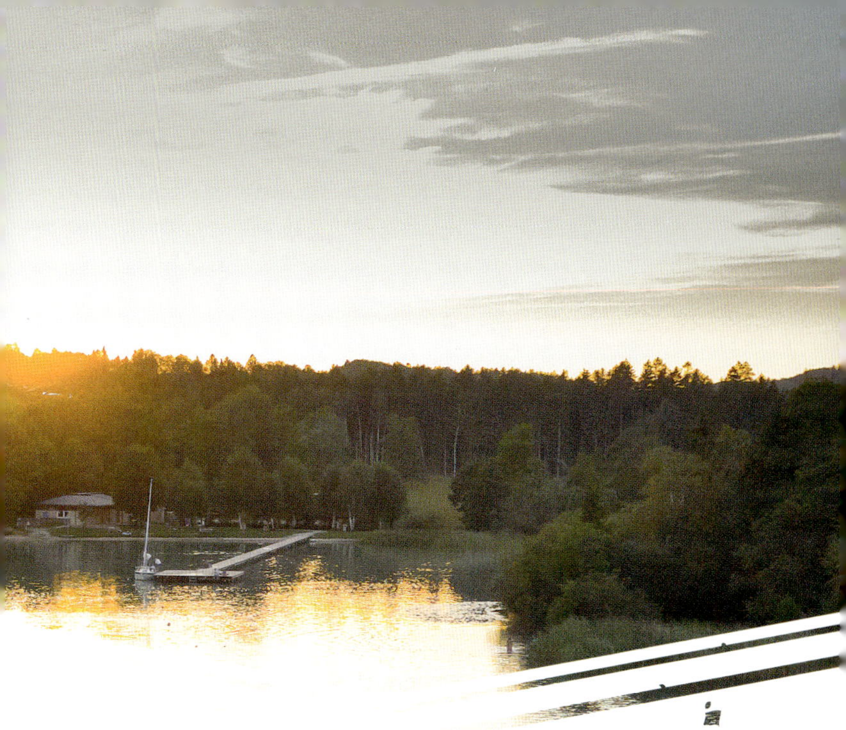

FUSCHLSEE

ANSPRUCH

EINKEHR

EINSTEIGER-TIPP!

Ganz schön besonders ist dieser idyllische See mit seiner ausgezeichneten Wasserqualität. An manchen Tagen schimmert er türkis und glitzert wie ein Edelstein, anderntags zeigt er sich in einem tiefen undurchdringlichen Blau. Ein malerischer Weg führt einmal rundherum, vorbei an kleinen Sandstränden, Blumenwiesen und hübschen Bauernhäusern.

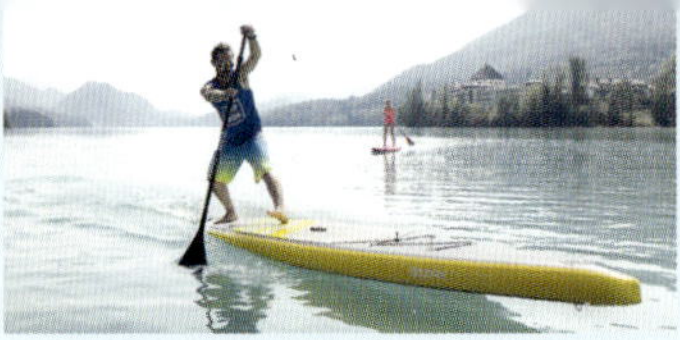

PARKEN

In Fuschl gibt es, etwas außerhalb des Ortskerns, einen kleinen kostenlosen Park & Ride-Parkplatz (Kirchenstraße). Es sind ca. 400 m zum Fuschlseebad bzw. ca. 1.000 m zum Einstieg beim Brunnwirt.

Direkt vorm Seebad befindet sich der kostenpflichtige Parkplatz Seebad. Bis zu zwei Stunden zahlt man 2,50 €, danach 5,50 € für den ganzen Tag. Ab 18 Uhr parkt man gebührenfrei.

WIND & WETTER

Rund um den Fuschlsee herrscht ein gemäßigtes Klima, welches im Sommer Höchsttemperaturen von bis zu 28 °C ermöglicht. Jedoch ist auch in den trockensten Monaten die Niederschlagsmenge recht hoch. Im August können es bis zu 160 mm / Tag sein.

Das Revier ist relativ windstill. Lediglich meist schwache Nord- und Südwinde können den Paddler begleiten und bei Bedarf ist man sowieso schnell in einer der zahllosen windgeschützten Buchten.

BEFAHRUNGSREGELN

Am See gibt es lediglich Elektro- und Tretboote sowie die Zillenschifffahrt. Auf diese ist achtzugeben, genauso wie auf Fischer und Badegäste.

Die Sumpfwiesen im direkten Umfeld des Hofer Naturbadestrandes dürfen nicht betreten werden. Hier also auch mit dem SUP genügend Abstand zur Sumpflandschaft an der nordwestlichen Spitze des Sees halten!

GEFAHREN

Keine

ANFAHRT MIT DEM PKW

Von Salzburg kommend nimmt man die Österreichische Romantikstraße B 158 und fährt nach ungefähr 20 km bei Fuschl nach links in den Ort ab. Gleich an der Ortseinfahrt befindet sich zur rechten Seite der Parkplatz Seebad.

ANFAHRT MIT ÖPNV

Von Salzburger Hbf (Südtiroler Platz) mit dem ÖBB Postbus 150 in 40 Minuten direkt bis „Fuschl am See“.

BADEN

Der Fuschlsee, einer der kühleren Seen der Salzburger Umgebung, ist trotz seiner Beliebtheit als Badesee nicht überlaufen und bietet überall entlang des Rundwegs in naturbelassenen Buchten viele Einstiege. Oft führen niedliche Holzstiegen zum See runter und offenbaren jedesmal Badeplätze mit unterschiedlichsten Charakterzügen.

Allerdings beträgt die Wassertemperatur auch im Hochsommer nur um die 20°C.

» **Hofer Naturbadestrand,** Schloss-Str. 11, 5322 Hof bei Salzburg. *Bei Schönwetter tgl., Eintritt frei, Parkgebühr 3 €, Duschen, Kabinen, Beachvolleyball.*

» **Badeplatz Stöllinger,** Fischerweg 1, 5330 Fuschl am See. *Gastronomie, Sanitäranlagen, Spielplatz, Tages-Eintrittspreis: 4 €.*

» **Fuschlseebad,**
Dorfstr. 30, 5330 Fuschl am See.
Gastronomie, Sanitäranlagen, Kinderspielplatz, reichhaltiges Sport-Angebot.

» **Strandbad Wesenauer,**
Au-Str. 21, 5330 Fuschl am See.
Sanitäranlagen, Kinderspielplatz, reichhaltiges Sport-Angebot, Tages-Eintrittspreis: 5 €.

» **Öffentlicher Strand Fuschl,**
Seestr., 5330 Fuschl am See.
Kostenloser Zutritt, jedoch keine Parkplätze direkt am See.

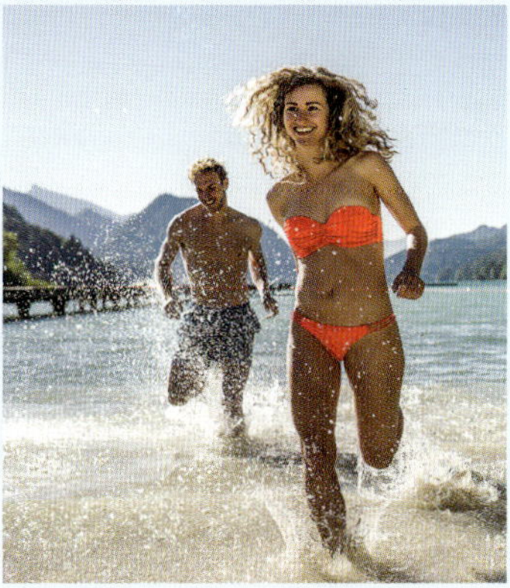

TIPP EXTRA-TIPPS

» In der 1872 errichteten **Rumingmühle** bei **Fuschl am See** wird jeden Dienstag auf Vorbestellung frisches Brot gebacken. An Freitagen ist **Jausentag** und es werden Mühlenvorführungen angeboten. Das Auto am besten am Fuschlseebad oder bei der ehemaligen Sommerrodelbahn parken und zu Fuß zur Mühle spazieren. Auf dem Weg dorthin kommen Sie bei einer **Kneippanlage** vorbei. Kurz vor der Mühle befindet sich auf der rechten Seite ein **Kräutergarten**. Jeden Freitag gibt es dort Tipps, wie man Kräuter im Alltag gut nutzen kann.

» In landschaftlich reizvoller Lage am Westabhang des Schobers liegt auf einem Felsen die malerische **Burgruine Wartenfels.** Eine Wanderung dorthin dauert 1:30-2 h und kann verbunden werden mit der Einkehr im empfehlenswerten **Forsthaus Wartenfels** *(nostalgische Zimmer).*

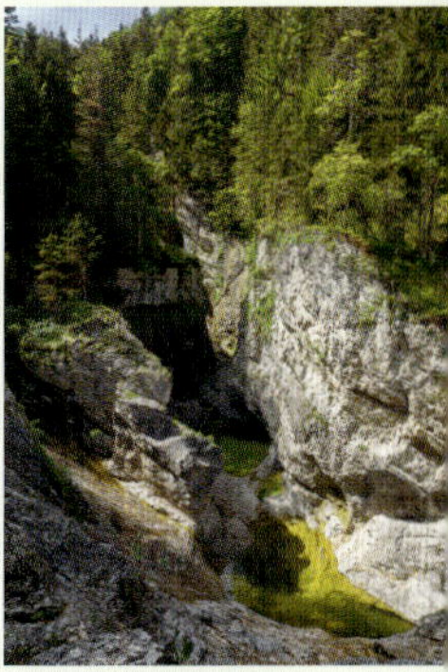

» Der Fuschlsee kann auf dem 11 km langen **Fuschlsee-Rundwanderweg** (Nr. 30) in 3-3:30 h umrundet werden. Es gibt eine sehr gute Beschilderung und vom Weg aus bieten sich herrliche Ausblicke. Interessante **Schautafeln** informieren über Flora und Fauna. Wem der Weg zu lang ist, steigt auf die „Zille“ und fährt über den See zurück.

» Den canyonartigen, durch Erosion entstandenen Taleinschnitt von einigen Kilometern Länge bildet die sogenannte **Strubklamm.** Sie bietet das ideale Ambiente für Freunde des Canyoning. Beim Hotel Obermayr in **Ebenau** starten regelmäßig geführte Touren. Anmeldung unter Tel. +43 (0)6221 72 36.

1 SEEDURCH-QUERUNG

(mit Tourbeschreibung Seite 136)

Vom Badeplatz hinterm Brunnwirt zum Nordufer. Das Nordufer entlang bis zum Schloss Fuschl bei Hof und mittig über den See zum Fuschlseebad zurück (500 m vom Einstieg).

| **LÄNGE** 8,5 km | **DAUER** 2-2:30 h

EIN- & AUSSTIEG

EINSTIEG hinterm Gasthof Brunnwirt

AUSSTIEG beim Fuschlseebad

2 WESTRUNDE

Vom Badeplatz Stöllinger das Südufer entlang bis zum Naturbadestrand Hof und am Nordufer zurück bis auf Höhe Badeplatz Stöllinger, dort Überquerung zurück zum Einstieg.

| **LÄNGE** 4,7 km | **DAUER** 1-1:30 h

EIN- & AUSSTIEG

Badeplatz Stöllinger

3 OSTRUNDE

Vom Badeplatz Stöllinger das Südufer entlang bis Fuschl und am Nordufer zurück bis auf Höhe Badeplatz Stöllinger, dort Überquerung zurück zum Einstieg.

| **LÄNGE** 4,7 km | **DAUER** 1-1:30 h

EIN- & AUSSTIEG

Badeplatz Stöllinger

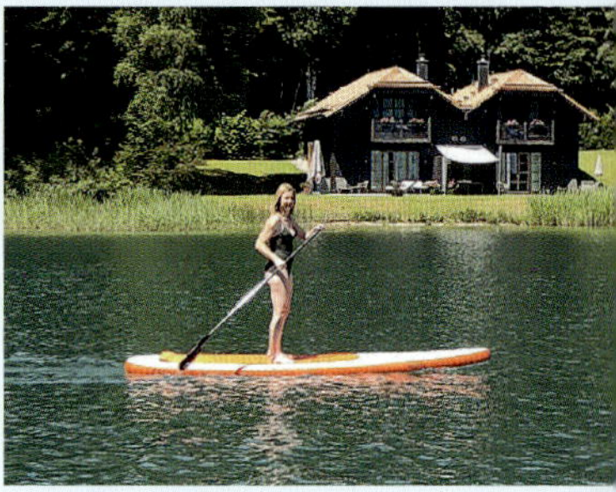

SUP-VERMIETUNG

1 SUP BOX

Pfeiferstr. 13, 5330 Fuschl am See
Tel. +43 (0)699 190 619 01
www.sup-box.at

2 STAND UP! PADDLE SALZBURG

SUP-Shop inkl. Vermietung in Salzburg für gesamtes Salzkammergut (22 km vom Einstieg entfernt)

Thenngasse 7, 5020 Salzburg
Tel. +43 (0)699 13 31 30 00
www.stand-up-paddle-salzburg.at

3 GLORY BOARDS

Boards können nach Vereinbarung in Seekirchen am Wallersee gemietet werden (25 km vom Einstieg entfernt)

Gewerbestraße 1, 5201 Seekirchen
Tel. +43 (0)664 887 511 00
www.gloryboards.com

HIER GIBT ES EBENFALLS SUP-AUSRÜSTUNG ZU MIETEN:

Ebners Waldhof, Hotel Seewinkel, Seeschlössel, Hotel Mohrenwirt, Badeplatz Wesenauer, Fuschlseebad.

EINKEHR

1 EDENBERGER'S CAFÉ AM SEE

Seestraße 15, 5330 Fuschl am See
Tel. +43 (0)6226 82 20 11
www.edenberger.at
Mi-Fr ab 17, Sa & So ab 12 Uhr

KLASSIKER Süßkartoffel-Karottensuppe und Hanfnudeln mit Basilikumpesto

2 JAKOB

Oberdorfstr. 2
5330 Fuschl am See
Tel. +43 (0)6226 85 88
www.jakobcafe.at
Tägl. 12-22, So ab 9.30, Di Ruhetag

KLASSIKER Flammkuchen

3 GAUCHOS DEL GUSTO FOODTRUCK

Infopoint, Bullenweide an der B158
5330 Fuschl am See
Tel. +43 (0)699 171 101 01
www.gauchosdelgusto.com
Täglich von 11-18 Uhr

KLASSIKER Feinstes Bison-Steak-Sandwich

4 KUHL'S BAR

Wolfgangseestr. 27
5322 Hof bei Salzburg
Tel. +43 (0)676 404 15 17
Mi-So 17-23 Uhr

KLASSIKER Pulled Pork Burger oder Almburger mit Pommes

ÜBERNACHTUNG

1 PENSION ANTONIA

Seestr. 9, 5330 Fuschl am See
Tel. +43 (0)664 190 03 18
www.pension-antonia.at

2 HOTEL SEEWINKEL & SEESCHLÖSSL

Seestr. 31, 5330 Fuschl am See
Tel. +43 (0)6226 83 44
www.seewinkel.com

3 APPARTMENTHAUS STÖLLINGER

Fischerweg 1, 5330 Fuschl am See
Tel. +43 (0)6226 83 78
www.appartements-fuschlsee.at

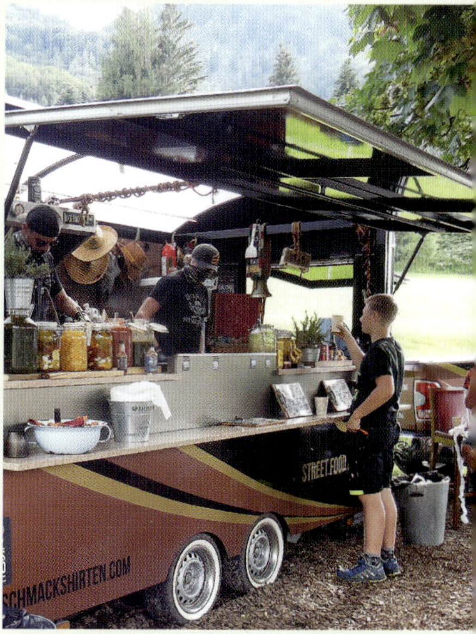

1 EINMAL SUNDOWNER UND ZURÜCK

Für die heutige Sundowner-Tour verschlägt es uns nach **FUSCHL AM SEE.** *Der kleine Ort entstand im 15. Jahrhundert und ist vor allem wegen seines weltweit berühmten Exportschlagers, dem Energydrink Red Bull, über die Grenzen des Salzburger Landes bekannt. Der Konzernriese hat sein Headquarter an den Fuschlsee verlegt und seither wird die Firmenzentrale außerhalb des Ortszentrums täglich von Touristen und Vorbeifahrenden fotografiert. Kein Wunder – sind doch die* **14 BRONZE-BULLEN**, *die größte Bronzeskulptur Europas, ein echter Hingucker.* Mit dem **SCHLOSS FUSCHL** und dem benachbarten Sheraton Hotel haben sich zwei Luxusherbergen am See niedergelassen, was man durchaus auch an den vielen hochpreisigen Luxusschlitten in der Gegend erkennen kann. Dennoch bleibt die Region bodenständig und ursprünglich und versteht es Tradition mit Luxus gekonnt zu verbinden.

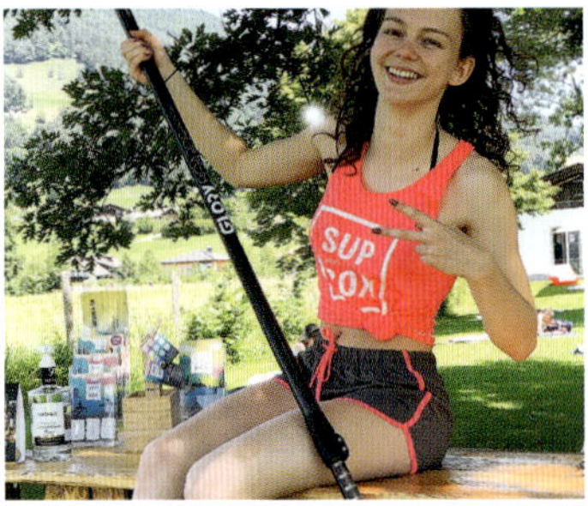

Da wir den See etwas besser kennenlernen wollen, schließen wir uns einer „Privat-Tour" der **SUP BOX FUSCHL** 1 an. Pünktlich um halb sieben Uhr abends treffen wir Rainer, den Betreiber der SUP Box, am Parkplatz Fuschlseebad. Der Local ist seit Jahren begeisterter Surfer, Kiter und Stand Up Paddler und betreibt auch am Mond- und Attersee SUP-Stationen. Er erzählt uns, dass vor allem namhafte Großkonzerne und Sportvereine zu seinen Kunden gehören. Deren Führungspersonal soll auf dem SUP den Kopf frei bekommen.

Nach kurzer Sicherheitsunterweisung und einer groben Tour-Besprechung geht es los und wir steigen links vom **FUSCHLSEEBAD** bei einem kleinen, versteckten öffentlichen **BADEPLATZ** hinter dem Hotel-Restaurant **BRUNNWIRT** ein. In dieser Bucht beginnen wir bereits mit einem Kracher: helltürkises Wasser und Karibikfeeling pur! Kein anderer See der Region hat diese außergewöhnlich schöne türkis-grünliche Färbung. Beim **STRANDBAD WESENAUER** überqueren wir schräg den bis zu 800 m breiten See, denn entlang des Nordufers gibt es unzählige versteckte Buchten, überhängende Bäume und malerische Holzstiegen, die vom **RUNDWEG** TIPP zum See herunterführen. Das Tolle am Fuschlsee, so erklärt uns unser Guide, ist, dass es hier,

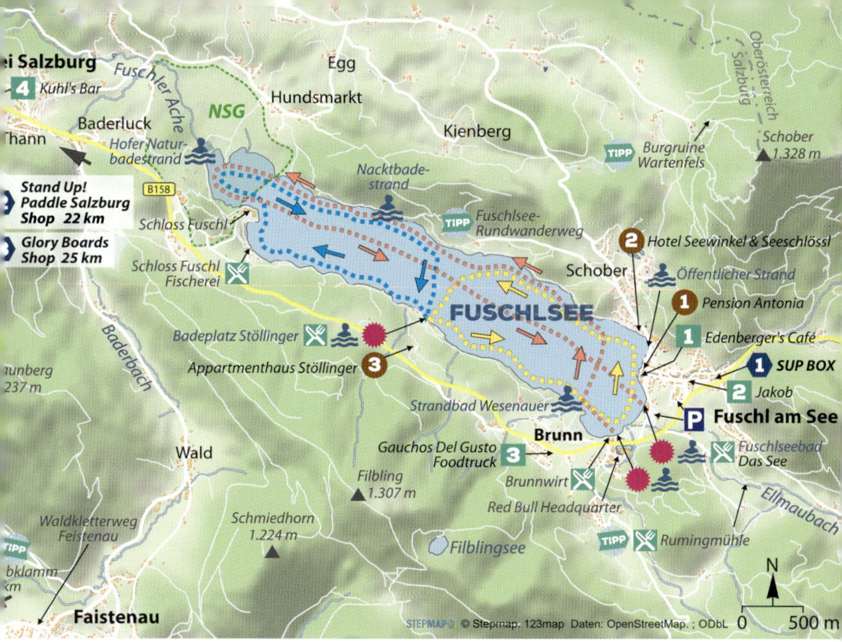

außer Elektrobooten und Wasserfahrzeugen der Wasserrettung und der Wasserpolizei, keine motorisierte Schifffahrt gibt. Dadurch ist der See extrem ruhig und auch für SUP-Einsteiger toll zu befahren. Wer mit Touring- oder Raceboards unterwegs ist, gleitet daher geschmeidig über das Wasser.

Unser Ziel ist der unter Einheimischen mittlerweile als **„INSTAGRAM-BAUM“** bekannte Baum, der vor ein paar Jahren wahrscheinlich einem Blitzschlag erlegen ist. Er befindet sich in einer kleinen Bucht, die gerne von Nacktbadern aufgesucht wird. Der kahle Baum ragt in den See hinein und wird seit seinem Ableben gerne für Nacktfotos genutzt. Etliche solcher Bilder haben es mittlerweile auf Instagram geschafft. Wir entscheiden uns, hier eine Pause einzulegen und ins herrliche weiche und in diesem Sommer gar 23 °C warme Wasser zu springen. Es scheint niemanden zu stören, dass wir angezogen sind und so genießt jeder in der Bucht die letzten Sonnenstrahlen des Tages.

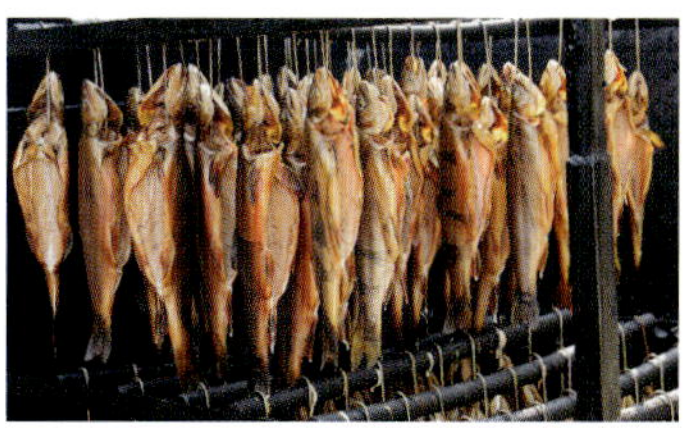

Der orange-roten Sonne hinter **HOF BEI SALZBURG** paddeln wir entgegen und passieren das weltberühmte **SCHLOSS FUSCHL**. In die südlich davon liegende **FISCHEREI**

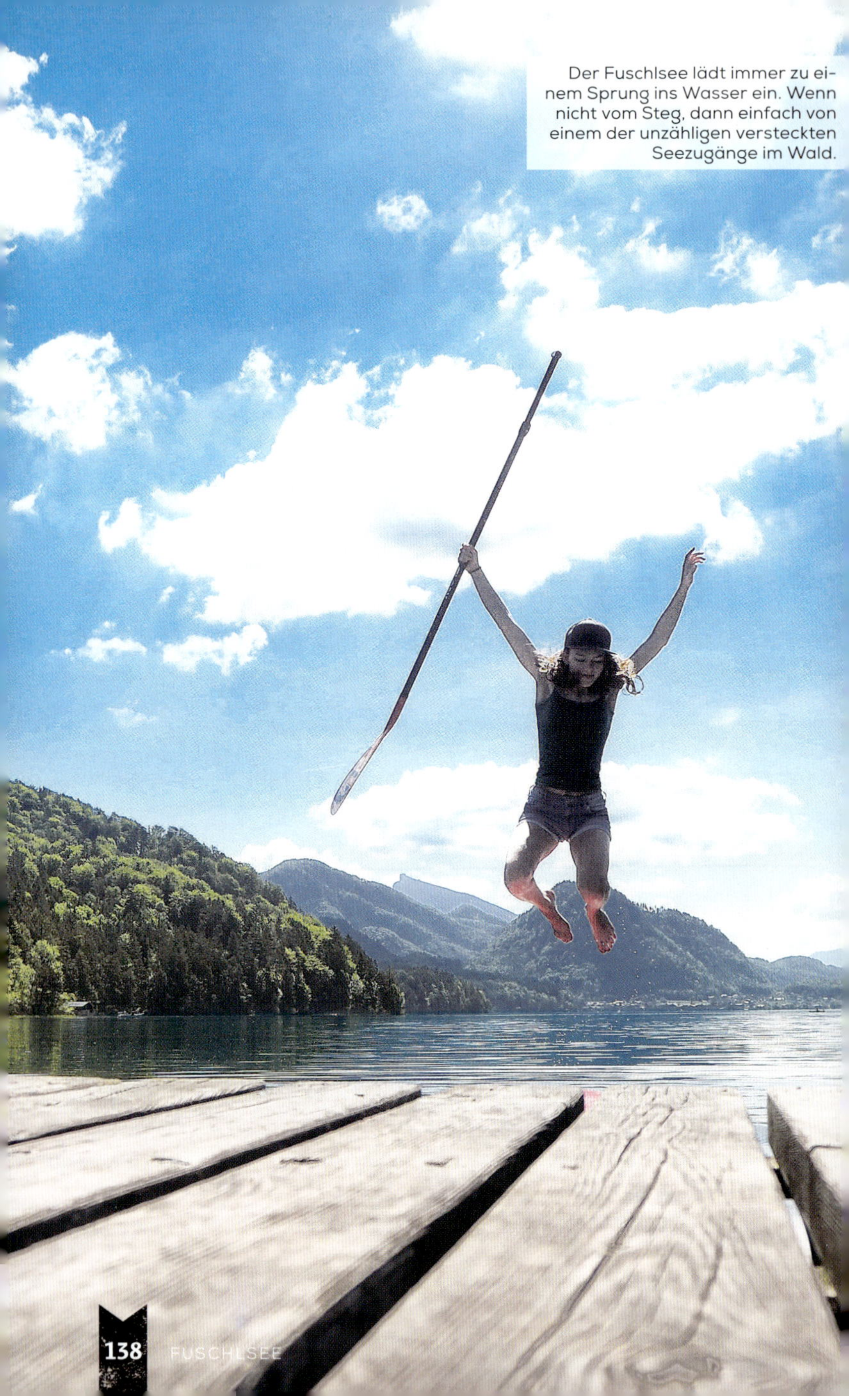

Der Fuschlsee lädt immer zu einem Sprung ins Wasser ein. Wenn nicht vom Steg, dann einfach von einem der unzähligen versteckten Seezugänge im Wald.

führt Rainer seine SUP-Kunden auch gerne am Ende einer Tour, um sich mit einer Räucherfisch-Jause standesgemäß zu stärken. Wir fahren jedoch 400 m weiter zum öffentlichen Badeplatz, dem **NATURBADESTRAND HOF**. Hier fließt die **FUSCHLER ACHE** ab und mündet ein paar Kilometer weiter nordöstlich in den Mondsee. Dessen östlicher Abfluss, die Seeache, führt wiederum 2,5 km weiter im Osten in den Attersee. Also haben drei Seen das gleiche Wasser und alles beginnt hier am Fuschlsee.

Die Sonne geht bald unter und der Rückweg kann beginnen. Unser Tour-Guide gibt uns eine Challenge: so lange wie möglich an die 40 Paddelschläge pro Minute durchziehen und Gas geben. Wir sind mittlerweile allein auf dem glatten See und powern uns in gerader Linie Richtung Fuschl aus. Für die rund vier Kilometer lange Strecke benötigen wir knapp dreißig Minuten. Kein Wunder – bei dieser Atmosphäre kommen wir in den Groove und es fährt sich fast von allein. Weil der See so übersichtlich und kompakt ist, hat man immer das Gefühl schnell unterwegs zu sein. Man ist nie weit vom Ufer weg und hat somit ein super Gefühl für die tatsächliche Geschwindigkeit.

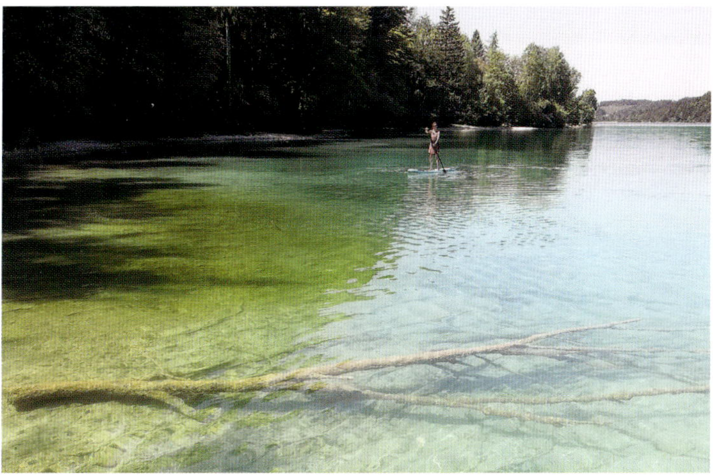

Rainer hatte recht: wir schaffen es tatsächlich noch vor Sonnenuntergang ins **„DAS SEE"** am **FUSCHLSEEBAD**. Hier wird noch etwas länger warme Küche serviert und wir stärken uns bei Radler, Pulled Pork- Sandwiches und herrlichem Flammkuchen. Jetzt verstehen wir auch, wieso der Stammgast vom Nebentisch meinte: "Jo, bei uns do lässt sich's leben!"

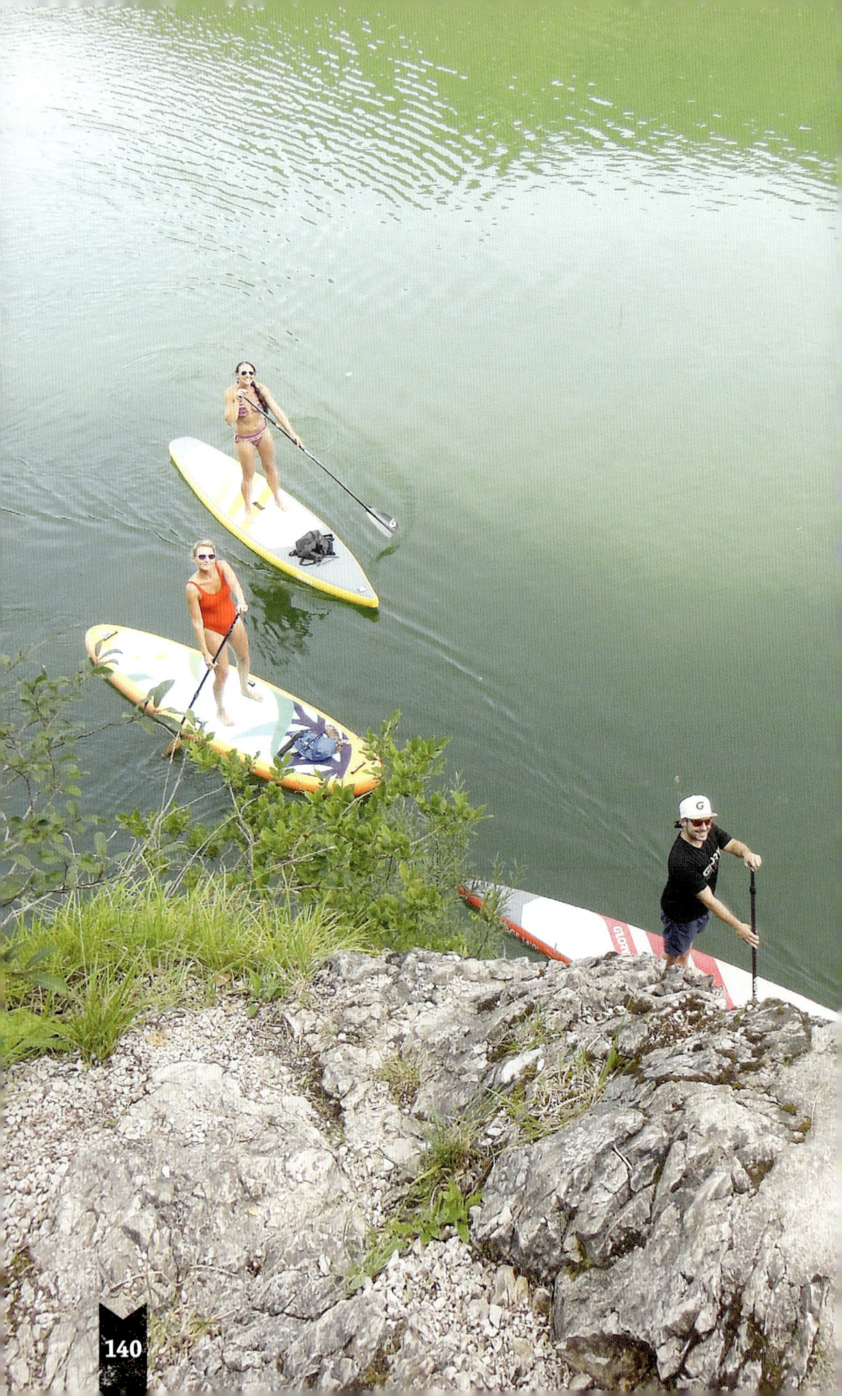

HINTERSEE

ANSPRUCH | EINKEHR

EINSTEIGER-TIPP!

Am Hintersee, versteckt in einem Seitental der Bergwelt der Osterhorngruppe, füllen wir unsere Energiespeicher wieder auf und genießen die malerische Landschaft. Später lassen wir an einer der zahlreichen frei zugänglichen Uferstellen den Tag ausklingen. Das Gebiet rund um den See ist mit über 150 Kilometern Wanderwege auch ein Paradies für Bergfexe.

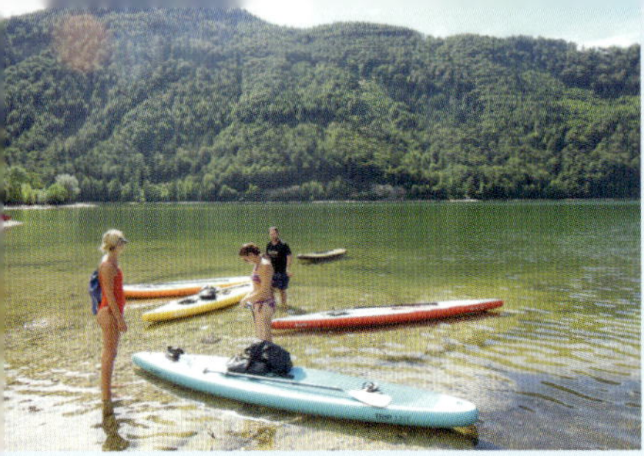

WIND & WETTER

Durch die geschützte Lage normalerweise nur leichte bis mäßige Winde, aufgrund der Höhenlage (746 m) kann sich die Wettersituation jedoch rasch ändern.

BEFAHRUNGSREGELN & GEFAHREN

Keine

ANFAHRT MIT DEM PKW

Von Salzburg aus nimmt man die B158 nach Osten und erreicht nach 16 km Baderluck. Hier biegt man nach rechts auf die Hinterseestraße nach Süden und gelangt nach 8,8 km zum Badeplatz Hirschpoint *(Navi: Hinterseestraße 130, 5324 Faistenau)*.

PARKEN

Am kostenfreien Parkplatz beim Badeplatz Hirschpoint.

ANFAHRT MIT ÖPNV

Von Salzburg Hbf (Südtiroler Platz) mit dem Postbus Nummer 155 bis zur Station „Hintersee Tauglbrücke", die Fahrzeit beträgt 0:52 h. Vom Ausstieg sind es 210 Meter Fußweg nach Norden bis zum Badeplatz Hirschpoint.

BADEN

Wenn man in dieser Region unterwegs ist, sollte man sich auf keinen Fall ein ausgiebiges Bad abseits vom Massentourismus im wunderschönen Hintersee entgehen lassen. Hierbei hat man die Wahl zwischen zahlreichen, frei zugänglichen Uferzonen oder aber man genießt die Infrastruktur an einem der drei öffentlichen Badeplätze.

» **Badeplatz Hirschpoint,** Hinterseestraße 130, 5324 Faistenau. *Kinderspiel- und Beachvolleyballplatz, Tischtennis, Streichelzoo, Kiosk, Toiletten.*

» **Badeplatz Taugl-Zipf,** Hinterseestraße, 5324 Hintersee. *Kiosk, Toiletten, Beachvolleyball.*

» **Badeplatz an der Lago Bar,** Seestraße 27, 5324 Faistenau. *Gastronomie, Spielplatz.*

SEHENSWERTES IM ORT HINTERSEE

» Der international bekannte **Künstler Bernd Horak**, einst Schüler von Jörg Immendorff, zeigt im **Kunsthaus Hintersee** auf rund 500 qm Ausstellungsfläche „Kunst für Menschenverstand". www.bernd-horak.com

» In die Zeit der unbeschwerten Kindheit fühlt man sich zurückversetzt im historischen **Puppenstubenmuseum** im Haus Satzstein und bestaunt dabei antike Puppenstuben, alte Kaufmannsläden, Teddybären und von Künstlerhand gefertigte „Meckis". Mi-So 12-17 und auf Anfrage.

EXTRA-TIPPS

» Der rund 5 km lange, familienfreundliche **Hintersee-Rundwanderweg,** ein einfach zu begehender Schotterweg, überzeugt durch leicht zugängliche Uferzonen. Schautafeln informieren unterwegs über die Tier- und Pflanzenwelt sowie die Geschichte des Sees (Dauer etwa 1:00 h). Auch toll im Winter!

» Ein wahres Kuriosum ist die **Eiskapelle,** ein Mini-Gletscher im **Grießbachgraben**. Durch die besondere Topographie ist die Sonneneinstrahlung minimal, wodurch diese Sehenswürdigkeit überhaupt erst bestehen kann. Das Betreten sollte aber tunlichst unterlassen werden, hier herrscht absolute Lebensgefahr durch mögliche Eisstürze!

» Die schönsten Uferplätze entlang des **Tiefenbachs** bei **Hintersee**, der teilweise in sehr schönen Kaskaden ins Tal fließt, erreicht man über einen Abschnitt des sogenannten **WaldWasserZauber.** Er soll zum bewussten Erfahren und Erleben der Natur anregen und lädt zum Kneippen und Spielen ein. Am besten gleich neben dem Feuerwehrhaus in Hintersee parken.

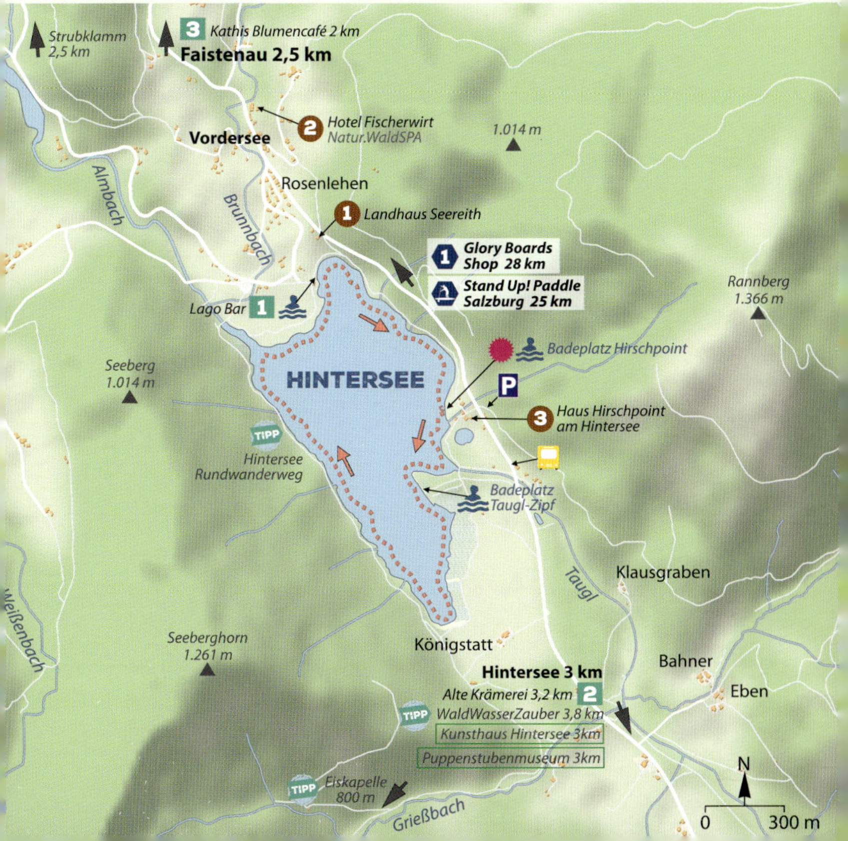

TOUREN

1 SEEUMRUNDUNG
(mit Tourbeschreibung Seite 146)

Vom Einstieg beim Badeplatz Hirschpoint nach Süden und immer dem Ufer entlang im Uhrzeigersinn einmal rund um den See.

| **LÄNGE** 3,6 km | **DAUER** ca. 1 h

EIN- & AUSSTIEG

Am Ostufer beim Badeplatz Hirschpoint *(freier Seezugang)*

SUP-VERMIETUNG

1 GLORY BOARDS

Boards können nach Vereinbarung in Seekirchen am Wallersee gemietet werden (28 km vom Einstieg)

Gewerbestraße 1, 5201 Seekirchen

Tel. +43 (0)664 887 511 00

www.gloryboards.com

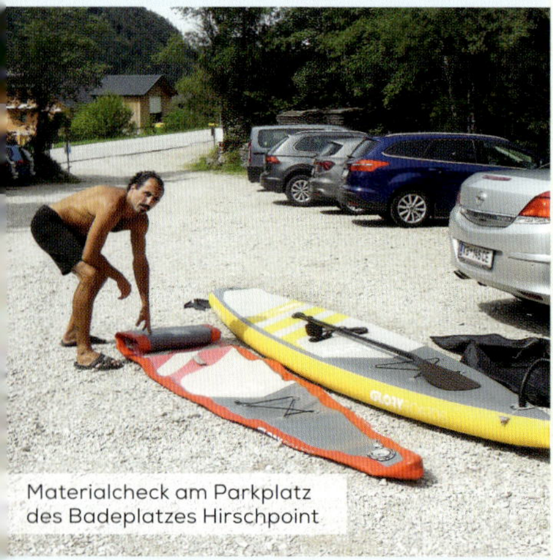

Materialcheck am Parkplatz des Badeplatzes Hirschpoint

EINKEHR

1 LAGO BAR

Hintersee 65

5324 Faistenau

Tel. +43 (0)676 716 80 60

Tägl. 9-22 Uhr

KLASSIKER Saftige Wraps, Hotdogs und knackige Salate

2 ALTE KRÄMEREI

Lämmerbach 41

5324 Hintersee

Tel. +43 (0)676 733 73 69

Di ab 16, Mi-Fr ab 11, Sa ab 9 Uhr

KLASSIKER Leckere Burger im kleinen, urigen Gasthaus mit angeschlossener Krämerei und Post

3 KATHIS BLUMENCAFÉ

am Oberhinteregger Hof

Tiefbrunnaustr. 17, 5324 Faistenau

Tel. +43 (0)6509 24 55 59

www.kathis-blumencafe.com

Do-Sa 8.45-18.17 Uhr

KLASSIKER Unfassbar leckere Torten

ÜBERNACHTUNG

1 LANDHAUS SEEREITH

(gelungene Mischung aus Romantik, Tradition und Komfort, moderne Alt-Holz-Sauna mit Alpenpanorama)

Hinterseestr. 124, 5324 Faistenau

Tel. +43 (0)6228 24 62

www.landhaus-seereith.at

2 HOTEL FISCHERWIRT NATUR.WALDSPA****
(Zimmer, feinste Kulinarik, Wellness)
Hinterseestr. 101, 5324 Faistenau
Tel. +43 (0)6228 23 32
www.fischerwirt.net

2 HAUS HIRSCHPOINT AM HINTERSEE
Hinterseestr. 130
5324 Faistenau
Tel. +43 (0)6641 90 92 06
www.hirschpoint.at

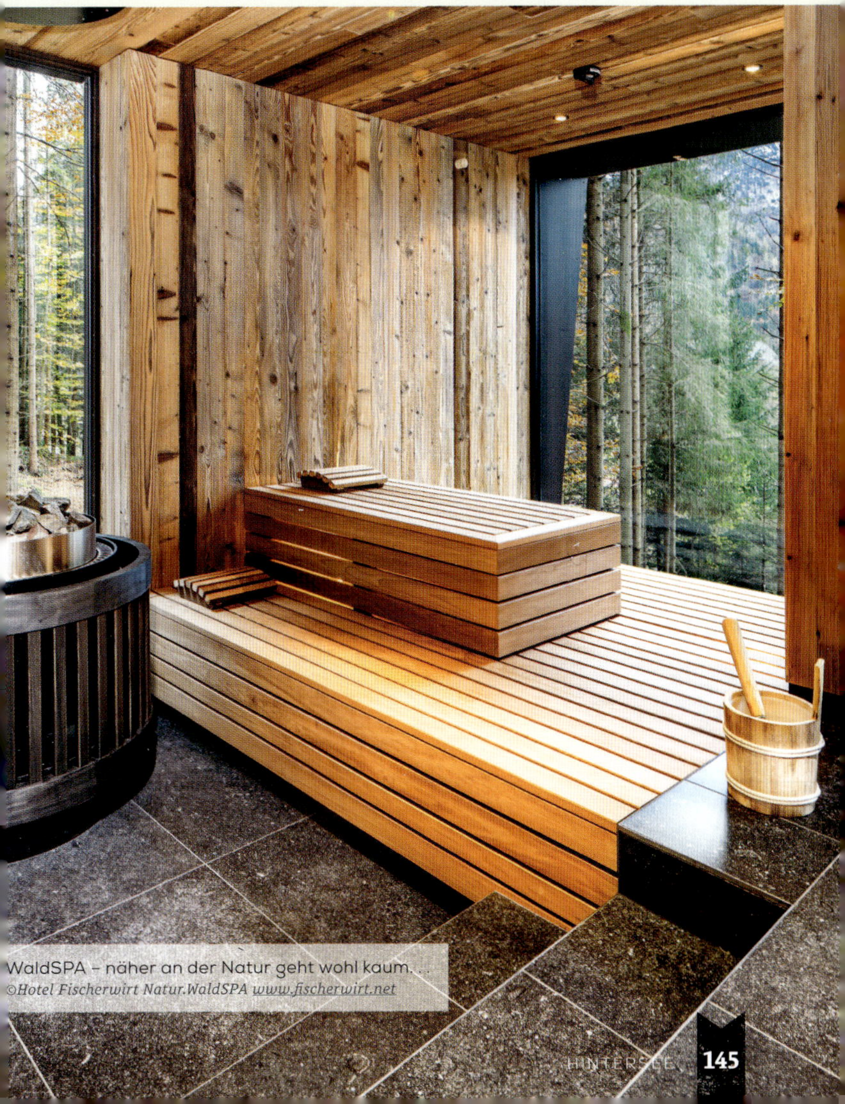

WaldSPA – näher an der Natur geht wohl kaum…
©Hotel Fischerwirt Natur.WaldSPA www.fischerwirt.net

1 KÜHLE WASSER FERNAB VOM MASSENTOURISMUS

Ein Geheimtipp für alle Naturliebhaber ist der **HINTERSEE**. Der malerische See liegt in einem versteckten Seitental in der Bergwelt der Osterhorngruppe auf einer Seehöhe von 686 Metern. Das 1,4 km lange und nur 700 m breite Gewässer ist eingebettet in eine ruhige Waldlandschaft und wird vom Seeberghorn (1.261 m) und dem Seeberg (1.014 m) im Westen, dem Kugelberg (904 m) im Norden und dem Rannberg (1.366 m) im Osten umrahmt.

Der See ist, wie auch Wiestalstausee und Fuschlsee, aufgrund seiner windstillen und geschützten Lage optimal für SUP-Einsteiger und all jene, welche ihre Kick-turns, Paddeltechnik und Balance am Brett üben wollen, geeignet.

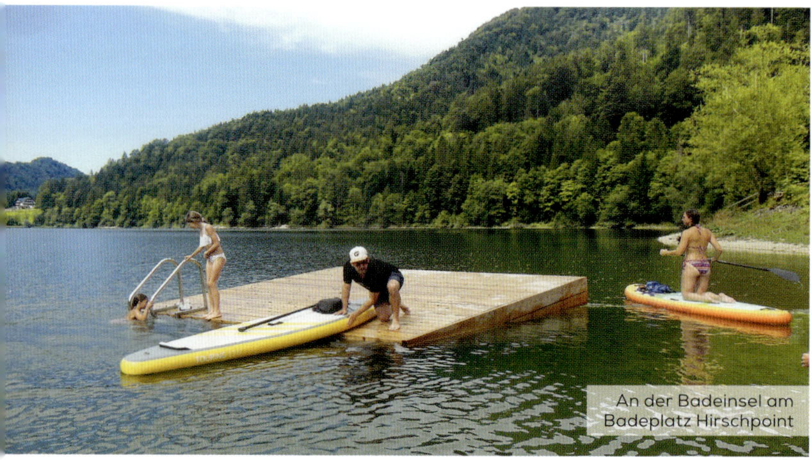

An der Badeinsel am Badeplatz Hirschpoint

Der Schotterparkplatz beim **BADEPLATZ HIRSCHPOINT** bietet ausreichend Platz zum Aufpumpen der Boards. Zum Einstieg ins Wasser sind es nur wenige Meter über die Straße und schon der Anblick des glasklaren Wassers macht Lust auf mehr. Wir steigen jedoch nicht im Strandbad ein, sondern gehen noch ein paar Meter weiter zur vor uns liegenden kleinen Holzbrücke. Hier steigt man über den frei zugänglichen Schotterstrand ins kühle Nass. Gemütlich paddeln wir am Ufer entlang Richtung Süden und überqueren den Mündungsbereich der **TAUGL**, dem 12 km langen Zufluss des Hintersees. Im Bereich der Flußmündung steigt Rauch auf. Da der Wasserstand der Taugl heute niedrig ist, nutzen etliche Urlauber das kleine Mündungsgebiet zum

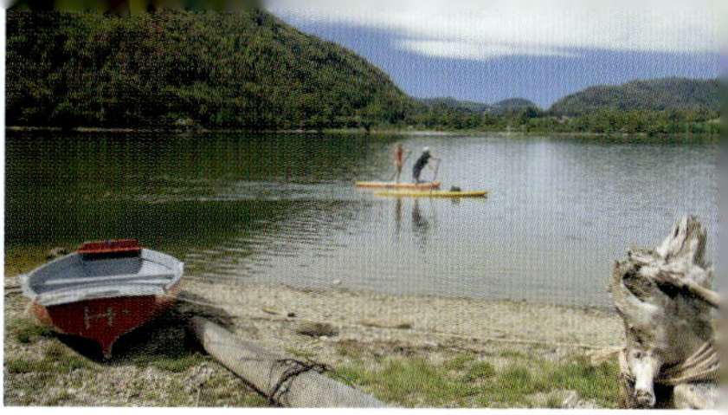

Grillen, Relaxen und um ihre Hunde frei im seichten Wasser laufen zu lassen.

Gleich links um die Halbinsel fahren wir am **BADEPLATZ TAUGL-ZIPF** vorbei, mitten in unberührter Natur entspannen hier Sonnenhungrige auf der Liegewiese und Jugendliche matchen sich beim Beachvolleyball. Nun geht es zum wunderschönen, fast gänzlich unverbauten Südufer des Sees. Aus der Ferne entdecken wir ein Pärchen, das mit Metalldetektoren bewaffnet den Uferbereich durchstreift. Schatzsucher? *Angeblich wurden nach Kriegsende Teile der Goldreserven der italienischen Nationalbank im See versenkt. Goldbarren und Goldlira tauchten noch Jahre nach Kriegsende immer wieder in der Gegend auf.*

Entlang des Westufers paddeln wir gen Norden. Immer wieder gibt der Wald den Blick auf den rund fünf Kilometer langen **WANDERWEG** TIPP frei, der um den gesamten See führt. Wer das kühle Wasser zum Schwimmen nutzen möchte, bleibt besser nah am Ufer, da es an etlichen Stellen doch deutlich wärmer ist als in der Seemitte. Nun passieren wir einige Felsen. Von dort oben hat man einen tollen Ausblick über den See. Wer nicht gerade den Rundweg abwandert, kann auch vom SUP steigen und zum Wanderweg hochkraxeln, um von dort das obligatorische Panoramafoto zu schießen.

Nach gut einer halben Stunde überqueren wir im nordwestlichen Eck des Sees den **ALMBACH**, den Abfluss des Hintersees. Am Nordufer sehen wir die **LAGO BAR** 1 mit dem angrenzenden **BADEPLATZ**. Wir beschließen spontan an Land zu gehen und legen eine gemütliche Rast auf der wunderschönen Seeterrasse ein. Die Küche bietet ein vielfältiges Angebot an frischen Snacks und bei einem herzhaften Shrimps-Wrap genießen wir das traumhafte Ambiente am See. Entlang des bewaldeten Ostufers paddeln wir zurück zum Ausgangspunkt. Nach gut einer Stunde reiner Fahrzeit erreichen wir wieder unseren **EINSTIEGSPLATZ**. Irgendwie scheinen sowieso nur die Kids Lust auf Wasser zu haben und springen, von der bescheidenen Wassertemperatur unbeeindruckt, von der vorgelagerten Badeinsel. Auf der kleinen Liegewiese breiten wir unsere Handtücher aus und genießen die Ruhe.

Wer nicht schon am Morgen zum Frühstück in **KATHIS BLUMENCAFÉ** 3 auf dem Oberhinteregger Hof (4 km entfernt) eingekehrt ist, hat auf dem Rückweg noch Gelegenheit dazu. Dieses Café mit der Sonnenterrasse im Kräutergarten ist eine kleine Sensation. Und die Torten sind der Hammer! Im **HOFLADEN** kann man sich gleich noch mit Käse und Holzofenbrot eindecken.

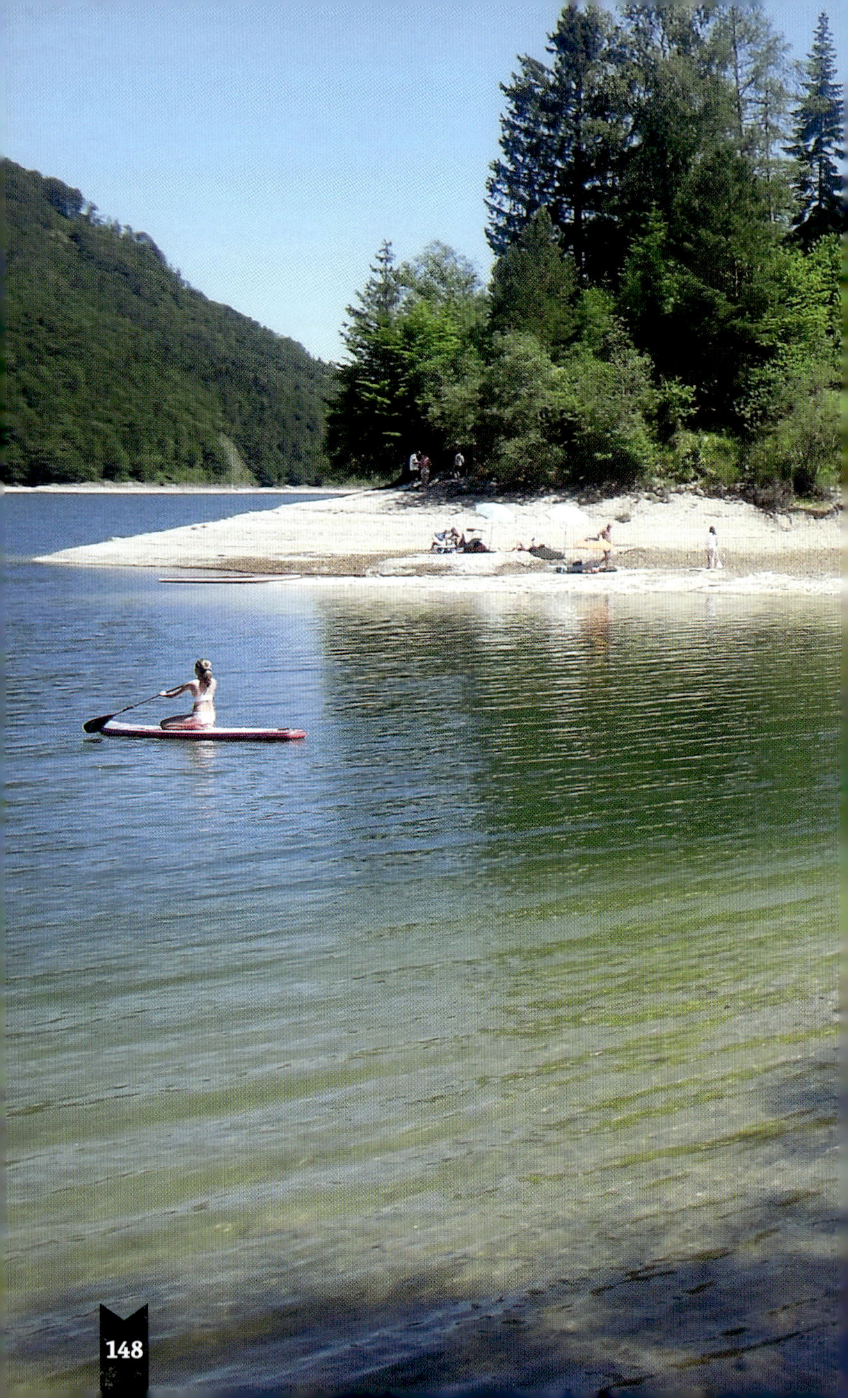

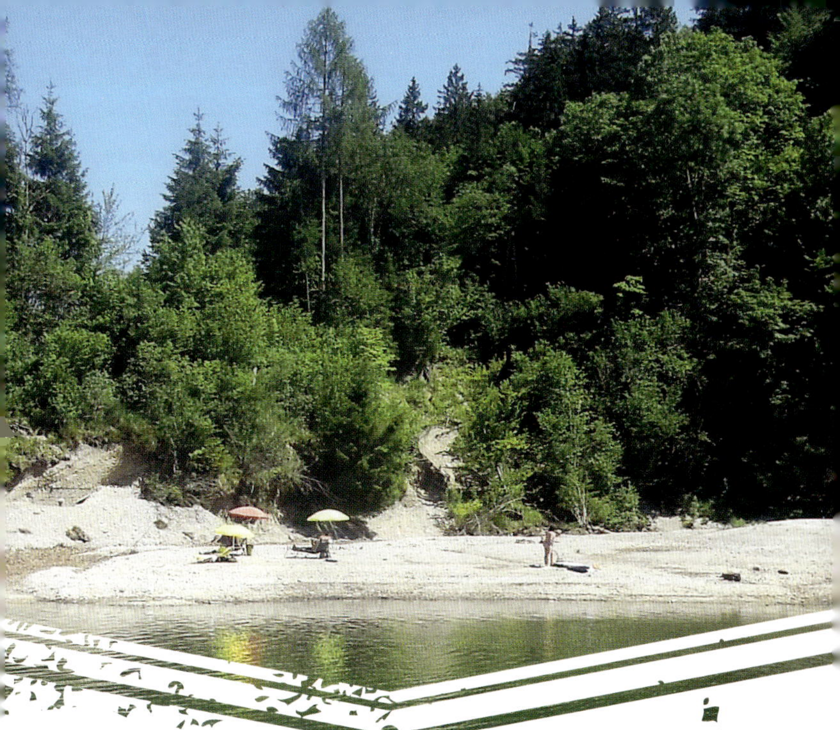

WIESTALSTAUSEE

ANSPRUCH

EINKEHR

EINSTEIGER-TIPP!

Im Landschaftsschutzgebiet unweit der Landeshauptstadt Salzburg lässt man in verträumten Buchten die Seele baumeln. Das glasklare Wasser und die malerischen Wälder bescheren, gerade auf dem Board stehend, einzigartige Naturfotos. Und wer will, übernachtet am Ufer im Freien und paddelt am nächsten Morgen nochmals drauflos.

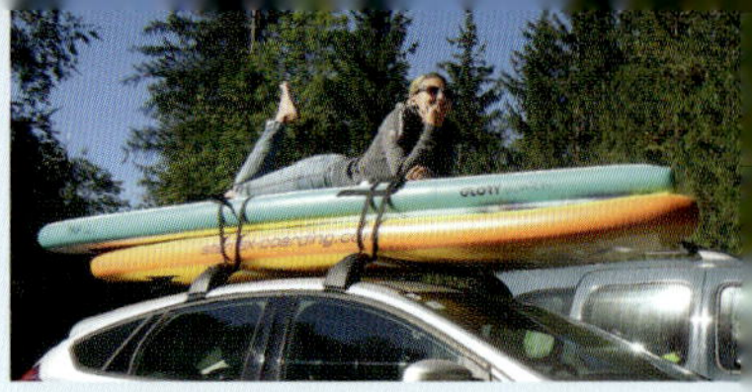

WIND & WETTER

Der Stausee Wiestal, der eine Länge von vier Kilometern aufweist, verfügt unter anderem auch über stark wechselnde Wasserstände, sodass eine natürliche Ufervegetation kaum vorhanden ist.

Kommt es am Stausee zu West- und auch Südwetterlagen, ist mit relativ starken Winden zu rechnen. Ansonsten bleibt das Wasser recht ruhig und dann eignet sich der See vor allem gut für SUP-Einsteiger.

BEFAHRUNGSREGELN

Auch hier gilt es Rücksicht auf die Tier- und Pflanzenwelt zu nehmen. Gerade Enten und andere Schwimmvögel nutzen das Gebiet als wichtigen Lebensraum.

Schwimmer haben stets Vorrang und Angler wollen ebenfalls nicht in ihrer Tätigkeit behindert werden.

GEFAHREN

Am nördlichen Ende des Stausees ist der Wasserspiegel relativ niedrig und man muss achtgeben, nicht zu sehr ins Seichte zu paddeln um Finnen und Board zu schonen.

Die Einstiege sind meist steinig und es ist sinnvoll, geeignetes Schuhwerk zu tragen. Meist reichen robuste Barfußschuhe oder Neoprenschuhe aus.

Manche Parkflächen neben der Straße sind sehr eng. Hier fahren Motorräder und Autos teils sehr zügig vorbei (weshalb auch gerne per Radar gemessen wird). Daher wenn möglich, genügend Sicherheitsabstand und Augen und Ohren immer offenhalten!

ANFAHRT MIT DEM PKW

Von Salzburg kommend nimmt man die Österreichische Romantikstraße B 158 bis Hinterschroffenau und biegt hier nach rechts in die Wiestalstraße ein. Dem Straßenverlauf ca. 8 km bis ans nördliche Ufer des Stausees folgen. Von hier sind es genau 3 km bis zu unserem Einstiegspunkt. Dieser liegt in einer kleinen Bucht am Ostufer, welche über einen kleinen Parkplatz verfügt. Gegenüber dem Parkplatz liegt am Hang ein Bauernhof. Vorsicht: hier steht manchmal die Polizei mit mobiler Radarmessung.

PARKEN

Gegenüber dem kleinen Bauernhof befindet sich ein kleiner Parkplatz mit einer Kapazität von drei Fahrzeugen. Man darf hier jedoch auch am Straßenrand zu beiden Seiten der Wiestal Landesstraße parken ohne einen Strafzettel zu riskieren. 200 m weiter gibt es noch einen Parkplatz.

ANFAHRT MIT ÖPNV

Von Salzburg Hbf mit der S3 nach „Hallein Bahnhof", umsteigen auf den ÖBB Postbus 450 Richtung Wiestal (via Adnet) und an der Haltestelle „Wiestal Höhenwart" (ca. 700 m nach dem Alten Kraftwerk) aussteigen. Von hier sind es zu Fuß ca. 750 m entlang der Wiestal Landesstraße (kein Gehweg!) zum Einstiegspunkt. Alternativ: direkt an der Haltestelle gibt es auch einen Trampelpfad zum Wasser.

BADEN

Auch wenn der Stausee künstlich angelegt ist, tut dies dem Naturerlebnis jedoch keinen Abbruch. Alle Seezugänge sind frei begehbar und man darf sogar, im Unterschied zu den vielen anderen Seen, seinen Hund zum Baden mitnehmen. Über die Wiestal Landstraße entlang des Ostufers lassen sich unzählige Buchten und Seezugänge einfach erreichen. Wer möchte, kann hier sogar ungestört übernachten und zur Abendstunde vom Wasser aus den Sternenhimmel genießen.

Zum **Angeln** benötigt man eine dazu vorgesehene **Lizenz**, welche im **Gasthaus Almstüberl** erhältlich ist. Die Tageskarte kostet ca. 22 €.

Zu beachten: der Wasserspiegel ist nicht konstant, sodass manche Einstiegsstellen mal frei, mal jedoch auch unter Wasser liegen.

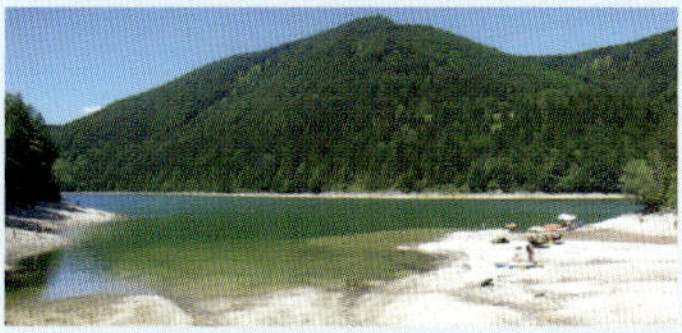

EXTRA-TIPPS

- **Canyoning** durch die **Almbachklamm** (Naturschutzgebiet!), welche direkt unter der Staumauer des Wiestalstausees beginnt, mit ihrem glasklaren Wasser (www.almbachklamm.com) oder durch die **Strubklamm,** einer bizarren Talschlucht aus Dolomitengestein, nordöstlich des Sees.
- *Durch den 53 Meter langen* **historischen Wasserstollen in Ebenau** *leitete man einst das Wasser aus der Klamm des Schwarzaubaches zu den Wasserrädern des Hammerwerkes. Er wurde wahrscheinlich im 18. Jahrhundert errichtet und diente im 2. Weltkrieg als Luftschutzstollen.* Von April bis Oktober begehbar.
- Das 1992 gegründete **Marmormuseum Adnet** befindet sich heute im Gemeindehaus und informiert über die Entstehung, den Abbau und die Verwendung des rötlichen Steins bei Bauwerken und Denkmälern seit der Römerzeit. www.marmormuseum.adnet.at
- Ein absolutes Highlight im **Keltenmuseum Hallein,** einem der größten Museen für keltische Geschichte in Europa, ist die 2.500 Jahre alte keltische Schnabelkanne *(Foto)* – sie ist auf eine Million Euro versichert. Neben Infos zum Keltentum ist die Darstellung von Gräberfeldern, Siedlungsflächen und des Salzbergbaus interessant, aber auch zur Stadtgeschichte Salzburgs und Halleins. www.keltenmuseum.at

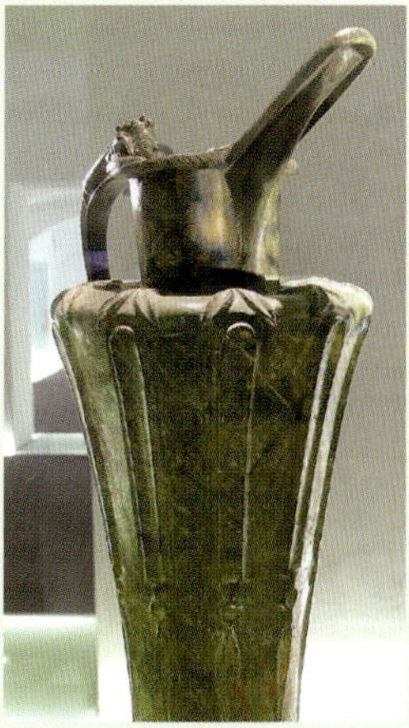

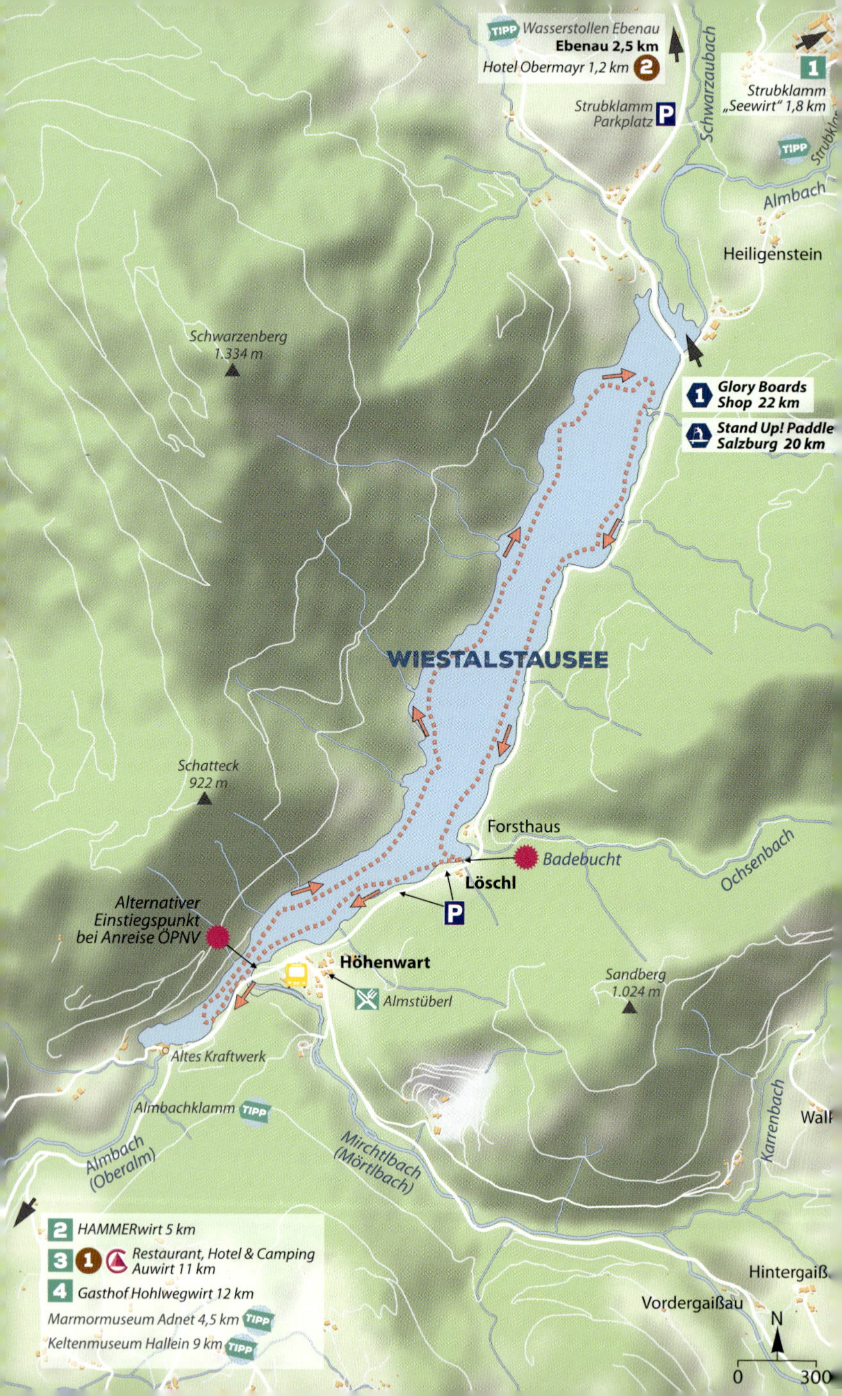

TIPP Wasserstollen Ebenau
Ebenau 2,5 km
Hotel Obermayr 1,2 km 2
Strubklamm Parkplatz
Schwarzaubach
1
Strubklamm „Seewirt" 1,8 km
TIPP
Almbach
Heiligenstein
Schwarzenberg 1.334 m
1 Glory Boards Shop 22 km
Stand Up! Paddle Salzburg 20 km
WIESTALSTAUSEE
Schatteck 922 m
Forsthaus
Badebucht
Ochsenbach
Löschl
Alternativer Einstiegspunkt bei Anreise ÖPNV
Höhenwart
Almstüberl
Sandberg 1.024 m
Altes Kraftwerk
Almbachklamm TIPP
Almbach (Oberalm)
Mirchtlbach (Mörtlbach)
Karrenbach
2 HAMMERwirt 5 km
3 1 Restaurant, Hotel & Camping Auwirt 11 km
4 Gasthof Hohlwegwirt 12 km
Marmormuseum Adnet 4,5 km TIPP
Keltenmuseum Hallein 9 km TIPP
Hintergaiß
Vordergaißau
N
0
300

TOUREN

1 SEEUMRUNDUNG

(mit Tourbeschreibung Seite 154)

Vom Einstieg aus zuerst südlich zum Alten Kraftwerk am Ufer entlang. Im Kraftwerksbereich geht es dann zurück über das Westufer ganz hinauf zum oberen Ende des Stausees. Von hier wieder am Ostufer zurück zum Einstieg.

| **LÄNGE** 7 km | **DAUER** 1:30-2 h

EIN- & AUSSTIEG

In der Badebucht beim Parkplatz gegenüber dem Weiler Löschl.

Bei Anreise ÖPNV: an der Bushaltestelle Trampelpfad zum Mündungsbereich des Mirchtlbachs.

SUP-VERMIETUNG

1 GLORY BOARDS

Boards können nach Vereinbarung in Seekirchen am Wallersee gemietet werden (23 km vom Einstieg)

Gewerbestraße 1, 5201 Seekirchen
Tel. +43 (0)664 887 511 00
www.gloryboards.com

ÜBERNACHTUNG

1 HOTEL & CAMPING AUWIRT

Salzburgerstr. 42, 5400 Hallein
Tel. +43 (0)6245 804 17
www.auwirt.com

2 GASTHOF-HOTEL OBERMAYR

Wiestalstr. 74, 5323 Ebenau
Tel. +43 (0)6221 72 36
www.hotel-obermayr.at

EINKEHR

1 GASTHAUS STRUBKLAMM „SEEWIRT"

Strubklamm 5
5324 Faistenau
Tel. +43 (0)6228 26 53
Fr-Di 10-24 Uhr

KLASSIKER Seewirt Ripperln

2 HAMMERWIRT

Messinghammerweg 1
5411 Oberalm
Tel. +43 (0)6245 216 59
www.hammerwirt-salzburg.at
Mi, Do ab 17, Fr-So ab 11.30 Uhr

KLASSIKER Kalbsrahmbeuschel mit Serviettenknödel & Milchschaum

3 RESTAURANT AUWIRT

Salzburgerstr. 42, 5400 Hallein
(Navi: Salzquellenweg)
Tel. +43 (0)6245 804 17
www.auwirt.com
Mi-Mo 16.30-20 Uhr

KLASSIKER Salzburger Nockerln nach Art des Hauses

4 GASTHOF HOHLWEGWIRT

Salzburgerstr. 84
5400 Hallein-Taxach
Tel. +43 (0)6245 82 41 50
www.hohlwegwirt.at
Di-So 9-24 Uhr

KLASSIKER Großes Angebot selbstgemachter Pasteten

1 AUSZEIT IM NAHERHOLUNGSGEBIET DER SALZBURGER

Wer zum ersten Mal ins Salzkammergut kommt, um hier sein SUP übers Wasser gleiten zu lassen, kann durchaus an diesem Stausee mit seinen Erkundungen beginnen. So ruhig und windstill wird es in den anderen Revieren selten sein. Vor allem SUP-Einsteiger können am **WIESTALSTAUSEE** gut an ihrer Technik und Stabilität am Board arbeiten, bevor es zu den bekannteren und anspruchsvolleren Revieren der Region geht. Am südlichen Ostufer des Sees sieht man neben der Straße einen kleinen Bauernhof im Weiler **LÖSCHL** auf einer unbewaldeten Wiese, gegenüber gibt's einen kleinen **PARKPLATZ** und einen Schotterweg runter zum See. Parkplätze und Einstiege gibt es viele entlang der Uferstraße. Dieser hier ist jedoch leicht zu erkennen. Hier können wir unser Material auspacken, bevor es dann runter in die **BADEBUCHT** geht.

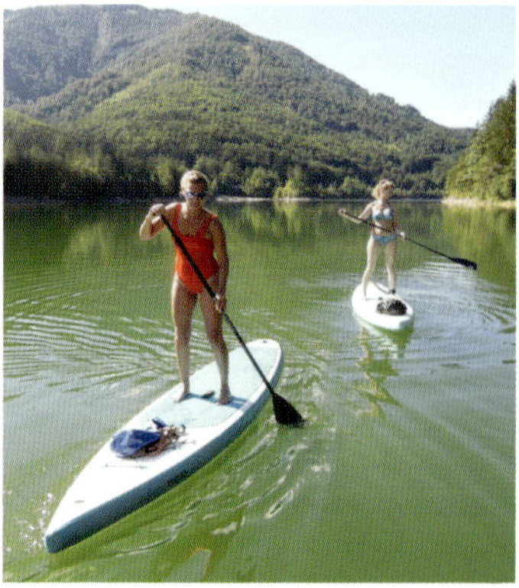

Wir haben Glück, denn der Wasserstand ist heute niedrig, die Sonne scheint am wolkenlosen Himmel und es bietet sich ein wildromantischer Anblick, den wir so nicht erwartet hätten. Die weißen Steine und das klare, türkis-grüne Wasser muten gar exotisch an. Der auf knapp 600 m Seehöhe liegende Stausee wird vom **ALMBACH**, amtlich **OBERALM**, und dem **MÖRTLBACH** gespeist, dient dem Speicherkraftwerk Wiestal und ist ein wichtiges Refugium für Tafelenten und andere Wasservögel. Laut des hiesigen Fischereivereins sind auch kapitale Saiblinge, Bachforellen und Seeforellen in diesem Revier keine Seltenheit. *Als um 1910 mit dem Aufstauen begonnen wurde, mussten sechs Wohnhäuser mit ihren Grundstücken aufgegeben werden.* Heute nutzen Einheimische und Touristen jeden Alters den See zum Relaxen oder Sporttreiben. Wir lernen hier einen der ersten Paddler dieses Reviers kennen. Günther, seines Zeichens begeisterter Wellenreiter, suchte etwas für die Zeit abseits des Meeres. So begann er 2011 bereits als einer der ersten, wenn nicht sogar als erster überhaupt, den Stausee zu bepaddeln. Heute kommt er regelmäßig hierher und schafft die Umrundung in knappen 80 Minuten. Chapeau!

So eilig haben wir es nicht und so fahren wir entlang des Ufers zum **KRAFTWERK** runter und beobachten, wie sich Badegäste, Angler und SUP-Sportler überall einen geeigneten Platz für ihre Leidenschaft suchen. Dennoch ist das Gebiet bei weitem nicht überfüllt und der ruhige, idyllische Charakter bleibt erhalten. Auch auf dem Wasser besteht keine Kollisionsgefahr mit anderen Wassersportlern. Hinter der Staumauer erheben sich die Gipfel des **NATIONALPARKS BERCHTESGADEN** mit hohen, schneebedeckten Gipfeln. Schließlich sind wir nur wenige Kilometer von der deutschen Grenze entfernt.

Jenseits der Staumauer kann man sich dem Canyoning entlang der **ALMBACHKLAMM** TIPP widmen. **GEFÜHRTE TOUREN** werden dort angeboten und führen durch die wild-schroffe und fast unberührte Klamm. Wir fahren nicht ganz bis zum alten Kraftwerk, denn am untersten Ende des Stausees wird das Wasser etwas unreiner, zumal sich wegen der leichten Strömung kleine Äste, Laub und anderes Material ansammeln. Knapp 100 m vor der Staumauer machen wir kehrt und paddeln am gegenüberliegenden, einsamen Ufer hoch Richtung Norden. Zu unserer Linken erhebt sich der 922 m hohe **SCHATTECK** und beschert uns Wald bis hinunter zum Ufer. Auch hier kann man natürlich an Land gehen. Der Weg verläuft weiter oberhalb durch den Wald, darum ist man meist total alleine, wenn man mal eine Pause einlegen möchte.

Trotz der leichten Gegenströmung kommen wir locker rauf zum Nordufer. Hier treffen wir auf eine interessante Wasserlandschaft mit teils nur kniehohem Wasserstand. Einige Angler stehen daher direkt im Wasser um ihre Köder auszuwerfen und auf den großen Fang zu warten. Wir halten ausreichend Abstand zum Ufer, denn dies schont die Pflanzen, unsere Finnen und den Blutdruck der Petri-Jünger. Auch jetzt kehren wir ein ganzes Stück vor der Brücke um und lassen uns leicht das Ostufer hinunter treiben. In der Mittagshitze kommen so langsam immer mehr Menschen ans Ufer und wir haben vor dem Zusammenpacken noch reichlich Gelegenheit uns im klaren Wasser der Bucht abzukühlen. Danach geht's in zehn Autominuten durch den Wald zum empfehlenswerten **GASTHAUS STRUBKLAMM** 1. Hmm, dort gibt's die uns schon bekannten Seewirt Ripperln.

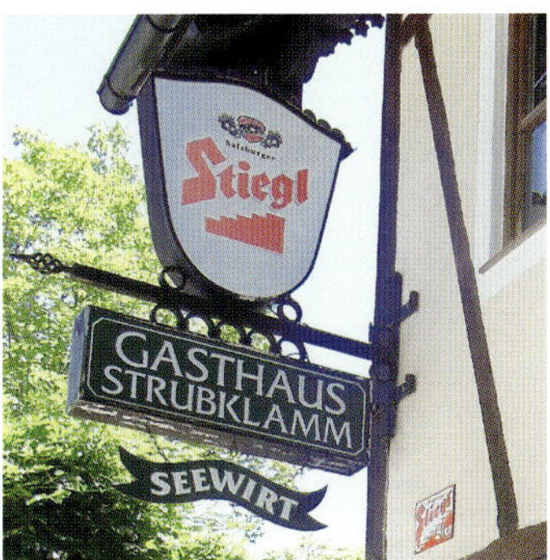

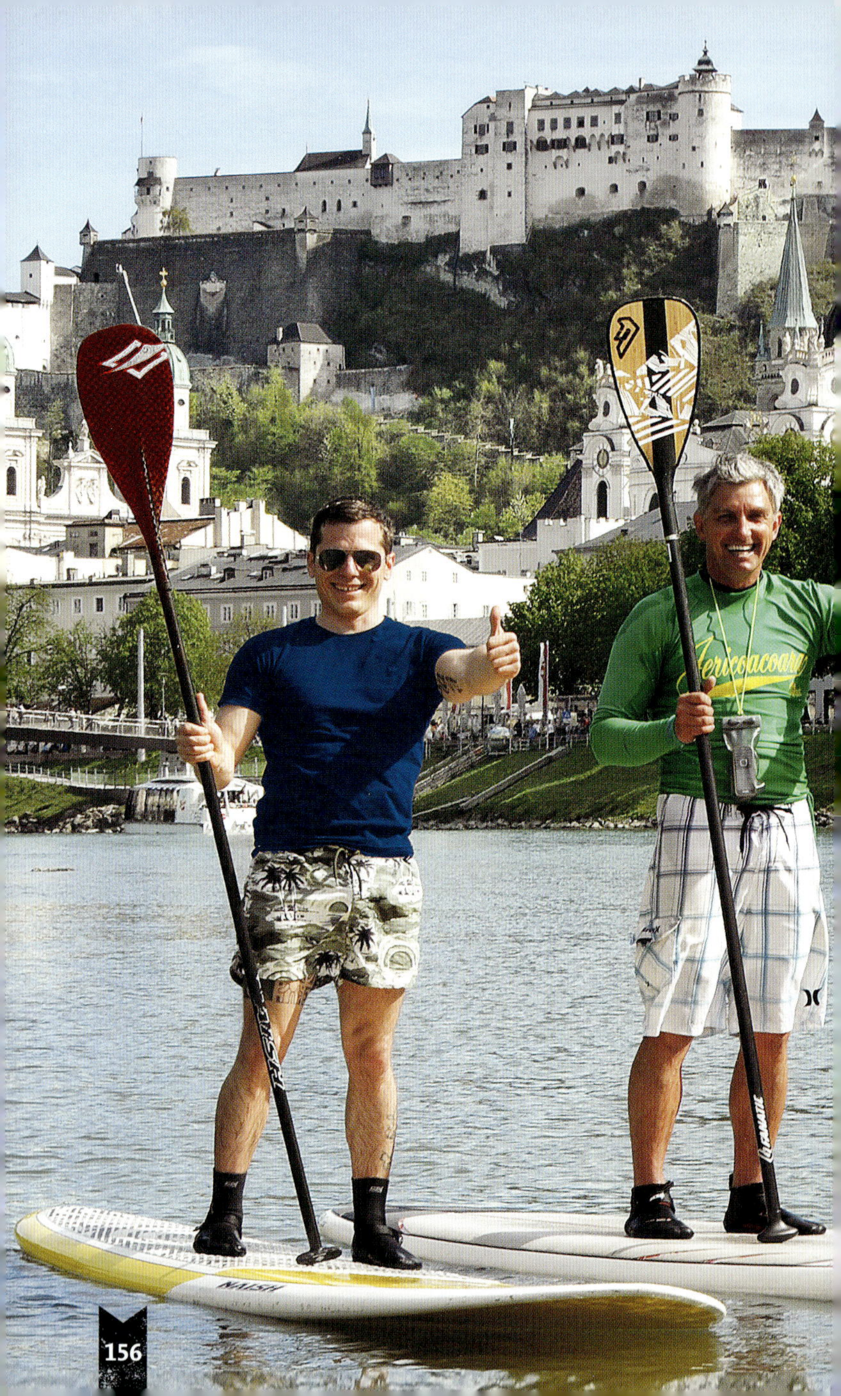
NAISH

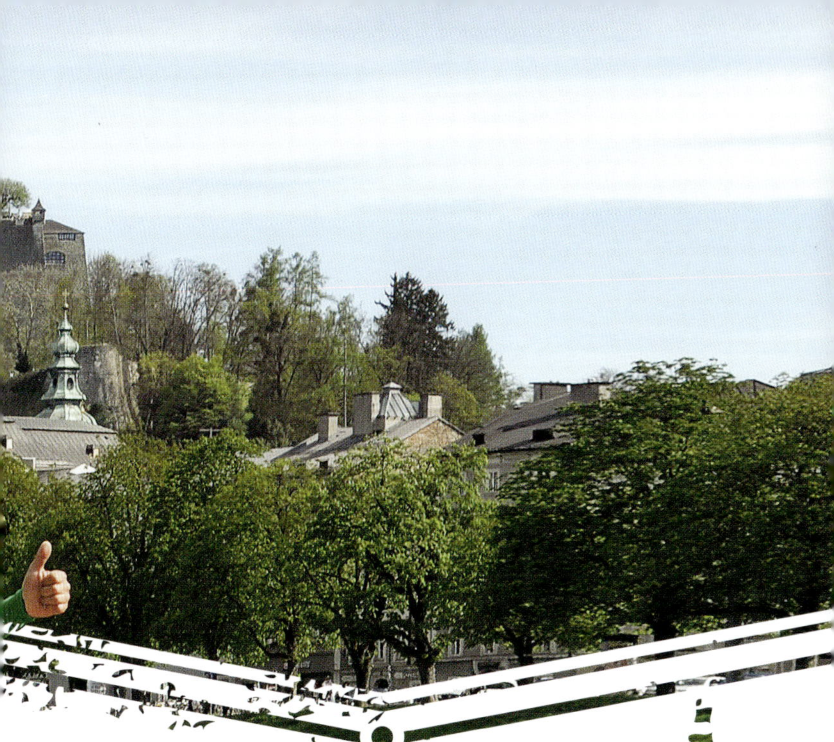

STADTTOUR SALZBURG

ANSPRUCH | EINKEHR

NUR FÜR FORTGESCHRITTENE!

Ausgehend von den verträumten Außenbezirken im Süden der Mozartstadt lassen sich auf der Salzach in Richtung Stadtzentrum paddelnd die historischen Gebäude und Stätten auf völlig neue Weise erfahren. Coole Lokale, romantische Gassen und tolle Kulinarik gehören natürlich auch zur Sightseeing-Tour der etwas anderen Art!

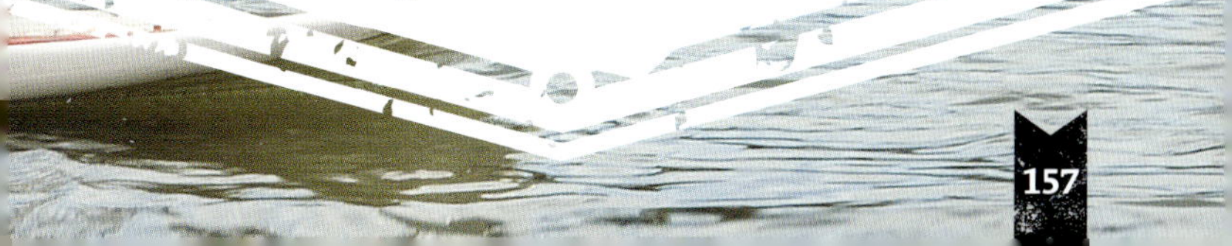

WIND & WETTER

In der Stadt Salzburg überwiegt ein atlantisch-maritimes Klima mit milden Wintern und mäßig warmen Sommern. Zu allen Jahreszeiten gibt es zwischen 13 und 18 Niederschlagstage im Monat. Im Sommer kann es durchaus über 35 °C heiß werden.

Generell herrschen im Stadtbereich dominante Lokalwinde vor. Im Süden und in der Innenstadt sind es vor allem West-Ost-Winde – das betrifft genau unsere Tour. Die durchschnittliche Windgeschwindigkeit beträgt im Stadtbereich 2,3 m/s (2 Beaufort, entspricht 4,47 kn). Wie fast überall im Salzkammergut ist ein Wettercheck vorab unumgänglich.

BEFAHRUNGSREGELN

Der Flussabschnitt zwischen dem Müllner Steg und dem Traklsteg darf aus Sicherheitsgründen nicht befahren werden. Am besten paddelt man immer südlich des Müllner Stegs. Ansonsten gelten die allgemeingültigen Befahrungsregeln für Binnengewässer.

Des weiteren erlaubt das hiesige Wasserrecht die Befahrung des Flusses nur zu folgenden Zeiten: Mai-15. September von 10-17 Uhr, wobei in den Monaten Juni und Juli bis 18 Uhr gepaddelt werden darf.

GEFAHREN

Wir raten davon ab, nördlich des Traklstegs gleich wieder aufs Wasser zu gehen und von dort aus der Stadt hinauszupaddeln, denn beim Umspannwerk Hagenau gibt es einige Stromschnellen, die für ungeübte Paddler gefährlich werden können. Den vielen Brücken bzw. Stegen auf Pfeilern immer früh genug ausweichen und mindestens 2-3 m Abstand halten, denn Wasserverwirbelungen können auch erfahrene Paddler ab und zu vom Brett werfen.

Bei unserem Einstieg unter der Salzachbrücke befindet sich auch eine kleine Schiffsanlegestelle. Daher ist hier – wie auch entlang der gesamten Tourstrecke – hinsichtlich der Schifffahrt Vorsicht geboten und man sollte mit dem SUP stets mehrere Meter Abstand halten.

Das Tragen einer Schwimmweste ist auf Flüssen mit dieser Strömung – und damit auch auf der Salzach – ein Muss. Sie hat eine Fließgeschwindigkeit von ca. 10 km/h, je nach Wasserstand auch höher. Es ist somit nur möglich, in Fließrichtung zu paddeln. Gegen die Strömung kommen selbst geübte Paddler nicht an.

ANFAHRT MIT DEM PKW

Vom Salzburger Hbf fährt man über die Jahnstraße links in die Haunspergstraße und folgt dem Straßenverlauf 1,6 km lang bis kurz vor das Hotel Stein (linker Hand). An der Kreuzung rechts über die Staatsbrücke fahren, danach links in den Rudolfskai einbiegen und immer geradeaus fahren. Der Straßenname ändert sich in Hellbrunner Straße und Alpenstraße. Nach 4,2 km Fahrt zweigt man nach Unterfahrung der Hellbrunner Straße rechts ab (Beschilderung Salzburg Süd, P+R) und kommt nach 300 m zur Abzweigung Richtung „P+R Süd“ *(Navi: P+R Salzburg Süd).*

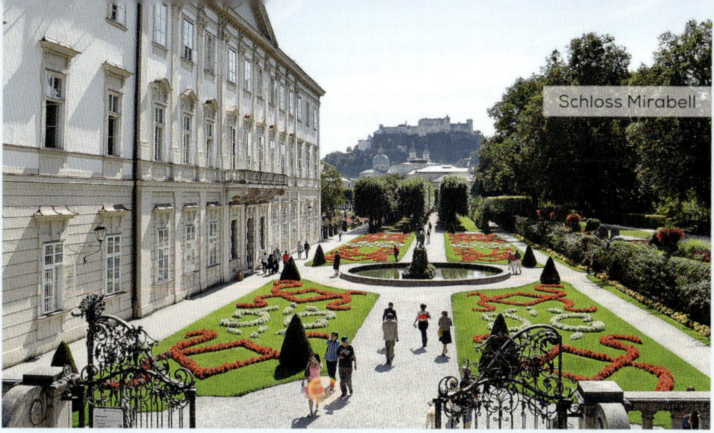

PARKEN

Westlich der Salzachbrücke, die Salzburg Süd und Aigen verbindet und über welche die Hellbrunner Straße führt, befindet sich der kostenlose CONTIPARK Parkplatz P+R Alpenstraße Süd. Hier gibt es in der Regel genügend freie Plätze und über den Fußweg ist man binnen weniger Minuten am Wasser unter der Brücke.

ANFAHRT MIT ÖPNV

Von Salzburg Hbf mit Buslinie Obus 3 bis Haltestelle „Salzburg Alpensiedlung P+R". Über den Parkplatz in Richtung Salzachbrücke/Hellbrunner Str. und den kurzen Fußweg (ca. 300 m) unter die Brücke zur Salzach.

BADEN

Das Baden in der Salzach ist verboten. Zahlreiche Bäder in der Stadt.

SEHENSWERTES IN SALZBURG

» Die 1077 fertiggestellte **Festung Hohensalzburg** ist Mitteleuropas größte, vollständig erhaltene Burg. Das Wahrzeichen der Stadt beherbergt auch ein Panorama-Restaurant.

» Das mehrfach ausgezeichnete **Salzburg Museum** in der Neuen Residenz widmet sich unter anderem Themen wie Kunst, Wissenschaft, Architektur, Literatur, Musik, Fotografie und Handwerk. www.salzburgmuseum.at

» Im **Mozarthaus** mitten in der wunderschönen Getreidegasse erfährt man viel Neues über den wohl bekanntesten Sohn der Stadt, Wolfgang Amadeus Mozart (1756-1791).

» **Schloss Mirabell** und sein **Garten** bestechen durch ihre atemberaubende Architektur und Symmetrie und sind daher eine beliebte Hochzeitslocation.

» Die Wasserspiele von **Schloss Hellbrunn** (www.hellbrunn.at) zeigen ihren Besuchern eine atemberaubende Symbiose von Wasser und Kunst.

EXTRA-TIPPS

- Bierliebhaber erkunden in der **Stiegl Brauwelt** nicht nur die hiesige Stiegl Bier Brauerei, sondern lernen nebenbei noch eine Menge über Geschichte und Technik des Bierbrauens. www.brauwelt.at
- Der **Salzburger Zoo** beherbergt mit rund 150 Tierarten auf dem 14 Hektar großen Gelände einen Tierbestand von 1.500 Tieren. www.salzburg-zoo.at
- Mit dem **Panoramaschiff Amadeus Salzburg** kann man unterschiedliche Besichtigungstouren genießen und dabei nebenher gleich die Paddelroute erkunden. www.salzburghighlights.at
- Die **Schellenberger Eishöhle** bei **Untersberg** (10 km südl. Salzburg Altstadt) liegt bereits in Deutschland und bietet von Juni bis Oktober täglich Führungen an. Eintauchen in die zauberhafte Welt der Eislandschaften und mehr erfahren über Geologie, Erdgeschichte und Bergbau. www.eishoehle.net
- Ausflug in die bayerischen Alpen zur **Dokumentation Obersalzberg** *(1923 Hitlers Feriendomizil,* www.obersalzberg.de), von dort (per Bus) zum **Kehlsteinhaus,** „Adlerhorst" genannt, *Hitlers ehemaliges Konferenzzentrum,* heute Ausflugsziel mit Bergrestaurant und Ausstellung. www.kehlsteinhaus.de

TOUREN

1 SALZBURG SÜD – MÜLLNER STEG

(mit Tourbeschreibung Seite 162)

Unter der Salzachbrücke im Stadtteil Salzburg Süd geht es Richtung Stadtzentrum bis zum Müllner Steg. Danach ist aufgrund der zunehmenden Strömung Paddeln verboten.

LÄNGE 5,2 km | **DAUER** 0:30-0:50 h

EIN- & AUSSTIEG

EINSTIEG Direkt unter der Brücke Hellbrunner Straße bietet sich ein flacher Einstieg ins Wasser.

AUSSTIEG An der Rampe rechts nach dem Müllner Steg (Elisabethkai).

ZURÜCK 5,5 km zu Fuß oder mit dem OBus Linie 7, Fahrzeit 0:20h.

SUP-VERMIETUNG

1 STAND UP! PADDLE SALZBURG
Boards können hier für das gesamte Salzkammergut gemietet werden
Thenngasse 7, 5020 Salzburg
Tel. +43 (0)699 133 130 00
www.stand-up-paddle-salzburg.at

2 SEIDL BOARD & FASHION
Gnigler Str. 35, 5020 Salzburg
Tel. +43 (0)662 87 15 78
www.boardshop.at

3 GLORY BOARDS
Boards können in Seekirchen fürs gesamte Salzkammergut gemietet werden
Gewerbestr. 1, 5201 Seekirchen
Tel. +43 (0)664 887 511 00
www.gloryboards.com

EINKEHR

1 GASTHAUS HINTERBRÜHL

(auch einfache Zimmer in ruhiger, zentraler Lage)
Schanzlgasse 12, 5020 Salzburg
Tel. +43 (0)662 84 43 27
www.gasthaus-hinterbruehl.at
Do-Mo ab 11.30 Uhr

KLASSIKER
Göttliches Wiener Schnitzel!

2 KASTNERS SCHENKE S'KLOANE BRAUHAUS

Schallmooser Hauptstr. 27,
5020 Salzburg
Tel. +43 (0)662 87 11 54
www.kastnersschenke.at
Mo-Fr 17-24 Uhr

KLASSIKER Schweinsbraten mit Innviertler Erdäpfel – einzigartig auf dieser Welt!

3 EIS GREISSLER

Linzer Gasse 35, 5020 Salzburg
www.eis-greissler.at
Tägl. ab 11 Uhr

KLASSIKER Ungewöhnliche Eissorten. Probieren: Griesschmarren!

4 CAFE AM KAI

Müllner Hauptstr. 4, 5020 Salzburg
Tel. +43 (0)664 170 78 99
www.cafeamkai.eu
Mi-Mo 8.30-23.30 Uhr

KLASSIKER Top Apfelstrudel!

ÜBERNACHTUNG

1 CITYHOTEL TRUMER STUBE

Bergstr. 6, 5020 Salzburg
Tel. +43 (0)662 87 47 76
www.trumer-stube.at

2 BOUTIQUE-GASTHOF ÜBERFUHR

Ignaz-Rieder-Kai 43, 5026 Aigen
Tel. +43 (0)662 23 10 94
www.ueberfuhr.at

3 THE LITTLE GUESTHOUSE

Rennbahnstr. 11, 5020 Salzburg
Tel. +43 (0)662 62 32 68
www.little-guesthouse.at

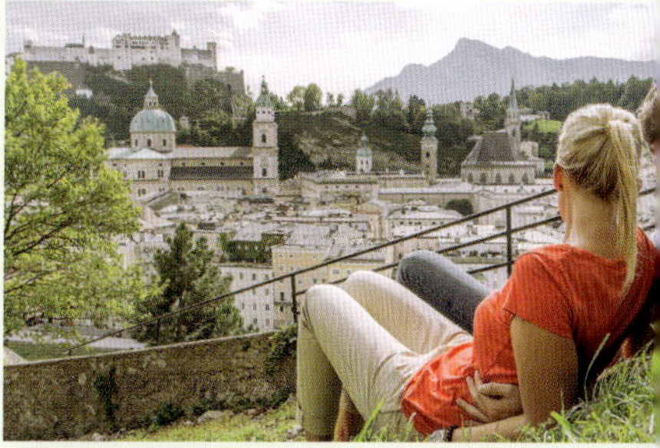

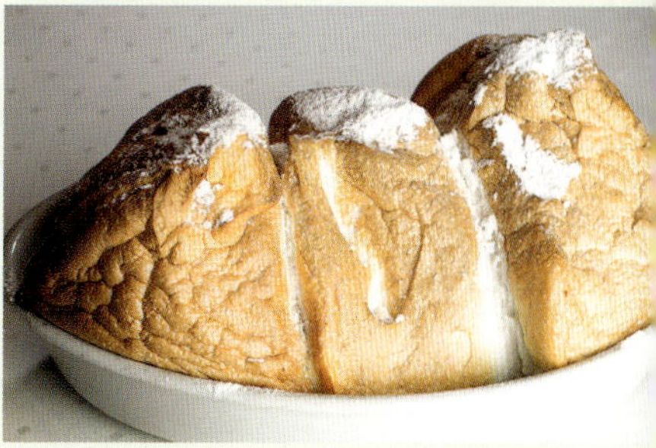

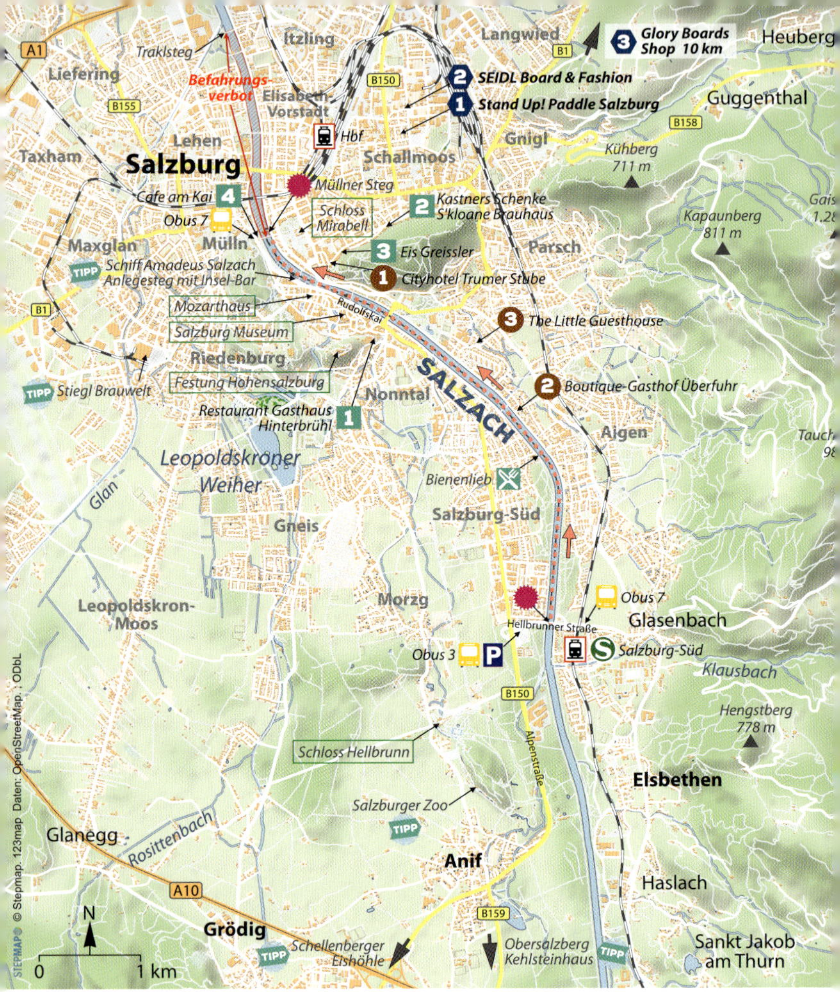

1 „FLOTTES SIGHTSEEING"

Paddler findet man im Salzburger Stadtgebiet nicht wirklich oft, vermutlich, weil laut einer Verordnung aus dem Jahr 2001 der Flussabschnitt zwischen dem Müllner Steg (Höhe Schloss Mirabell) und dem Traklsteg nicht befahren werden darf. Dieses Fahrverbot soll verhindern, dass Wassersportler in einen Sog geraten, wenn bei Wartungsarbeiten beim nördlich gelegenen Kraftwerk Salzburg-Lehen der Wasserspiegel gesenkt werden muss.

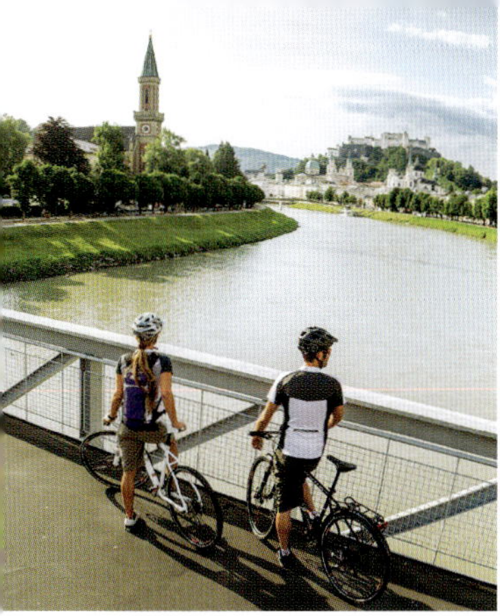

Aus diesem Grund gönnen wir uns auf der einzigen Flusstour, welche wir hier beschreiben, eine angenehme Ausflugsfahrt vom Süden der Stadt bis zu besagtem Müllner Steg im Zentrum. Aus logistischen Gründen haben wir uns dazu entschieden, am Westufer unter der **SALZACHBRÜCKE** einzusteigen, weil es hier einen großen Parkplatz inkl. Bushaltestelle gibt und man sein Board nur ca. 200 m bis zum Fluss hinuntertragen muss. Alternativ könnte man auch auf der anderen Seite unter der Brücke oder etwa 400 m weiter flussabwärts beim Kiesbett an der Mündung des zufließenden **KLAUSBACHES** starten. Dort sind jedoch nur wenige Parkmöglichkeiten gegeben und von der S-Bahn Station Salzburg Süd sind es ca. 400 m zum Flussufer.

Wer eine Tour mit der Crew von **STAND UP! PADDLE SALZBURG** 1 genießen möchte, wird mit großer Wahrscheinlichkeit an einem dieser beiden Spots aufs Wasser gehen und neben ausführlicher Material-, Sicherheits- und Gewässerschulung am Wasser etliche Übungen zur Verbesserung der Paddeltechnik kennenlernen. Gerade für Flussanfänger empfehlen wir aufgrund dieses Mehrwerts, sich für die geführte Tour zu entscheiden, denn die Salzach ist wegen ihrer Strömung durchaus ernst zu nehmen.

Die ersten beiden Flusskilometer verlaufen recht unspektakulär. Die Ufer in den Bezirken **SALZBURG SÜD** und **AIGEN** sind teilweise dicht bewachsen und die Auenlandschaft rundum lässt kaum erahnen, dass man durch Stadtgebiet paddelt. Etliche Radfahrer, Hobbyläufer und Spaziergänger nutzen die beidseitig gut ausgebauten Uferpromenaden hinter den Bäumen und genießen die ersten Sonnenstrahlen des Tages. Etwa 600 m nach dem ersten passierten Fußgängersteg steht direkt nach

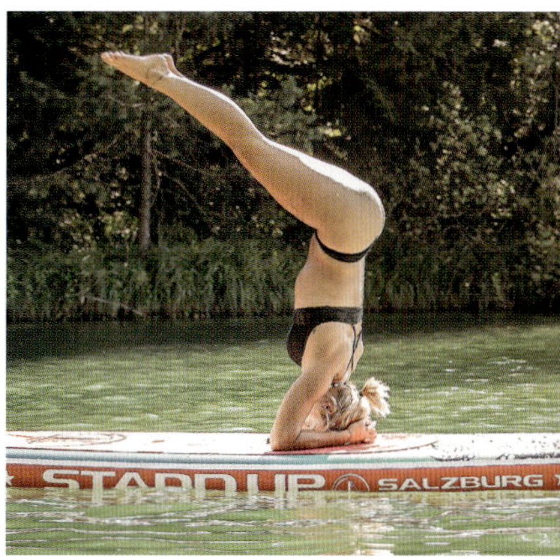

der bewaldeten Uferzone links die **BIO-IMKEREI** und das Imkerzentrum des gemeinnützigen Vereins **BIENENLIEB** mit **CAFÉ** und **HOFLADEN**.

Die Fließgeschwindigkeit der Salzach ist nicht zu unterschätzen und so langsam steigt der Geräuschpegel der Umgebung. Zu unserer Rechten passieren wir den **SALZBURGER VOLKSGARTEN**, gefolgt vom weinroten Gebäude des **KUNSTVEREINS** am gegenüberliegenden Ufer. Direkt dahinter erhebt sich bereits das Salzburger Wahrzeichen, die über 1.000 Jahre alte **FESTUNG HOHENSALZBURG**, welche auf den Ausläufern des Mönchsberges thront.

Ab nun geht es Schlag auf Schlag weiter mit den Sehenswürdigkeiten und unsere Blicken gleiten weiter zum **SALZBURGER DOM**, dessen Kuppel sich ebenfalls linker Hand über die Hausdächer erhebt. *Der Dom erlebte in den beinahe 1.250 Jahren seines Bestehens bereits fünf Brände, welche teils zu Totalschäden geführt haben. Nichtsdestotrotz wurde die Kathedrale immer wieder aufgebaut und ist seit dem letzten Brand 1859 heil geblieben. Heute erfreut sie sich vor allem unter Touristen höchster Beliebtheit.* Der ruhige Fluss trägt uns weiter und kurz darauf geht es unter dem **MOZARTSTEG** sowie unter der **STAATSBRÜCKE** durch. Sie verbindet das denkmalgeschützte Rathaus aus dem 14. Jahrhundert mit dem Platzl, einem kleinen Platz am rechtsseitigen Salzachufer. *Die heutige Staatsbrücke ist vermutlich die bereits zehnte Version einer seit dem 11. Jahrhundert hier befindlichen Brücke, die alten Berichten zufolge bereits 1090 durch ein Hochwasser zerstört wurde.* Erhobener Brust und auch etwas stolz paddeln wir unter der Brücke durch und ziehen an der noblen Fassade des **LUXUSHOTELS SACHER** vorbei. Auf dieser Höhe sieht man in der Regel besonders viele Schaulustige, die einem zuwinken oder die Fotokameras ansetzen. Dahinter – sozusagen in zweiter bzw. dritter Reihe – liegen Mozarts einstiges Wohnhaus sowie das bezaubernde Schloss Mirabell, welche vom Wasser aus jedoch nicht wirklich zu sehen sind. Links passieren wir die schwimmende hippe **AMADEUS SALZACH-INSEL-BAR**, welche vor allem abends durch ihre tolle Beleuchtung auffällt, und werden nun, bei etwas stärkerer Strömung, in die letzte Rechtskurve unserer kleinen Tour gezogen. Wir genießen die letzten 500 Meter auf dem Wasser, denn viel zu früh kommt der **MÜLLNER STEG** immer näher, hinter dem wir leider schon anlanden müssen. Das Großartige an Salzburg ist, dass die Ufer an vielen Stellen ideale Zu- und Ausstiege bieten und so legen wir nach einer knappen Stunde Fahrt rechts nach der Brücke an der Steinrampe an. Danach geht es mit Sack und Pack über den Steg zum **CAFÉ AM KAI** 4. Das chillige Café bietet das ideale Ambiente, um sich auf der Terrasse niederzulassen und das Geschehen an der Uferpromenade zu beobachten.

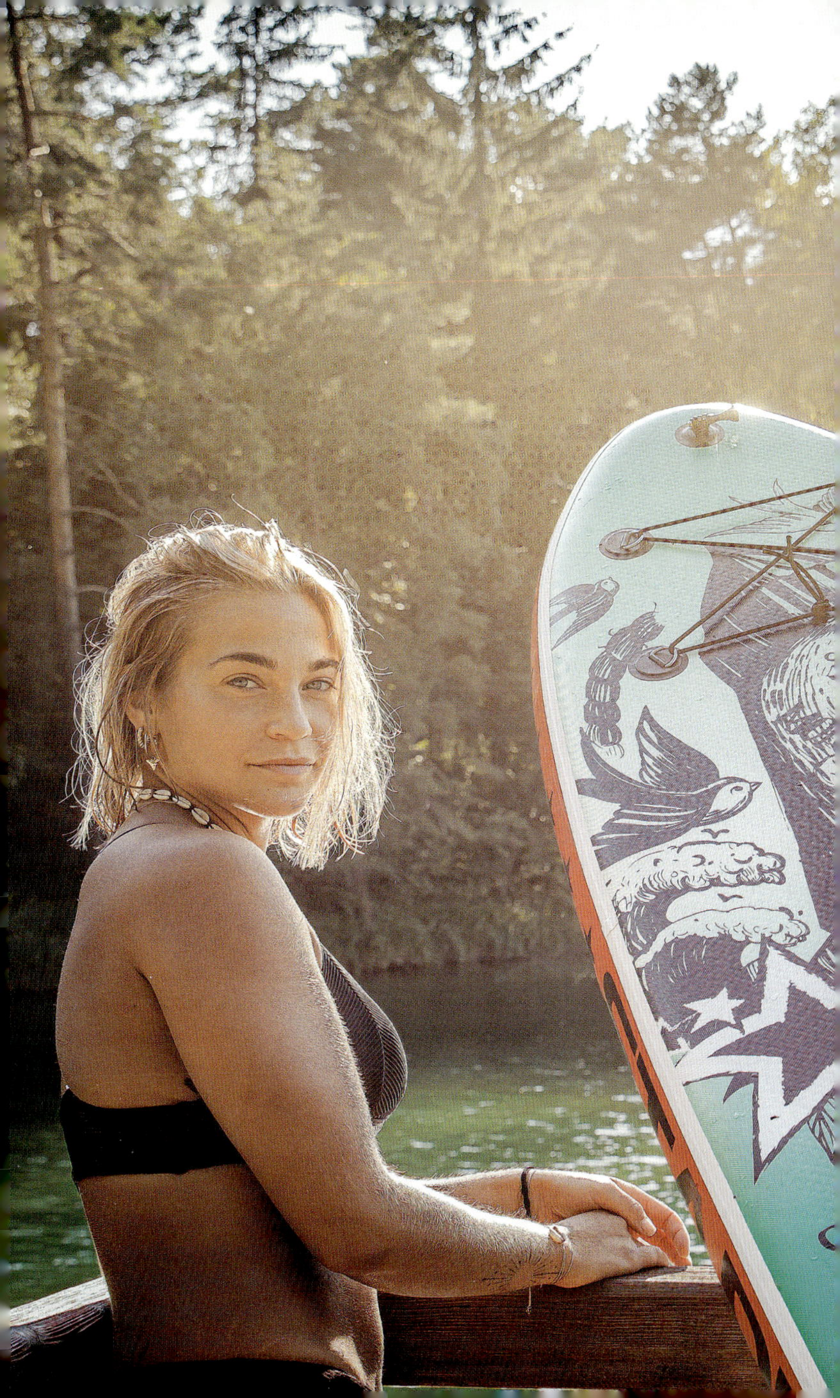

DIE AUTOREN

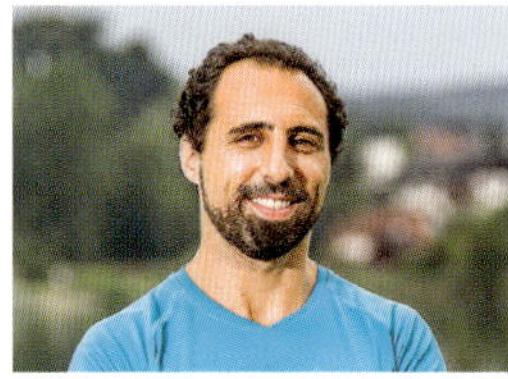

PHILIPP MOSER ist in Kärnten aufgewachsen und leidenschaftlicher Personal-Trainer und Referent in Österreich. In seiner Freizeit widmet er sich dem Krafttraining, Stand Up Paddling sowie dem Basketball und schreibt gerne Fachartikel und Bücher.

CLAUDIA STEINER-SPERNOL entdeckte ihre Liebe zum Element Wasser schon sehr früh. Als Jugendliche war sie aktives Mitglied der Österreichischen Wasserrettung und half mit, die Kärntner Seen sicherer zu machen. Nun verbringt die Lehrerin ihre Ferien am liebsten paddelnd und fotografierend und schreibt dann über ihre Erfahrungen und Erlebnisse.

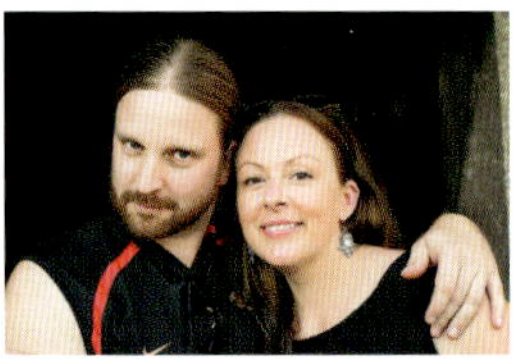

ANDREAS SPERNOL kam vor einigen Jahren zum Paddelsport. Nach anstrengenden Diensten als Arzt genießt er die Stille und Entspannung auf dem Board. Er ist immer auf der Suche nach neuen, noch unberührten Orten und Plätzen, die er dann fotografisch festhält – auch gerne in den kalten Jahreszeiten mit Trockenanzug.

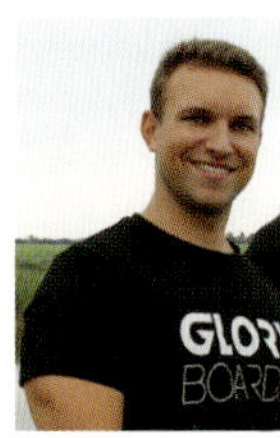

STEFAN KARPE Als leidenschaftlicher Wassersportler gründete er schon früh die Marke GLORY BOARDS mit dem Ziel sehr hochwertige SUP-Boards zu fairen Preisen anzubieten. Seine Zeit verbringt er, wie könnte es anders sein, mit SUPen, Kiten und Wingsurfen: *„Solange ich ein Brett unter den Füßen habe und über das Wasser gleite fühle ich mich frei!“*.

REGISTER